U0463216

王老师的三国课

王召强　丛书主编　　王健瑶　编著

这是一本配备家长交流群的名著阅读书

建/议/配/合/二/维/码/一/起/使/用/本/书

入群步骤

01 用微信扫描二维码；

02 根据提示，选择加入感兴趣的交流群；

03 群内回复关键词领相应学习资源。

本书含有以下家长交流群

- 地域群　基于家长所在位置建立的社群参加线下活动。
- 读书话题群　同本书其他家长陪孩子探讨读书心得。
- 阅读任务群　通过阅读任务帮孩子养成良好学习习惯。

微信扫描二维码

加入本书读者微信交流群

南京大学出版社

主编的话

经典阅读，离不开名师领读

我在小学阶段，几乎没有读过一本完整的课外书，那时家里唯一的藏书，是一本父亲在煤矿上培训时发放的有关爆破的油印资料，被母亲拿来夹带“鞋样子”。我那时根本看不懂里面的化学符号，也就只能拿来随便翻翻，欣赏里面母亲收集的各式各样的“鞋样子”。

到了初中，我才有机会接触课外读物。初一的语文老师家里有很多藏书，我跟同学一起到他家里玩时，发现他是一个藏书颇丰的人。我当即鼓足勇气，向他借阅了一套《水浒传》。那时山东电视台经常播放自制的电视连续剧《武松》，让我们这些自诩为“山东好汉”的毛头小子对《水浒传》产生了浓厚的兴趣。

真没想到，我这辈子读的第一部小说竟然就是《水浒传》，这可能就是我们山东人的宿命，仿佛冥冥之中自有天意。“少不读水浒，老不读三国”这种告诫完全不适用于我们。这次阅读《水浒传》的经历，让我对中国古代的历史文化产生了浓厚的兴趣，对我后来走上文科的道路产生了深远的影响。可惜这位语文老师只教了我们一年，后来我就只能在同学中借阅图书了。

考上高中以后，我才有意识地拓展课外阅读。为此，舅舅特地带我去了一趟城里的新华书店，我直奔文学书架而去。从此以后，我就打开了一个课外阅读的新天地，像《简·爱》《爱玛》《巴黎圣母院》《悲惨世界》《罗宾汉的故事》《钢铁是怎样炼成的》《童年》《在人间》《我的大学》《三国演义》《红楼梦》《西游记》《王朔文集》《穆斯林的葬礼》这类小说，我就是在高中紧张的学习生活中抽空读完的。高中三年，我从来没有因为语文成绩而苦恼过，几乎每次考试都是名列前茅。即便是在高考复习极度紧张的高三学年，我还是坚持读完了雨果的长篇小说《悲惨世界》。

直到现在，我还清楚地记得高一时，每周日晚上回到家后，夜读《三国演义》的情景。那时我读的是寄宿制高中，每周只有小半天的休息时间，周日回到家时，已是下午四五点钟，吃完晚饭后，我就开始独享“阅读的至乐”了。

我当时读的是繁体字的竖排本，居然没有碰到什么阅读障碍，就这样津津有味地读了进去。《三国演义》是半文半白的文体，对于培养阅读文言文的语感，是再好不过的了。我想我高中三年语文成绩比较突出，主要跟我在阅读“四大名著”中养成的语感有关。

就阅读状态而言，我现在最怀念高中时期读小说的情景。因为那时我还处于庄子所描述的混沌状态，无论何种类型、何种题材的小说，于我而言都是陌生而新鲜的，我都是带着一颗赤子之心贪婪地阅读着，没有任何功利性的目的。

我当时语文成绩很好，并不指望课外阅读来帮我提高分数，反而每每为了提高数学成绩而挤压课外阅读的时间。考进大学中文系以后，读书时间虽然得到了充分的保障，图书馆里的图书也基本上满足了我读书的需求，但读书的功利性、目的性明显增强了许多，再也回不到那个“无目的阅读”的自然状态。

大学期间，我紧跟着大学老师讲述文学作品选和文学史的节奏，阅读了古今中外大量的文学作品，单就小说而言，我尤其钟爱20世纪以降的西方现代派作品。虽然我也是一个在野地里生长起来的孩子，原本应该更亲近《边城》这种现实题材的作品。但奇怪的是，我对现代派小说情有独钟，像法国的新小说、美国的黑色幽默小说、拉丁美洲的魔幻现实主义小说等等，一读起来就有一种舍不得读完的感觉。即便是卡夫卡那些未完成的小说片段，我都能津津有味地读进去。

不过，在大三、大四的时候，我又回归了中国古典小说的阅读，当时我选了一门陈大康老师的《红楼梦》导读课，在陈老师的指导下，细读了一遍《红楼梦》，并把王国维、胡适以来研究红学的重要著作，几乎都通读了一遍。我这才发现《红楼梦》的博大精深之处，只怪我高中时年少无知，错过了细读《红楼梦》的时机。

我在教学过程中开始整本书阅读教学的摸索，是在我工作的第二年（2004 年），当时我在上海市松江二中开设的一门自主选修课程，就是《红楼梦》导读，对于一个新教师而言，其难度之大可想而知。在还没有听闻过“整本书阅读”这个教学理念的当时，我就像一头闯进瓷器店里的大象一样，茫然不知所措，现在回想起来，真是令人汗颜。

我原本打算以《红楼梦》第五回“游幻境指迷十二钗　饮仙醪曲演红楼梦”中的判词为纲，逐一梳理“金陵十二钗”的命运遭际和性格特点，从而引导学生共同探讨《红楼梦》在人物形象塑造上的艺术成就。

没想到具体操作起来，简直是难于上青天，选修这门课的学生只有一人在选课前完整地读过一遍《红楼梦》，其他学生根本没有精力在短时间内把《红楼梦》通读一遍，所以这门“人物形象”课最终就演变成了我对“红学”的梳理课。好在“红学”博大精深，足以填满一个学期的选修课时。

2017 年，《普通高中语文课程标准》出来以后，我惊喜地发现“整本书阅读”被纳入了十八个学习任务群，而在“部编本”中学语文教材中，“四大名著”赫然在列。这就意味着今后每一位中学生都要在语文老师的指导下，整本书阅读“四大名著”了。

遥想当初我开设《红楼梦》导读的选修课的惨痛经历，不禁让我思考，整本书阅读“四大名著”谈何容易！

其实从 2004 年开始，我就一直在思考这个问题：究竟如何开展整本书阅读教学。在过去两年的教学实践中（2017 年 9 月至今），我总算摸索出了一点整本书阅读教学的门道。于是决定跟王健瑶、李金财、耿荣、葛承程这四位老师合作，研发出一套整本书阅读“四大名著”的课程化教材来。

王健瑶老师是我在松江二中的老同事，相交十数年来默契最深；李金财、耿荣老师与我同为黄玉峰老师门下弟子，是我到杨浦工作以来新结识的志同道合之友；葛承程老师原系复旦大学的研究生，曾在我校实习，因毕业论文研究的课题是批判性课程，故而结缘。

此番合作研发“领读经典”书系，四位老师用心最苦，用力最深，在卷帙浩繁的原著中精选出二十到三十回，悉心编排，并加之以精读指导，旨在落实新课标的教育理念，为广大中学师生提供一个整本书阅读“四大名著”的课程化教材，以弥补目下整本书阅读教学之不足。疏漏之处，在所难免，还望各位读者多多指教。

王召强

2019 年 4 月 23 日

前言

如何使用这本书

一部二十五史，从何说起！

何不从三国说起？

的确，公元三世纪的这段传奇——魏蜀吴三国鼎立的故事经久不衰，至今仍为人们喜闻乐见。固然也有陈寿的《三国志》作为“前四史”之一享有盛誉，历代读书人，如裴松之、卢弼等，亦为之倾注了心血的缘故，但在正统史学之外，罗贯中的长篇章回体小说《三国演义》的作用更不能忽视。

一个中国人，无论男女老少，不知道三国故事，是难以想象的。笔记中记载的“或笑邓艾吃，或笑张飞胡”至今仍传承不绝，而且对象扩大了不知多少倍：诸葛亮、刘备、曹操、关羽、周瑜这些主要人物自不必言，就连蒋干、小乔这些独有个性的人物也有自己的领地，他们获得人们的喜爱，各有拥趸。

又岂止是中国呢？和我们一衣带水的邻邦日本同样痴迷于三国。根据日本国内一项“日本人最喜欢的历史人物”的调查，中国有三人上榜，其中源于三国时期的就有两位（曹操与诸葛亮），而曹操更是高居第四。不仅如此，日本人还特别热衷于把三国时期的故事改编成电子游戏，进一步向全世界推广。无论是策略类的《三国志》系列还是格斗类的《三国无双》系列，中国的七〇后八〇后九〇后们也不会对这些伴随他们成长的单机游戏感到陌生吧？而随着手游《王者荣耀》及其国际版本在全世界范围内的流行，吕布、赵云、小乔等形象在卡通化后又活跃在人们的手机屏幕上，这是不是很亲切呢？

一、为什么中学生应该读《三国演义》

相比于三国历史和人物的强大生命力，文学作品《三国演义》的处境却不那么乐观：

首先，这是个内容爆炸的时代，大量各种内容的读物纷纷进入市场，难免让人有挑花眼的感觉。

其次，这又是个读屏的时代，手机侵占了很多的阅读时间——其实这还好，毕竟读书是读，读屏也是读，但伴随着读屏还会出现“轻阅读”“浅阅读”“选阅读”的倾向，这对于《三国演义》这种长达一百二十回的章回体小说是要命的（也因此，篇幅更长、语言更雅驯的《三国志》的阅读量更低）。

最后，由三国这段历史衍生出的其他文化作品非常之多，文学之外，另有影视（比如央视版《三国演义》）、戏剧（比如传统京剧《失空斩》）、评话（比如评话艺术家张国良的《三国评话》）、连环画（比如上海人民美术出版社的《三国演义》）等等，它们各以自己的独特魅力吸引着人们，但也分流了对《三国演义》的阅读。

从文化传承的角度看，我们不妨放宽，只要是和三国有关的，我们都可以关注、喜爱（当然了，如果是游戏的话还是应该适可而止）——其实，回顾我自己与三国结缘，也是从上海人民美术出版社的那套著名的连环画《三国演义》开始的，我还记得自己翻得特别多的是《白门楼》和《七擒孟获》这两本；然后很有缘地，我在一家现在已经找不到的弄堂旧书店里买到了上海文艺出版社出版的评话艺术家张国良先生《三国评话》的前六本，加上从父亲单位图书馆借到的第九本，三国的世界向我打开了大门。

但我们还是以为，这些其他形式的三国作品不能替代对《三国演义》的整本书阅读。理由有二：

首先，只有通读《三国演义》才能对这段时期有个全面了解，固然《三国演义》不是被公认为正史的《三国志》，有很多改动、借鉴乃至于虚构的部分，但罗贯中是根据当时人们的主流审美和价值取向完整地再现了那一段岁月，这种整合与自洽是惊人的，这正是陈忠实《白鹿原》扉页引用的巴尔扎克"小说被认为是一个民族的秘史"的意义，也是阎连科所说的长篇小说独有的"雄心"所指，这种宏观的整体感，在当代人的阅读体验中是经常缺失的。

其次，即使之前通过各种各样的途径了解了内容，但真的在文字中读到的时候，那种起初是亲切感，后来又转化为新鲜感的阅读体验是非常畅快的，而且会伴随有钱穆先生说的"对本民族历史文化的温情"，这样的情感，很遗憾，在当代人的生活体验中更是缺失的。

二、中学生读《三国演义》有什么困难

有一句话，叫"少不读《水浒》，老不读《三国》"，那么反过来，少年人正应该读《三国》咯？

很遗憾，事实并非如此。实际上，《三国演义》对于中学生来说，虽有市场，却不广大。为何会这样呢？我觉得有这么几个可能的原因：

第一，三国故事太熟了，大家都能说上来点儿，就是这份熟悉反而降低了人们读《三国演义》的意愿和热情——反正不读我也知道那些故事，又何必一定要去读呢？于是一拖再拖，《三国演义》也成了书橱里的哨兵，望穿秋水。其实不然。以我自己为例，我真正阅读《三国演义》挺晚的，但当我读到那一个个之前早就熟稔的故事时，我没有感到无趣，反而觉得亲切——原来那个故事的文字是这样的！原来罗贯中是这样安排这个故事的！能有这样的感悟，也就超越了只读情节的层次而上升到对语言和谋篇布局的赏析，这才叫真正"读一本小说"。

第二，性别差异。相比而言，《三国演义》对男生的吸引力远大于女生，毕竟《三国演义》里充满了战争场面，打打杀杀在所难免，而传统

中国社会又有一种类似于日本谚语所说的“男要勇，女要娇”的“性别期待”，因此《三国演义》颇难获得女生的青睐。其实也不然。且不说这种“性别期待”与现代社会之间存在着脱节，至少运筹帷幄、判定局势、权衡利弊的眼界和能力也是女生需要的吧？而阅读《三国演义》正好能培养这些。

至于说《三国演义》的语言“半文半白”有些难懂，一方面这确实是事实，毕竟是“四大名著”的第一部、最古老的长篇章回体小说；但另一方面，其实《三国演义》的语言属于古白话，和现代口语接近，几回读下来，也就熟悉了。

三、这本书能在哪些地方帮助你

那么，本书能如何帮助中学生阅读《三国演义》呢？

首先要强调的是，本书依然属于选本，从原书一百二十回里精选了三十回，按照时间顺序排列，《三国演义》中的重要事件、经典情节，诸如桃园三结义、三英战吕布、赤壁大战、夷陵之战皆有涉及，但这依然是选本，离真正的“整本书阅读”还有距离，但我希望能通过这些精华回的阅读和思考，提高学生完整阅读《三国演义》的积极性。

如上所述，《三国演义》的故事人们大多耳熟能详，现代媒体的发达又让其荧屏形象深入人心，所以当文本遭遇立体形象的时候，要避免“降维打击”，我们必须想点办法。

在每回小说正文之后，我设了三个栏目，分别是“三国复活赛”“文史一锅烩”“跟着名著写写写”，它们各有针对，下面介绍如下：

三国复活赛：这个栏目其实是考虑到当下对中学生的绘画和表演都有了新的要求——因为教育部出台的语文“新课标”提出了“跨媒介阅读”的教学任务，各地的新中考中，美术和音乐纷纷被纳入考核，整个社会越来越意识到通过绘画和表演将中国传统文化推向世界、向下一代传承的重要性；因此这个栏目会结合每回的内容、人物或场景，对学生提出或用画笔或用表演再现的要求。这一部分是最有趣味的，非常强调交互性，对〇〇后的孩子来说，即使不说，他们都会自行在书上配插图，那何不因势利导？应该鼓励学生在尊重文本的前提下积极创作并积极交流、展示其成果。但这一部分也不能喧宾夺主，毕竟我们期望的是在熟读文本基础上的再创作，如果一味绘画或表演而不顾文本，这不就成了“皮之不存，毛将焉附”？

文史一锅烩：这个栏目包含了三方面的内容，首先是对本回内容的回顾、人物形象的分析，大致围绕中学语文教学中所谓的“小说三要素”设问，要求学生在掌握信息的基础上完成一些鉴赏性的任务；其次是在这基础上进行拓展思考，这里我引入了一些批判性思维的内容，以进行策略分析或归因分析为主，争取让中学生把《三国演义》读活；最后，在这个环节，我有两个颇为独特的设计，在此多说几句。

其一是与史书，主要是与《三国志》的对读。每一回，我都根据其主要内容或人物形象，在史书中找到相关论述，呈现出来供学生思考。这继承了中国古代“文史互证”的传统，同时也供学有余力的同学深入了解并提高文言文的阅读能力，毕竟《三国志》属于典范的文言文了。

其二是要求学生进行批注。批注是很有中国特色的文学批评样式——外国未尝没有，但像这样，不但有，甚至还能推进作品本身流传的，大概是仅仅在中国古典文学中才可见到的盛况了。毛纶、毛宗岗父子注《三国演义》、金圣叹注《水浒传》、脂砚斋注《红楼梦》、但明伦注《聊斋志异》，都是标志性的存在。

实际上，这次编选本书，我正是在重新阅读了毛氏父子点评的《三国演义》后完成的。不得不承认，读完后对毛氏父子颇为佩服，因为他们能以浅显的语言一针见血地指出小说在情节安排或人物塑造上的诸多妙处，而这些，在我一个如今做了语文老师的人看来，正和语文课所要培养的阅读能力是相关的——我不愿意说就是阅读技巧，因为这实在有矮化毛氏父子的嫌疑。不错，他们的评语是可以当成阅读技巧来看的，但如果能体会到他们评注时那充沛的情感，你就会知道这不仅仅是阅读技巧那么简单，更有一种可贵的阅读态度在其中，那就是：平等地与原作对话，欣赏地努力尝试理解。而且一本长达一百二十回的小说，这种篇幅以及篇章情节内在的连贯性都保证了它能超越文选式课本先天的缺点：不系统且“未能远谋”。

何况，在上海版的高中语文课本里，还有一课《〈药〉评点》。实际上，以我的教学体会，如果学生能够看懂批注，那往往意味着对于这段文本也有基本的理解；如果不但能看懂批注，更能对批注提出自己的看法，那就更上一层，因为他不但能看懂批注对文本的理解，更能对这种理解发表自己的看法甚至能够分辨文章要害处；如果能自行寻找到读后有感悟的文本写下批注，自然更好了，因为这意味着他的独特审美和自主欣赏正在成长之中。

由此，我认为，学会批注对于培养读者的阅读能力是很有帮助的——实际上，就我个人经历，即使是在成为合格甚至是出色的阅读者后，人们往往还会保留批注的习惯并乐此不疲，我自己就是一个例子。这样，日后再读的时候，能够触摸到当日的思考——甚至是当日伴随着思考的种种细节，那一刹那竟会有一种种时光倒流的错觉；而当别人读你的书顺便读到你的批注的时候，会有会心一笑、恨不能相见者，也会有勃然大怒直想涂抹掉你的批注或再加批注者。无论是哪一种，都有无穷趣味。

所以本书在所选的每回《三国演义》正文旁边都留下了一定的空白供读者一边读，一边写下自己的批注——对应传统术语，即眉批或夹批，然后在每回的最后也留下类似的空间——对应传统术语，则属于总批。这一部分的设置很自由，只在第一回附上了毛宗岗的批注原文作为示范。但我还是要这里强调一下：切莫因为这一部分设置自由又没人检查就跳过，如果能坚持的话，当这本书读完也批完后，你会发现自己的鉴赏能力和议论能力都有提高，这样多好！

跟着名著写写写：考虑到本书主要面对初中生，而初中生仍然以记叙文写作作为作文写作的核心内容，也考虑到语文教学界一直以来提倡的“读写互促”，乃至“读写一体”的理念，更考虑到目前语文书里对于记叙文写作的诸多要素仍缺乏专门的指导（以上海版教材为例，虽有《基础写作实践》这本拓展型课程教材，但使用非常有限），这样，学生写作长期处于独力摸索的状态。这个栏目即是从记叙文的诸多要素入手，结合每回小说原文予以集中讲评，期以收点拨之效，让学生能知其然，亦知其所以然，并在自己的作文中实践。

这是我关于中学生阅读“四大名著”的第二本书了，上一本是面对小学生的《浪淘三国》，并没有选原文，而用了现代人的改写。这本书是面对初中生的，加上“整本书阅读”的呼声渐高，因此选用了原文，同时把我在编上一本书中的遗憾和反思容纳其中做出了改进，希望经由此书，会让更多的中学生朋友喜欢上《三国演义》，如果你也能在阅读本书的过程中感受到前面说到的“对本民族历史文化的温情”，那我真的很欣慰。

目录

第一部分　群雄逐鹿

第二部分　赤壁大战

第三部分　三国鼎立

第四部分　北伐中原

第五部分　天下归晋

第一部分

群雄逐鹿

第一回

宴桃园豪杰三结义　斩黄巾英雄首立功

滚滚长江东逝水，浪花淘尽英雄。是非成败转头空：青山依旧在，几度夕阳红。

白发渔樵江渚上，惯看秋月春风。一壶浊酒喜相逢：古今多少事，都付笑谈中。

——调寄《临江仙》

批注

话说天下大势，分久必合，合久必分：周末七国分争，并入于秦；及秦灭之后，楚、汉分争，又并入于汉；汉朝自高祖斩白蛇而起义，一统天下，后来光武中兴，传至献帝，遂分为三国。推其致乱之由，殆始于桓、灵二帝。桓帝禁锢善类，崇信宦官。及桓帝崩，灵帝即位，大将军窦武、太傅陈蕃，共相辅佐；时有宦官曹节等弄权，窦武、陈蕃谋诛之，机事不密，反为所害，中涓自此愈横。

建宁二年四月望日，帝御温德殿。方升座，殿角狂风骤起。只见一条大青蛇，从梁上飞将下来，蟠于椅上。帝惊倒，左右急救入宫，百官俱奔避。须臾，蛇不见了。忽然大雷大雨，加以冰雹，落到半夜方止，坏却房屋无数。

批注

建宁四年二月，洛阳地震；又海水泛溢，沿海居民，尽被大浪卷入海中。光和元年，雌鸡化雄。六月朔，黑气十馀丈，飞入温德殿中。秋七月，有虹现于玉堂，五原山岸，尽皆崩裂。种种不祥，非止一端。帝下诏问群臣以灾异之由，议郎蔡邕上疏，以为蜺堕鸡化，乃妇寺干政之所致，言颇切直。帝览奏叹息，因起更衣。曹节在后窃视，悉宣告左右；遂以他事陷邕于罪，放归田里。后张让、赵忠、封谞、段珪、曹节、侯览、蹇硕、程旷、夏恽、郭胜十人朋比为奸，号为“十常侍”。帝尊信张让，呼为“阿父”。朝政日非，以致天下人心思乱，盗贼蜂起。

时巨鹿郡有兄弟三人：一名张角，一名张宝，一名张梁。那张角本是个不第秀才，因入山采药，遇一老人，碧眼童颜，手执藜杖，唤角至一洞中，以天书三卷授之，曰：“此名《太平要术》，汝得之，当代天宣化，普救世人。若萌异心，必获恶报。”角拜问姓名。老人曰：“吾乃南华老仙也。”言讫，化阵清风而去。角得此书，晓夜攻习，能呼风唤雨，号为“太平道人”。中平元年正月内，疫气流行，张角散施符水，为人治病，自称“大贤良师”。角有徒弟五百馀人，云游四方，皆能书符念咒。次后徒众日多，角乃立三十六方，大方万馀人，小方六七千，各立渠帅，称为将军；讹言：“苍天已死，黄天当立；岁在甲子，天下大吉。”令人各以白土，书“甲子”二字于家中大门上。青、幽、徐、冀、荆、扬、兖、豫八州之人，家家侍奉大贤良师张角名字。角遣其党马元义，暗赍金帛，结交中涓封谞，以为内应。角与二弟商议曰：“至难得者，民心也。今民心已顺，若不乘势取天下，诚为可惜。”遂一面

批注

私造黄旗，约期举事；一面使弟子唐周，驰书报封谞。唐周乃径赴省中告变。帝召大将军何进调兵擒马元义，斩之；次收封谞等一干人下狱。张角闻知事露，星夜举兵，自称“天公将军”，张宝称“地公将军”，张梁称“人公将军”；申言于众曰：“今汉运将终，大圣人出。汝等皆宜顺天从正，以乐太平。”四方百姓，裹黄巾从张角反者四五十万。贼势浩大，官军望风而靡。何进奏帝火速降诏，令各处备御，讨贼立功；一面遣中郎将卢植、皇甫嵩、朱儁，各引精兵、分三路讨之。

且说张角一军，前犯幽州界分。幽州太守刘焉，乃江夏竟陵人氏，汉鲁恭王之后也；当时闻得贼兵将至，召校尉邹靖计议。靖曰：“贼兵众，我兵寡，明公宜作速招军应敌。”刘焉然其说，随即出榜招募义兵。榜文行到涿县，引出涿县中一个英雄。那人不甚好读书；性宽和，寡言语，喜怒不形于色；素有大志，专好结交天下豪杰；生得身长七尺五寸，两耳垂肩，双手过膝，目能自顾其耳，面如冠玉，唇若涂脂；中山靖王刘胜之后，汉景帝阁下玄孙：姓刘，名备，字玄德。昔刘胜之子刘贞，汉武时封涿鹿亭侯，后坐酎金失侯，因此遗这一枝在涿县。玄德祖刘雄，父刘弘。弘曾举孝廉，亦尝作吏，早丧。玄德幼孤，事母至孝；家贫，贩屦织席为业。家住本县楼桑村。其家之东南，有一大桑树，高五丈馀，遥望之，童童如车盖。相者云：“此家必出贵人。”玄德幼时，与乡中小儿戏于树下，曰：“我为天子，当乘此车盖。”叔父刘元起奇其言，曰：“此儿非常人也！”因见玄德家贫，常资给之。年十五岁，母使游学，尝师事郑玄、卢植，与公孙瓒等为友。及

批注

刘焉发榜招军时，玄德年已二十八岁矣。

当日见了榜文，慨然长叹。随后一人厉声言曰："大丈夫不与国家出力，何故长叹？"玄德回视其人，身长八尺，豹头环眼，燕颔虎须，声若巨雷，势如奔马。玄德见他形貌异常，问其姓名。其人曰："某姓张，名飞，字翼德。世居涿郡，颇有庄田，卖酒屠猪，专好结交天下豪杰。恰才见公看榜而叹，故此相问。"玄德曰："我本汉室宗亲，姓刘，名备。今闻黄巾倡乱，有志欲破贼安民，恨力不能，故长叹耳。"飞曰："吾颇有资财，当招募乡勇，与公同举大事，如何？"玄德甚喜，遂与同入村店中饮酒。正饮间，见一大汉，推着一辆车子，到店门首歇了；入店坐下，便唤酒保："快斟酒来吃，我待赶入城去投军。"玄德看其人：身长九尺，髯长二尺；面如重枣，唇若涂脂；丹凤眼，卧蚕眉：相貌堂堂，威风凛凛。玄德就邀他同坐，叩其姓名。其人曰："吾姓关，名羽，字长生，后改云长，河东解良人也。因本处势豪倚势凌人，被吾杀了，逃难江湖，五六年矣。今闻此处招军破贼，特来应募。"玄德遂以己志告之，云长大喜。同到张飞庄上，共议大事。

飞曰："吾庄后有一桃园，花开正盛；明日当于园中祭告天地，我三人结为兄弟，协力同心，然后可图大事。"玄德、云长齐声应曰："如此甚好。"次日，于桃园中，备下乌牛白马祭礼等项，三人焚香再拜而说誓曰："念刘备、关羽、张飞，虽然异姓，既结为兄弟，则同心协力，救困扶危；上报国家，下安黎庶。不求同年同月同日生，只愿同年同月同日死。皇天后土，实鉴此心，背义忘恩，天人共戮！"誓毕，拜玄德为兄，关羽次之，张飞为弟。祭罢天地，复宰牛设酒，聚乡中勇士，得三百馀人，就桃园中痛饮一醉。来日收拾军器，但恨无马匹可乘。正思虑间，人报有两个客人，引一伙伴倘，赶一群马，投庄上来。玄德曰："此天佑我也！"三人出庄迎接。原来二客乃中山大商：一名张世平，一名苏双，每年往北贩马，近因寇发而回。玄德请二人到庄，置酒管待，诉说欲讨贼安民之意。二客大喜，愿将良马五十匹相送；又赠金银五百两，镔铁一千斤，以资器用。玄德谢别二客，便命良匠打造双股剑。云长造青龙偃月刀，又名"冷艳锯"，重八十二斤。张飞造丈八点钢矛。各置全身铠甲。共聚乡勇五百馀人，来见邹靖。邹靖引见太守刘焉。三人参见毕，各通姓名。玄德说起宗派，刘焉大喜，遂认玄德为侄。

不数日，人报黄巾贼将程远志统兵五万来犯涿郡。刘焉令邹靖引玄德等三人，统兵五百，前去破敌。玄德等欣然领军前进，直至大兴山下，与贼相见。贼众皆披发，以黄巾抹额。当下两军相对，玄德出马，左有云长，右有翼德，扬鞭大骂："反国逆贼，何不早降！"程远志大怒，遣副将邓茂出战。张飞挺丈八蛇矛直出，手起处，刺中邓茂心窝，翻身落马。程远志见折了邓茂，拍马舞刀，直取张飞。云长舞动大刀，纵马飞迎。程远志见了，早吃一惊，措手不及，被云长刀起处，挥为两段。后人有诗赞二人曰：

英雄露颖在今朝，一试矛兮一试刀。
初出便将威力展，三分好把姓名标。

众贼见程远志被斩，皆倒戈而走。玄德挥军追赶，投降者不计其数，大胜而回。刘焉亲自迎接，赏劳军士。次日，接得青州太守龚景牒文，言黄巾贼围城将陷，乞赐救援。刘焉与玄德商议。玄德曰："备愿往救之。"刘焉令邹靖将

批注

批注

兵五千，同玄德、关、张，投青州来。贼众见救军至，分兵混战。玄德兵寡不胜，退三十里下寨。玄德谓关、张曰："贼众我寡；必出奇兵，方可取胜。"乃分关公引一千军伏山左，张飞引一千军伏山右，鸣金为号，齐出接应。次日，玄德与邹靖引军鼓噪而进。贼众迎战，玄德引军便退。贼众乘势追赶，方过山岭，玄德军中一齐鸣金，左右两军齐出，玄德麾军回身复杀。三路夹攻，贼众大溃。直赶至青州城下，太守龚景亦率民兵出城助战。贼势大败，剿戮极多，遂解青州之围。后人有诗赞玄德曰：

运筹决算有神功，二虎还须逊一龙。

初出便能垂伟绩，自应分鼎在孤穷。

龚景犒军毕，邹靖欲回。玄德曰："近闻中郎将卢植与贼首张角战于广宗，备昔曾师事卢植，欲往助之。"于是邹靖引军自回，玄德与关、张引本部五百人投广宗来。至卢植军中，入帐施礼，具道来意。卢植大喜，留在帐前听调。

时张角贼众十五万，植兵五万，相拒于广宗，未见胜负。植谓玄德曰："我今围贼在此，贼弟张梁、张宝在颍川，与皇甫嵩、朱儁对垒。汝可引本部人马，我更助汝一千官军，前去颍川打探消息，约期剿捕。"玄德领命，引军星夜投颍川来。时皇甫嵩、朱儁领军拒贼，贼战不利，退入长社，依草结营。嵩与儁计曰："贼依草结营，当用火攻之。"遂令军士，每人束草一把，暗地埋伏。其夜大风忽起。二更以后，一齐纵火，嵩与儁各引兵攻击贼寨，火焰张天，贼众惊慌，马不及鞍，人不及甲，四散奔走。

杀到天明，张梁、张宝引败残军士，夺路而走。忽见一彪军马，尽打红旗，当头来到，截住去路。为首闪出一将：身长七尺，细眼长髯；官拜骑都尉；沛国谯郡人也，姓曹，名操，字孟德。操父曹嵩，本姓夏侯氏，因为中常侍曹腾之养子，故冒姓曹。曹嵩生操，小字阿瞒，一名吉利。操幼时，好游猎，喜歌舞；有权谋，多机变。操有叔父，见操游荡无度，尝怒之，言于曹嵩。嵩责操。操忽心生一计：见叔父来，诈倒于地，作中风之状。叔父惊告嵩，嵩急视之，操故无恙。嵩曰："叔言汝中风，今已愈乎？"操曰："儿自来无此病；因失爱于叔父，故见罔耳。"嵩信其言。后叔父但言操过，嵩并不听。因此，操得恣意放荡。时人有桥玄者，谓操曰："天下将乱，非命世之才不能济。能安之者，其在君乎？"南阳何颙见操，言："汉室将亡，安天下者，必此人也。"汝南许劭，有知人之名。操往见之，问曰："我何如人？"劭不答。又问，劭曰："子治世之能臣，乱世之奸雄也。"操闻言大喜。年二十，举孝廉，为郎，除洛阳北部尉。初到任，即设五色棒十馀条于县之四门，有犯禁者，不避豪贵，皆责之。中常侍蹇硕之叔，提刀夜行，操巡夜拿住，就棒责之。由是，内外莫敢犯者，威名颇震。后为顿丘令，因黄巾起，拜为骑都尉，引马步军五千，前来颍川助战。正值张梁、张宝败走，曹操拦住，大杀一阵，斩首万馀级，夺得旗幡、金鼓、马匹极多。张梁、张宝死战得脱。操见过皇甫嵩、朱儁，随即引兵追袭张梁、张宝去了。

却说玄德引关、张来颍川，听得喊杀之声，又望见火光烛天，急引兵来时，贼已败散。玄德见皇甫嵩、朱儁，具道卢植之意。嵩曰："张梁、张宝势穷力乏，必投广宗去依张角。玄德可即星夜往助。"玄德领命，遂引兵复回。得到半路，只见一簇军马，护送一辆槛车，车中之囚，乃

批注

批注

卢植也。玄德大惊，滚鞍下马，问其缘故。植曰："我围张角，将次可破；因角用妖术，未能即胜。朝廷差黄门左丰前来体探，问我索取贿赂。我答曰：'军粮尚缺，安有馀钱奉承天使？'左丰挟恨，回奏朝廷，说我高垒不战，惰慢军心；因此朝廷震怒，遣中郎将董卓来代将我兵，取我回京问罪。"张飞听罢，大怒，要斩护送军人，以救卢植。玄德急止之曰："朝廷自有公论，汝岂可造次？"军士簇拥卢植去了。

关公曰："卢中郎已被逮，别人领兵，我等去无所依，不如且回涿郡。"玄德从其言，遂引军北行。行无二日，忽闻山后喊声大震。玄德引关、张纵马上高冈望之，见汉军大败，后面漫山塞野，黄巾盖地而来，旗上大书"天公将军"。玄德曰："此张角也！可速战！"三人飞马引军而出。张角正杀败董卓，乘势赶来，忽遇三人冲杀，角军大乱，败走五十馀里。三人救了董卓回寨。卓问三人现居何职。玄德曰："白身。"卓甚轻之，不为礼。玄德出，张飞大怒曰："我等亲赴血战，救了这厮，他却如此无礼。若不杀之，难消我气！"便要提刀入帐来杀董卓。正是：人情势利古犹今，谁识英雄是白身？安得快人如翼德，尽诛世上负心人！毕竟董卓性命如何，且听下文分解。

本回我评论：

三国复活赛

1. 请从本章中对其进行外貌描写的人物中任选一位，结合原作的描写，为其画一幅画像；如果可以的话，更希望你能用一首绝句做“题画诗”。哦对了，你知道什么是绝句吗？简单说就是一种由四句句子，每句五个或七个字构成的诗体，你学过李白的《早发白帝城》吧？那就是绝句。

2. “桃园三结义”流传极广，请根据原文的记叙和描写，改编成剧本，如果能演出，甚至能比一下你们的剧本和表演，那就更好啦！

3. 有一个拥有海量三国知识的网站“三国在线”建议你可以留意：www.e3ol.com，真的是一个很不错的网站！

文史一锅烩

1. 东汉末年到底发生了什么？“黄巾起义”又到底是怎么一回事？请自寻资料，梳理一个来龙去脉——这有助于阅读《三国演义》喔！

2.《三国演义》大名鼎鼎，可你知道它的全名是《三国志通俗演义》吗？顾名思义，它是在西晋史学家陈寿所著的《三国志》的基础上编写而成的小说。《三国志》是一部兼有纪传体和国别体的史书，是“前四史”之一。我们可以拿《三国演义》与《三国志》进行对比阅读，试着阅读《三国志·蜀书二·先主传》中对刘备的记载，看一看两者的差异。

先主姓刘，讳备，字玄德，涿郡涿县人，汉景帝子中山靖王胜

之后也。胜子贞，元狩六年封涿县陆城亭侯，坐酎金失侯，因家焉。先主祖雄，父弘，世仕州郡。雄举孝廉，官至东郡范令。

先主少孤，与母贩履织席为业。舍东南角篱上有桑树生高五丈馀，遥望见童童如小车盖，往来者皆怪此树非凡，或谓当出贵人。先主少时，与宗中诸小儿于树下戏，言："吾必当乘此羽葆盖车。"叔父子敬谓曰："汝勿妄语，灭吾门也！"年十五，母使行学，与同宗刘德然、辽西公孙瓒俱事故九江太守同郡卢植。德然父元起常资给先主，与德然等。元起妻曰："各自一家，何能常尔邪！"元起曰："吾宗中有此儿，非常人也。"而瓒深与先主相友。瓒年长，先主以兄事之。先主不甚乐读书，喜狗马、音乐、美衣服。身长七尺五寸，垂手下膝，顾自见其耳。少语言，善下人，喜怒不形于色。好交结豪侠，年少争附之。中山大商张世平、苏双等赀累千金，贩马周旋于涿郡，见而异之，乃多与之金财。先主由是得用合徒众。

灵帝末，黄巾起，州郡各举义兵，先主率其属从校尉邹靖讨黄巾贼有功，除安喜尉。

读了以上文字，再和《三国演义》比一比，你能找到差异所在吗？

3. 中国小说一向有点评的习惯，就拿《三国演义》来说，明末清初的毛纶、毛宗岗父子为其做的点评就脍炙人口，以本回而言，毛宗岗就评论道：

人谓魏得天时、吴得地利、蜀得人和，乃三大国将兴，先有天公、地公、人公三小寇以引之。亦如刘季将为天子，有吴广、陈涉以先之；刘秀为天子，有赤眉、铜马以引之。以三寇引出三国，是全部中宾主；以张角兄弟三人引出桃园兄弟三人，此又一回中宾主。

今人结盟，必拜关帝；不知桃园当日，又拜何神？可见盟者，盟诸心，非盟诸神也。今人好通谱，往往非族认族；试观桃园三义，各自一姓：可见兄弟之约，取同心同德，不取同姓同宗也。若不信心而信神，不论德而论姓，则神道设教，莫如张角三人，同气连枝，亦莫如张角三人矣。而彼三人者，其视桃园为何如耶！

齐东绝倒之语，偏足煽惑愚人，如“苍天已死，黄天当立”是已。且安知南华老仙天书三卷，非张角谬言之而众人妄信之乎！愚以为裹黄巾、称黄天，由前而观，则黄门用事之应；由后而观，则黄初改元之兆也。

百忙中忽入刘、曹二小传：一则自幼便大，一则自幼便奸；一则中山靖王之后，一则中常侍之养孙：低昂已判矣。后人犹有以魏为正统，而书“蜀兵入寇”者，何哉？

许劭曰：“治世能臣，乱世奸雄”，此时岂治世耶？劭意在后一语，操喜亦喜在后一语。喜得恶，喜得险，喜得直，喜得无礼，喜得不平常，喜得不怀好意。只此一喜，使是奸雄本色。

你看，有了这样的评语，我们读者读起来就有了条线索。毕竟，三国的时代离我们今天已经很远了，如果能有一个人在旁边提醒我们哪里是重要的地方，这多好啊！评语就是这样的线索。如果没读懂，通过评语我们就能读懂了；如果已经读懂了，我们可以看看其他人是怎么说的，那是不是也挺有意思？还有，毛氏父子的评语特别关注小说的情节以及人物塑造，而且经常一语中的，能把小说的好处讲出来。我们读这样的评语，也就提高了自己对小说的鉴赏能力，一举两得，岂不妙哉！

这里选择的评语是围绕罗贯中设计桃园结义的情节展开的。毛氏父子特别强调了对比桃园结义和之前张角三兄弟黄巾起义的异同，这样就帮助我们把长篇小说中类似的情节组织了起来。这样，请在上文空格处留下你对本回的总评——这个在传统小说点评里叫作“回评”，另外，也

可以在选文右侧留下你的批注——这个在传统小说里叫作“旁批”。特别建议你可以从刘关张三兄弟第一次登场时展现的人物外貌、性格上的特点来批评喔！

4.《三国志》也有制作得不错的网上版本：http://ctext.org/sanguozhi/ens，值得一看，但建议你先把咱们这本书看完！

跟着名著写写写

1. 插叙是常见的记叙方式：在叙述中心事件的过程中，为了帮助情节的展开或刻画人物，暂时中断叙述的主线，插入一段与主要情节相关的回忆或故事的叙述方法。请找出本回中任意插叙两处，分析其作用。

2. 心理描写是塑造人物极为重要的手法之一，本回中“桃园三结义”和董卓轻视刘备两处可惜没有心理描写，你能任选一处，添加一段心理描写吗？

家长可加入阅读能力提升群 陪孩子听名师阅读讲解课 读懂经典提升阅读能力
群分类：阅读提升 • 入群指南详见本书扉页

第五回

发矫诏诸镇应曹公　破关兵三英战吕布

批注

却说陈宫临欲下手杀曹操，忽转念曰："我为国家跟他到此，杀之不义。不若弃而他往。"插剑上马，不等天明，自投东郡去了。操觉，不见陈宫，寻思："此人见我说了这两句，疑我不仁，弃我而去；吾当急行，不可久留。"遂连夜到陈留，寻见父亲，备说前事；欲散家资，招募义兵。父言："资少恐不成事。此间有孝廉卫弘，疏财仗义，其家巨富；若得相助，事可图矣。"

操置酒张筵，拜请卫弘到家，告曰："今汉室无主，董卓专权，欺君害民，天下切齿。操欲力扶社稷，恨力不足。公乃忠义之士，敢求相助！"卫弘曰："吾有是心久矣，恨未遇英雄耳。既孟德有大志，愿将家资相助。"操大喜；于是先发矫诏，驰报各道，然后招集义兵，竖起招兵白旗一面，上书"忠义"二字。不数日间，应募之士，如雨骈集。

一日，有一个阳平卫国人，姓乐，名进，字文谦，来投曹操。又有一个山阳巨鹿人，姓李，名典，字曼成，也来投曹操。操皆留为帐前吏。又有沛国谯人夏侯惇，字元让，乃夏侯婴之后；自小习枪棒；年十四从师学武，有人

批注

辱骂其师，惇杀之，逃于外方；闻知曹操起兵，与其族弟夏侯渊两个，各引壮士千人来会。此二人本操之弟兄：操父曹嵩原是夏侯氏之子，过房与曹家，因此是同族。不数日，曹氏兄弟曹仁、曹洪各引兵千馀来助。曹仁字子孝，曹洪字子廉：二人弓马熟娴，武艺精通。操大喜，于村中调练军马。卫弘尽出家财，置办衣甲旗幡。四方送粮食者，不计其数。

时袁绍得操矫诏，乃聚麾下文武，引兵三万，离渤海来与曹操会盟。操作檄文以达诸郡。檄文曰：

> 操等谨以大义布告天下：董卓欺天罔地，灭国弑君；秽乱宫禁，残害生灵；狼戾不仁，罪恶充积！今奉天子密诏，大集义兵，誓欲扫清华夏，剿戮群凶。望兴义师，共泄公愤；扶持王室，拯救黎民。檄文到日，可速奉行！

操发檄文去后，各镇诸侯皆起兵相应：第一镇，后将军南阳太守袁术。第二镇，冀州刺史韩馥。第三镇，豫州刺史孔伷。第四镇，兖州刺史刘岱。第五镇，河内郡太守王匡。第六镇，陈留太守张邈。第七镇，东郡太守乔瑁。第八镇，山阳太守袁遗。第九镇，济北相鲍信。第十镇，北海太守孔融。第十一镇，广陵太守张超。第十二镇，徐州刺史陶谦。第十三镇，西凉太守马腾。第十四镇，北平太守公孙瓒。第十五镇，上党太守张杨。第十六镇，乌程侯长沙太守孙坚。第十七镇，祁乡侯渤海太守袁绍。诸路军马，多少不等，有三万者，有一二万者，各领文官武将，投洛阳来。

且说北平太守公孙瓒，统领精兵一万五千，路经德州平原县。正行之间，遥见桑树丛中，一面黄旗，数骑来迎。瓒视之，乃刘玄德也。瓒问曰："贤弟何故在此？"玄德曰："旧日蒙兄保备为平原县令，今闻大军过此，将来奉候，就请兄长入城歇马。"瓒指关、张而问曰："此何人也？"玄德曰："此关羽、张飞，备结义兄弟也。"瓒曰："乃同破黄巾者乎？"玄德曰："皆此二人之力。"瓒曰："今居何职？"玄德答曰："关羽为马弓手，张飞为步弓手。"瓒叹曰："如此可谓埋没英雄！今董卓作乱，天下诸侯共往诛之。贤弟可弃此卑官，一同讨贼，力扶汉室，若何？"玄德曰："愿往。"张飞曰："当时若容我杀了此贼，免有今日之事。"云长曰："事已至此，即当收拾前去。"

玄德、关、张引数骑跟公孙瓒来，曹操接着。众诸侯亦陆续皆至，各自安营下寨，连接二百馀里。操乃宰牛杀马，大会诸侯，商议进兵之策。太守王匡曰："今奉大义，必立盟主；众听约束，然后进兵。"操曰："袁本初四世三公，门多故吏，汉朝名相之裔，可为盟主。"绍再三推辞，众皆曰非本初不可，绍方应允。次日筑台三层，遍列五方旗帜，上建白旄黄钺，兵符将印，请绍登坛。绍整衣佩剑，慨然而上，焚香再拜。其盟曰：

> 汉室不幸，皇纲失统。贼臣董卓，乘衅纵害，祸加至尊，虐流百姓。绍等惧社稷沦丧，纠合义兵，并赴国难。凡我同盟，齐心戮力，以致臣节，必无二志。有渝此盟，俾坠其命，无克遗育。皇天后土，祖宗明灵，实皆鉴之！

读毕，歃血。众因其辞气慷慨，皆涕泗横流。歃血已罢，下坛。众扶绍升帐而坐，两行依爵位年齿分列坐定。操行酒数巡，言曰："今日既立盟主，各听调遣，同扶国家，勿以强弱计较。"袁绍曰："绍虽不才，既承公等推为盟主，

批注

批注

有功必赏，有罪必罚。国有常刑，军有纪律；各宜遵守，勿得违犯。”众皆曰：“惟命是听。”绍曰：“吾弟袁术总督粮草，应付诸营，无使有缺。更须一人为先锋，直抵汜水关挑战。馀各据险要，以为接应。”

长沙太守孙坚出曰：“坚愿为前部。”绍曰：“文台勇烈，可当此任。”坚遂引本部人马杀奔汜水关来。守关将士，差流星马往洛阳丞相府告急。

董卓自专大权之后，每日饮宴。李儒接得告急文书，径来禀卓。卓大惊，急聚众将商议。温侯吕布挺身出曰：“父亲勿虑。关外诸侯，布视之如草芥；愿提虎狼之师，尽斩其首，悬于都门。”卓大喜曰：“吾有奉先，高枕无忧矣！”言未绝，吕布背后一人高声出曰：“‘割鸡焉用牛刀？’不劳温侯亲往。吾斩众诸侯首级，如探囊取物耳！”卓视之，其人身长九尺，虎体狼腰，豹头猿臂；关西人也，姓华，名雄。卓闻言大喜，加为骁骑校尉。拨马步军五万，同李肃、胡轸、赵岑星夜赴关迎敌。

众诸侯内有济北相鲍信，寻思孙坚既为前部，怕他夺了头功，暗拨其弟鲍忠，先将马步军三千，径抄小路，直到关下搦战。华雄引铁骑五百，飞下关来，大喝：“贼将休走！”鲍忠急待退，被华雄手起刀落，斩于马下，生擒将校极多。华雄遣人赍鲍忠首级来相府报捷，卓加雄为都督。

却说孙坚引四将直至关前。那四将？——第一个，右北平土垠人，姓程，名普，字德谋，使一条铁脊蛇矛；第二个，姓黄，名盖，字公覆，零陵人也，使铁鞭；第三个，姓韩，名当，字义公，辽西令支人也，使一口大刀；第四个，姓祖，名茂，字大荣，吴郡富春人也，使双刀。孙坚披烂银铠，裹赤帻，横古锭刀，骑花鬃马，指关上而

批注

骂曰："助恶匹夫，何不早降！"华雄副将胡轸引兵五千出关迎战。程普飞马挺矛，直取胡轸。斗不数合，程普刺中胡轸咽喉，死于马下。坚挥军直杀至关前，关上矢石如雨。孙坚引兵回至梁东屯住，使人于袁绍处报捷，就于袁术处催粮。

或说术曰："孙坚乃江东猛虎；若打破洛阳，杀了董卓，正是除狼而得虎也。今不与粮，彼军必散。"术听之，不发粮草。孙坚军缺食，军中自乱，细作报上关来。李肃为华雄谋曰："今夜我引一军从小路下关，袭孙坚寨后，将军击其前寨，坚可擒矣。"雄从之，传令军士饱餐，乘夜下关。是夜月白风清。到坚寨时，已是半夜，鼓噪直进。坚慌忙披挂上马，正遇华雄。两马相交，斗不数合，后面李肃军到，竟天价放起火来。坚军乱窜。众将各自混战，止有祖茂跟定孙坚，突围而走。背后华雄追来。坚取箭，连放两箭，皆被华雄躲过。再放第三箭时，因用力太猛，拽折了鹊画弓，只得弃弓纵马而奔。祖茂曰："主公头上赤帻射目，为贼所认识。可脱帻与某戴之。"坚就脱帻换茂盔，分两路而走。雄军只望赤帻者追赶，坚乃从小路得脱。祖茂被华雄追急，将赤帻挂于人家烧不尽的庭柱上，却入树林潜躲。华雄军于月下遥见赤帻，四面围定，不敢近前。用箭射之，方知是计，遂向前取了赤帻。祖茂于林后杀出，挥双刀欲劈华雄；雄大喝一声，将祖茂一刀砍于马下。杀至天明，雄方引兵上关。

程普、黄盖、韩当都来寻见孙坚，再收拾军马屯扎。坚为折了祖茂，伤感不已，星夜遣人报知袁绍。绍大惊曰："不想孙文台败于华雄之手！"便聚众诸侯商议。众人都到，只有公孙瓒后至，绍请入帐列坐。绍曰："前日鲍将

批注

军之弟不遵调遣，擅自进兵，杀身丧命，折了许多军士；今者孙文台又败于华雄：挫动锐气，为之奈何？”诸侯并皆不语。绍举目遍视，见公孙瓒背后立着三人，容貌异常，都在那里冷笑。绍问曰：“公孙太守背后何人？”瓒呼玄德出曰：“此吾自幼同舍兄弟，平原令刘备是也。”曹操曰：“莫非破黄巾刘玄德乎？”瓒曰：“然。”即令刘玄德拜见。瓒将玄德功劳，并其出身，细说一遍。绍曰：“既是汉室宗派，取坐来。”命坐。备逊谢。绍曰：“吾非敬汝名爵，吾敬汝是帝室之胄耳。”玄德乃坐于末位，关、张叉手侍立于后。

忽探子来报：“华雄引铁骑下关，用长竿挑着孙太守赤帻，来寨前大骂搦战。”绍曰：“谁敢去战？”袁术背后转出骁将俞涉曰：“小将愿往。”绍喜，便著俞涉出马。即时报来：“俞涉与华雄战不三合，被华雄斩了。”众大惊。太守韩馥曰：“吾有上将潘凤，可斩华雄。”绍急令出战。潘凤手提大斧上马。去不多时，飞马来报：“潘凤又被华雄斩了。”众皆失色。绍曰：“可惜吾上将颜良、文丑未至！得一人在此，何惧华雄！”言未毕，阶下一人大呼出曰：“小将愿往斩华雄头，献于帐下！”众视之，见其人身长九尺，髯长二尺，丹凤眼，卧蚕眉，面如重枣，声如巨钟，立于帐前。绍问何人。公孙瓒曰：“此刘玄德之弟关羽也。”绍问现居何职。瓒曰：“跟随刘玄德充马弓手。”帐上袁术大喝曰：“汝欺吾众诸侯无大将耶？量一弓手，安敢乱言！与我打出！”曹操急止之曰：“公路息怒。此人既出大言，必有勇略；试教出马，如其不胜，责之未迟。”袁绍曰：“使一弓手出战，必被华雄所笑。”操曰：“此人仪表不俗，华雄安知他是弓手？”关公曰：“如不胜，请斩某头。”

批注

操教酾热酒一杯，与关公饮了上马。关公曰：“酒且斟下，某去便来。”出帐提刀，飞身上马。众诸侯听得关外鼓声大振，喊声大举，如天摧地塌，岳撼山崩，众皆失惊。正欲探听，鸾铃响处，马到中军，云长提华雄之头，掷于地上。——其酒尚温。后人有诗赞之曰：

威镇乾坤第一功，辕门画鼓响冬冬。
云长停盏施英勇，酒尚温时斩华雄。

曹操大喜。只见玄德背后转出张飞，高声大叫：“俺哥哥斩了华雄，不就这里杀入关去，活拿董卓，更待何时！”袁术大怒，喝曰：“俺大臣尚自谦让，量一县令手下小卒，安敢在此耀武扬威！都与赶出帐去！”曹操曰：“得功者赏，何计贵贱乎？”袁术曰：“既然公等只重一县令，我当告退。”操曰：“岂可因一言而误大事耶？”命公孙瓒且带玄德、关、张回寨。众官皆散。曹操暗使人赍牛酒抚慰三人。

却说华雄手下败军，报上关来。李肃慌忙写告急文书，申闻董卓。卓急聚李儒、吕布等商议。儒曰：“今失了上将华雄，贼势浩大。袁绍为盟主，绍叔袁隗，现为太傅；倘或里应外合，深为不便，可先除之。请丞相亲领大军，分拨剿捕。”卓然其说，唤李傕、郭汜领兵五百，围住太傅袁隗家，不分老幼，尽皆诛绝，先将袁隗首级去关前号令。卓遂起兵二十万，分为两路而来：一路先令李傕、郭汜引兵五万，把住汜水关，不要厮杀；卓自将十五万，同李儒、吕布、樊稠、张济等守虎牢关。这关离洛阳五十里。军马到关，卓令吕布领三万军，去关前扎住大寨。卓自在关上屯住。

流星马探听得，报入袁绍大寨里来。绍聚众商议。操

批注

曰："董卓屯兵虎牢，截俺诸侯中路，今可勒兵一半迎敌。"绍乃分王匡、乔瑁、鲍信、袁遗、孙融、张杨、陶谦、公孙瓒八路诸侯，往虎牢关迎敌。操引军往来救应。八路诸侯，各自起兵。河内太守王匡，引兵先到。吕布带铁骑三千，飞奔来迎。王匡将军马列成阵势，勒马门旗下看时，见吕布出阵：头戴三叉束发紫金冠，体挂西川红锦百花袍，身披兽面吞头连环铠，腰系勒甲玲珑狮蛮带；弓箭随身，手持画戟，坐下嘶风赤兔马：果然是"人中吕布，马中赤兔"！王匡回头问曰："谁敢出战？"后面一将，纵马挺枪而出。匡视之，乃河内名将方悦。两马相交，无五合，被吕布一戟刺于马下，挺戟直冲过来。匡军大败，四散奔走。布东西冲杀，如入无人之境。幸得乔瑁、袁遗两军皆至，来救王匡，吕布方退。三路诸侯，各折了些人马，退三十里下寨。随后五路军马都至，一处商议，言吕布英雄，无人可敌。

正虑间，小校报来："吕布搦战。"八路诸侯，一齐上马。军分八队，布在高冈。遥望吕布一簇军马，绣旗招飐，先来冲阵。上党太守张杨部将穆顺，出马挺枪迎战，被吕布手起一戟，刺于马下。众大惊。北海太守孔融部将武安国，使铁锤飞马而出。吕布挥戟拍马来迎。战到十馀合，一戟砍断安国手腕，弃锤于地而走。八路军兵齐出，救了武安国。吕布退回去了。众诸侯回寨商议。曹操曰："吕布英勇无敌，可会十八路诸侯，共议良策。若擒了吕布，董卓易诛耳。"

正议间，吕布复引兵搦战。八路诸侯齐出。公孙瓒挥槊亲战吕布。战不数合，瓒败走。吕布纵赤兔马赶来。那马日行千里，飞走如风。看看赶上，布举画戟望瓒后心便

批注

刺。傍边一将，圆睁环眼，倒竖虎须，挺丈八蛇矛，飞马大叫："三姓家奴休走！燕人张飞在此！"吕布见了，弃了公孙瓒，便战张飞。飞抖擞精神，酣战吕布。连斗五十馀合，不分胜负。云长见了，把马一拍，舞八十二斤青龙偃月刀，来夹攻吕布。三匹马丁字儿厮杀。战到三十合，战不倒吕布。刘玄德掣双股剑，骤黄鬃马，刺斜里也来助战。这三个围住吕布。转灯儿般厮杀。八路人马，都看得呆了。吕布架隔遮拦不定，看着玄德面上，虚刺一戟，玄德急闪。吕布荡开阵角，倒拖画戟，飞马便回。三个那里肯舍，拍马赶来。八路军兵，喊声大震，一齐掩杀。吕布军马望关上奔走；玄德、关、张随后赶来。古人曾有篇言语，单道着玄德、关、张三战吕布：

汉朝天数当桓灵，炎炎红日将西倾。
奸臣董卓废少帝，刘协懦弱魂梦惊。
曹操传檄告天下，诸侯奋怒皆兴兵。
议立袁绍作盟主，誓扶王室定太平。
温侯吕布世无比，雄才四海夸英伟。
护躯银铠砌龙鳞，束发金冠簪雉尾。
参差宝带兽平吞，错落锦袍飞凤起。
龙驹跳踏起天风，画戟荧煌射秋水。
出关搦战谁敢当？诸侯胆裂心惶惶。
踊出燕人张翼德，手持蛇矛丈八枪。
虎须倒竖翻金线，环眼圆睁起电光。
酣战未能分胜败，阵前恼起关云长。
青龙宝刀灿霜雪，鹦鹉战袍飞蛱蝶。
马蹄到处鬼神嚎，目前一怒应流血。
枭雄玄德掣双锋，抖擞天威施勇烈。

批注

三人围绕战多时，遮拦架隔无休歇。
喊声震动天地翻，杀气迷漫牛斗寒。
吕布力穷寻走路，遥望家山拍马还。
倒拖画杆方天戟，乱散销金五彩幡。
顿断绒绦走赤兔，翻身飞上虎牢关。

三人直赶吕布到关下，看见关上西风飘动青罗伞盖。张飞大叫：“此必董卓！追吕布有甚强处？不如先拿董贼，便是斩草除根！”拍马上关，来擒董卓。正是：擒贼定须擒贼首，奇功端的待奇人。未知胜负如何，且听下文分解。

本回我评论：

三国复活赛

1. “温酒斩华雄”和“三英战吕布”可都是《三国演义》中的大场面！刘备、关羽、张飞、吕布，都是著名角色。请选择任何一个场景，把这盛况画下来并进行比赛吧——可以贴到网上去，让更多的人参与哟！

2. 中国人喜欢《三国演义》，无独有偶，我们的东邻日本人也很喜欢《三国演义》，他们著名的“光荣”游戏公司还开发了《三国志》系列游戏，希望能够再现那个时代。如果你能控制得了自己，不妨看看这款驰名中外的游戏，体会一下如何让“三国文化”传承下去的良苦用心和无限商机。

文史一锅烩

1. 你有没有发现，斩华雄和战吕布的写法有些相同喔！相同在哪里呢？

2. 你怎么看待袁术克扣孙坚军粮并导致其大败？这反映了什么？

3. 有人说“三英战吕布”不科学：一个张飞尚且能和吕布战个不相上下，加上关羽，再加上刘备，居然还是平手！你赞同这说法吗？

4. 战场之外也很有意思，请对比一下袁绍和曹操待人接物的态度，猜猜他们后来的下场。

5. 请继续在上文空格处留下你对本回的总评，在选文右侧留下你的批注。本回虽然以“三英战吕布”而脍炙人口，但你会发现，“三英战吕布”和之前的“温酒斩华雄”在写法上有相似之处：用一句成语来概括就是“好戏在后头”。那么之前那些垫场的描写又是否有必要呢？同样是面对当时还是无名之辈的关、张二将，曹操的态度和袁氏兄弟的态度有何不同？这体现他们为人怎样的差异？建议你从这两个地方去思考小说结构和人物塑造，并留下批语吧！

6. 吕布大概是《三国演义》中最勇猛的武将了，这从“三英战吕布”就看得出来：关羽和张飞都是书中数得着的猛将，居然加在一起也只能和他打平手，其实力可见一斑。不过，吕布不仅仅勇猛，还颇有计谋，以后还曾在濮阳大败曹操，更割据一方。我们来看看《三国志·魏书七·吕布传》的节选：

吕布字奉先，五原郡九原人也。以骁武给并州。刺史丁原为骑都尉，屯河内，以布为主簿，大见亲待。灵帝崩，原将兵诣洛阳。与何进谋诛诸黄门，拜执金吾。进败，董卓入京都，将为乱，欲杀原，并其兵众。卓以布见信于原，诱布令杀原。布斩原首诣卓，卓以布为骑都尉，甚爱信之，誓为父子。

布便弓马，膂力过人，号为飞将。稍迁至中郎将，封都亭侯。卓自以遇人无礼，恐人谋己，行止常以布自卫。然卓性刚而褊，忿不思难，尝小失意，拔手戟掷布。布拳捷避之，为卓顾谢，卓意亦解。由是阴怨卓。卓常使布守中閤，布与卓侍婢私通，恐事发觉，心不自安。

先是，司徒王允以布州里壮健，厚接纳之。后布诣允，陈卓几见杀状。时允与仆射士孙瑞密谋诛卓，是以告布使为内应。布曰：“奈如父子何！”允曰：“君自姓吕，本非骨肉。今忧死不暇，何谓父子？”布遂许之，手刃刺卓。

跟着名著写写写

1. 这一回非常能见出罗贯中的叙事功力：为了突出吕布的骁勇，先设定了华雄，华雄好不威风，连续斩杀鲍忠、祖茂，击败孙坚，这样再被关羽击败，关羽的武勇就显示出来了；吕布一登场就连胜方悦、穆顺、武安国、公孙瓒，这样三兄弟的强悍也就令人心悦诚服了。写文章，有时也的确需要一层一层地铺垫烘托。

2. 你会发现，关羽击杀华雄并没有什么正面描写，全是侧面描写："众诸侯听得关外鼓声大振，喊声大举，如天摧地塌，岳撼山崩，众皆失惊。正欲探听，鸾铃响处，马到中军，云长提华雄之头，掷于地上。其酒尚温。"怎么杀的我们全然不知，甚至连之前袁绍轻视关羽的篇幅都比这长。为什么这样写呢？一来，本回结尾还有三兄弟合战吕布的正面描写，那才是重点，这里可以精简些；二来，这也更突出了关羽的神勇：区区华雄，还不值得正面描写，不是吗？

家长可加入读书心得讨论群 同30位家长一起分享孩子阅读心得
群分类：读书心得 • 入群指南详见本书扉页

第二十一回

曹操煮酒论英雄　关公赚城斩车胄

批注

却说董承等问马腾曰："公欲用何人？"马腾曰："见有豫州牧刘玄德在此，何不求之？"承曰："此人虽系皇叔，今正依附曹操，安肯行此事耶？"腾曰："吾观前日围场之中，曹操迎受众贺之时，云长在玄德背后，挺刀欲杀操，玄德以目视之而止。——玄德非不欲图操，恨操牙爪多，恐力不及耳。公试求之，当必应允。"吴硕曰："此事不宜太速，当从容商议。"众皆散去。次日黑夜里，董承怀诏，径往玄德公馆中来。门吏入报，玄德迎出，请入小阁坐定。关、张侍立于侧。玄德曰："国舅夤夜至此，必有事故。"承曰："白日乘马相访，恐操见疑，故黑夜相见。"玄德命取酒相待。承曰："前日围场之中，云长欲杀曹操，将军动目摇头而退之，何也？"玄德失惊曰："公何以知之？"承曰："人皆不见，某独见之。"玄德不能隐讳，遂曰："舍弟见操僭越，故不觉发怒耳。"承掩面而哭曰："朝廷臣子，若尽如云长，何忧不太平哉！"玄德恐是曹操使他来试探，乃佯言曰："曹丞相治国，为何忧不太平？"承变色而起曰："公乃汉朝皇叔，故剖肝沥胆以相告，公何诈也？"

批注

玄德曰："恐国舅有诈，故相试耳。"于是董承取衣带诏令观之，玄德不胜悲愤。又将义状出示，上止有六位：一，车骑将军董承；二，工部侍郎王子服；三，长水校尉种辑；四，议郎吴硕；五，昭信将军吴子兰；六，西凉太守马腾。玄德曰："公既奉诏讨贼，备敢不效犬马之劳。"承拜谢，便请书名。玄德亦书"左将军刘备"，押了字，付承收讫。承曰："尚容再请三人，共聚十义，以图国贼。"玄德曰："切宜缓缓施行，不可轻泄。"共议到五更，相别去了。

玄德也防曹操谋害，就下处后园种菜，亲自浇灌，以为韬晦之计。关、张二人曰："兄不留心天下大事，而学小人之事，何也？"玄德曰："此非二弟所知也。"二人乃不复言。

一日，关、张不在，玄德正在后园浇菜，许褚、张辽引数十人入园中曰："丞相有命，请使君便行。"玄德惊问曰："有甚紧事？"许褚曰："不知。只教我来相请。"玄德只得随二人入府见操。操笑曰："在家做得好大事！"唬得玄德面如土色。操执玄德手，直至后园，曰："玄德学圃不易！"玄德方才放心，答曰："无事消遣耳。"操曰："适见枝头梅子青青，忽感去年征张绣时，道上缺水，将士皆渴；吾心生一计，以鞭虚指曰：'前面有梅林。'军士闻之，口皆生唾，由是不渴。今见此梅，不可不赏。又值煮酒正熟，故邀使君小亭一会。"玄德心神方定。随至小亭，已设樽俎：盘置青梅，一樽煮酒。二人对坐，开怀畅饮。

酒至半酣，忽阴云漠漠，聚雨将至。从人遥指天外龙挂，操与玄德凭栏观之。操曰："使君知龙之变化否？"玄德曰："未知其详。"操曰："龙能大能小，能升能隐：大则

批注

兴云吐雾，小则隐介藏形；升则飞腾于宇宙之间，隐则潜伏于波涛之内。方今春深，龙乘时变化，犹人得志而纵横四海。龙之为物，可比世之英雄。玄德久历四方，必知当世英雄。请试指言之。”玄德曰：“备肉眼安识英雄？”操曰：“休得过谦。”玄德曰：“备叨恩庇，得仕于朝。天下英雄，实有未知。”操曰：“既不识其面，亦闻其名。”玄德曰：“淮南袁术，兵粮足备，可为英雄？”操笑曰：“冢中枯骨，吾早晚必擒之！”玄德曰：“河北袁绍，四世三公，门多故吏；今虎踞冀州之地，部下能事者极多，可为英雄？”操笑曰：“袁绍色厉胆薄，好谋无断；干大事而惜身，见小利而忘命：非英雄也。”玄德曰：“有一人名称八俊，威镇九州——刘景升可为英雄？”操曰：“刘表虚名无实，非英雄也。”玄德曰：“有一人血气方刚，江东领袖——孙伯符乃英雄也？”操曰：“孙策藉父之名，非英雄也。”玄德曰：“益州刘季玉，可为英雄乎？”操曰：“刘璋虽系宗室，乃守户之犬耳，何足为英雄！”玄德曰：“如张绣、张鲁、韩遂等辈皆何如？”操鼓掌大笑曰：“此等碌碌小人，何足挂齿！”玄德曰：“舍此之外，备实不知。”操曰：“夫英雄者，胸怀大志，腹有良谋，有包藏宇宙之机，吞吐天地之志者也。”玄德曰：“谁能当之？”操以手指玄德，后自指，曰：“今天下英雄，惟使君与操耳！”玄德闻言，吃了一惊，手中所执匙筯，不觉落于地下。时正值天雨将至，雷声大作。玄德乃从容俯首拾筯曰：“一震之威，乃至于此。”操笑曰：“丈夫亦畏雷乎？”玄德曰：“圣人迅雷风烈必变，安得不畏？”将闻言失筯缘故，轻轻掩饰过了。操遂不疑玄德。后人有诗赞曰：

勉从虎穴暂趋身，说破英雄惊杀人。

巧借闻雷来掩饰，随机应变信如神。

批注

天雨方住，见两个人撞入后园，手提宝剑，突至亭前，左右拦挡不住。操视之，乃关、张二人也。原来二人从城外射箭方回，听得玄德被许褚、张辽请将去了，慌忙来相府打听；闻说在后园，只恐有失，故冲突而入。却见玄德与操对坐饮酒。二人按剑而立。操问二人何来。云长曰："听知丞相和兄饮酒，特来舞剑，以助一笑。"操笑曰："此非'鸿门会'，安用项庄、项伯乎？"玄德亦笑。操命："取酒与二'樊哙'压惊。"关、张拜谢。须臾席散，玄德辞操而归。云长曰："险些惊杀我两个！"玄德以落箸事说与关、张。关、张问是何意。玄德曰："吾之学圃，正欲使操知我无大志；不意操竟指我为英雄，我故失惊落箸。又恐操生疑，故借惧雷以掩饰之耳。"关、张曰："兄真高见！"

操次日又请玄德。正饮间，人报满宠去探听袁绍而回。操召入问之。宠曰："公孙瓒已被袁绍破了。"玄德急问曰："愿闻其详。"宠曰："瓒与绍战不利，筑城围圈，圈上建楼，高十丈，名曰易京楼，积粟三十万以自守。战士出入不息，或有被绍围者，众请救之。瓒曰：'若救一人，后之战者只望人救，不肯死战矣。'遂不肯救。因此袁绍兵来，多有降者。瓒势孤，使人持书赴许都求救，不意中途为绍军所获。瓒又遗书张燕，暗约举火为号，里应外合。下书人又被袁绍擒住，却来城外放火诱敌。瓒自出战，伏兵四起，军马折其大半。退守城中，被袁绍穿地直入瓒所居之楼下，放起火来。瓒无走路，先杀妻子，然后自缢，全家都被火焚了。今袁绍得了瓒军，声势甚盛。绍

批注

弟袁术在淮南骄奢过度，不恤军民，众皆背反。术使人归帝号于袁绍。绍欲取玉玺，术约亲自送至，见今弃淮南欲归河北。若二人协力，急难收复。乞丞相作急图之。”玄德闻公孙瓒已死，追念昔日荐己之恩，不胜伤感；又不知赵子龙如何下落，放心不下。因暗想曰：“我不就此时寻个脱身之计，更待何时？”遂起身对操曰：“术若投绍，必从徐州过，备请一军就半路截击，术可擒矣。”操笑曰：“来日奏帝，即便起兵。”

次日，玄德面奏君。操令玄德总督五万人马，又差朱灵、路昭二人同行。玄德辞帝，帝泣送之。玄德到寓，星夜收拾军器鞍马，挂了将军印，催促便行。董承赶出十里长亭来送。玄德曰：“国舅宁耐。某此行必有以报命。”承曰：“公宜留意，勿负帝心。”二人分别。关、张在马上问曰：“兄今番出征，何故如此慌速？”玄德曰：“吾乃笼中鸟、网中鱼。——此一行如鱼入大海、鸟上青霄，不受笼网之羁绊也！”因命关、张催朱灵、路昭军马速行。时郭嘉、程昱考较钱粮方回，知曹操已遣玄德进兵徐州，慌入谏曰：“丞相何故令刘备督军？”操曰：“欲截袁术耳。”程昱曰：“昔刘备为豫州牧时，某等请杀之，丞相不听；今日又与之兵：此放龙入海，纵虎归山也。后欲治之，其可得乎？”郭嘉曰：“丞相纵不杀备，亦不当使之去。古人云：‘一日纵敌，万世之患。’望丞相察之。”操然其言，遂令许褚将兵五百前往，务要追玄德转来。许褚应诺而去。

却说玄德正行之间，只见后面尘头骤起，谓关、张曰：“此必曹兵追至也。”遂下了营寨，令关、张各执军器，立于两边。许褚至，见严兵整甲，乃下马入营见玄德。玄德曰：“公来此何干？”褚曰：“奉丞相命，特请将军回去，

批注

别有商议。”玄德曰：“‘将在外，君命有所不受。’吾面过君，又蒙丞相钧语。今别无他议，公可速回，为我禀覆丞相。”许褚寻思：“丞相与他一向交好，今番又不曾教我来厮杀，只得将他言语回覆，另候裁夺便了。”遂辞了玄德，领兵而回。回见曹操，备述玄德之言。操犹豫未决。程昱、郭嘉曰：“备不肯回兵，可知其心变矣。”操曰：“我有朱灵、路昭二人在彼，料玄德未必敢心变。况我既遣之，何可复悔？”遂不复追玄德。后人有诗叹玄德曰：

束兵秣马去匆匆，心念天言衣带中。

撞破铁笼逃虎豹，顿开金锁走蛟龙。

却说马腾见玄德已去，边报又急，亦回西凉州去了。玄德兵至徐州，刺史车胄出迎。公宴毕，孙乾、糜竺等都来参见。玄德回家探视老小，一面差人探听袁术。探子回报：“袁术奢侈太过，雷薄、陈兰皆投嵩山去了。术势甚衰，乃作书让帝号于袁绍。绍命人召术，术乃收拾人马、宫禁御用之物，先到徐州来。”

玄德知袁术将至，乃引关、张、朱灵、路昭五万军出，正迎着先锋纪灵至。张飞更不打话，直取纪灵。斗无十合，张飞大喝一声，刺纪灵于马下，败军奔走。袁术自引军来斗。玄德分兵三路：朱灵、路昭在左，关、张在右，玄德自引兵居中，与术相见，在门旗下责骂曰：“汝反逆不道，吾今奉明诏前来讨汝！汝当束手受降，免你罪犯。”袁术骂曰：“织席编屦小辈，安敢轻我！”麾兵赶来。玄德暂退，让左右两路军杀出。杀得术军尸横遍野，血流成渠；兵卒逃亡，不可胜计。又被嵩山雷薄、陈兰劫去钱粮草料。欲回寿春，又被群盗所袭，只得住于江亭。止有一千馀众，皆老弱之辈。时当盛暑，粮食尽绝，只剩麦

批注

三十斛，分派军士。家人无食，多有饿死者。术嫌饭粗，不能下咽，乃命庖人取蜜水止渴。庖人曰："止有血水，安有蜜水！"术坐于床上，大叫一声，倒于地下，吐血斗馀而死。时建安四年六月也。后人有诗曰：

汉末刀兵起四方，无端袁术太猖狂。
不思累世为公相，便欲孤身作帝王。
强暴枉夸传国玺，骄奢妄说应天祥。
渴思蜜水无由得，独卧空床呕血亡。

袁术已死，侄袁胤将灵柩及妻子奔庐江来，被徐璆尽杀之。璆夺得玉玺，赴许都献于曹操。操大喜，封徐璆为高陵太守。此时玉玺归操。

却说玄德知袁术已丧，写表申奏朝廷，书呈曹操，令朱灵、路昭回许都，留下军马保守徐州；一面亲自出城，招谕流散人民复业。

且说朱灵、路昭回许都见曹操，说玄德留下军马。操怒，欲斩二人。荀彧曰："权归刘备，二人亦无奈何。"操乃赦之。彧又曰："可写书与车胄就内图之。"操从其计，暗使人来见车胄，传曹操钧旨。胄随即请陈登商议此事。登曰："此事极易。今刘备出城招民，不日将还；将军可命军士伏于瓮城边，只作接他，待马到来，一刀斩之；某在城上射住后军，大事济矣。"胄从之。陈登回见父陈珪，备言其事。珪命登先往报知玄德。登领父命，飞马去报，正迎着关、张，报说如此如此。原来关、张先回，玄德在后。张飞听得，便要去厮杀。云长曰："他伏瓮城边待我，去必有失。我有一计，可杀车胄：乘夜扮作曹军到徐州，引车胄出迎，袭而杀之。"飞然其言。那部下军原有曹操旗号，衣甲都同。当夜三更，到城边叫门。城上问是谁，众应是曹丞相差来张文远的人马。报知车胄，胄急请陈登议曰："若不迎接，诚恐有疑；若出迎之，又恐有诈。"胄乃上城回言："黑夜难以分辨，平明了相见。"城下答应："只恐刘备知道，疾快开门！"车胄犹豫未定，城外一片声叫开门。车胄只得披挂上马，引一千军出城；跑过吊桥，大叫："文远何在？"火光中只见云长提刀纵马直迎车胄，大叫曰："匹夫安敢怀诈，欲杀吾兄！"车胄大惊，战未数合，遮拦不住，拨马便回。到吊桥边，城上陈登乱箭射下，车胄绕城而走。云长赶来，手起一刀，砍于马下，割下首级提回，望城上呼曰："反贼车胄，吾已杀之；众等无罪，投降免死！"诸军倒戈投降，军民皆安。

云长将胄头去迎玄德，具言车胄欲害之事，今已斩首。玄德大惊曰："曹操若来。如之奈何？"云长曰："弟与张飞迎之。"玄德懊悔不已，遂入徐州。百姓父老，伏道而接。玄德到府，寻张飞，飞已将车胄全家杀尽。玄德曰："杀了曹操心腹之人，如何肯休？"陈登曰："某有一计，可退曹操。"正是：既把孤身离虎穴，还将妙计息狼烟。不知陈登说出甚计来，且听下文分解。

批注

本回我评论：

三国复活赛

1．你能用四格漫画的形式再现“煮酒论英雄”这一幕吗？曹操点评过的那些人物，你可以结合曹操的描绘和你的想象画出他们的模样吗？画下来吧！等你读到这些人的时候拿出来比对一下，会很有意思的。

2．“望梅止渴”和“煮酒论英雄”的故事传播甚广，请根据原文的记叙和描写，改编剧本并演出吧！

文史一锅烩

1．曹操评价英雄的标准是什么？你能概括出来吗？你认为为什么曹操会认为天下只有自己和刘备才称得上“英雄”呢？尤其是刘备，当时甚至没有自己的地盘而依附曹操，为何会被曹操如此高看？

2．如果让你评选，《三国演义》中哪些人物堪称英雄呢？为什么？

3．请继续在上文空格处留下你对本回的总评，在选文右侧留下你的批注。这一回里的“青梅煮酒论英雄”很出名，而曹操在说出“今天下英雄，惟使君与操耳”这句话之前为什么要一一点评当时天下名流呢？“青梅煮酒论英雄”恰恰发生在刘备接受了董承的“衣带血诏”之后，这

样的情节安排是不是特别紧张？袁术当年显赫一时，最终却死得这么窝囊，这样的人物给你什么启示？这些都是很好的点评对象。

4. 这一回中，我们见识了很多《三国演义》中的重要人物：袁绍、袁术、孙策、刘表、刘璋、公孙瓒……虽然曹操、刘备、关羽、张飞才是全书的主角，但这些配角也为全书做出了不可磨灭的贡献。今天，我们就来看看《后汉书》里对袁术的记载。

袁术字公路，汝南汝阳人，司空逢之子也。少以侠气闻，数与诸公子飞鹰走狗，后颇折节。举孝廉，累迁至河南尹、虎贲中郎将。

时董卓将欲废立，以术为后将军。术畏卓之祸，出奔南阳。会长沙太守孙坚杀南阳太守张咨，引兵从术。刘表上术为南阳太守，术又表坚领豫州刺史，使率荆、豫之卒，击破董卓于阳人。

术从兄绍因坚讨卓未反，远，遣其将会稽周昕夺坚豫州。术怒，击昕走之。绍议欲立刘虞为帝，术好放纵，惮立长君，托以公义不肯同，积此衅隙遂成。乃各外交党援，以相图谋，术结公孙瓒，而绍连刘表。豪杰多附于绍，术怒曰："群竖不吾从，而从吾家奴乎！"又与公孙瓒书，云绍非袁氏子，绍闻大怒。

…………

兴平二年冬，天子播越，败于曹阳。术大会群下，因谓曰："今海内鼎沸，刘氏微弱，吾家四世公辅，百姓所归，欲应天顺民，于诸君何如？"众莫敢对。主簿阎象进曰："昔周自后稷至于文王，积德累功，参分天下，犹服事殷。明公虽奕世克昌，孰若有周之盛？汉室虽微，未至殷纣之敝也。"术嘿然，使召张范。范辞疾，遣弟承往应之。术问曰："昔周室陵迟，则有桓文之霸；秦失其政，汉接而用之。今孤以土地之广，士人之众，欲徼福于齐桓，拟迹于高祖，可乎？"承对曰："在德不在众。苟能用德以同天下之欲，虽云匹夫，霸王可也。若陵僭无度，干时而动，众之所弃，谁能兴之！"术不说。

……………

术虽矜名尚奇，而天性骄肆，尊己陵物。及窃伪号，淫侈滋甚，媵御数百，无不兼罗纨，厌粱肉，自下饥困，莫之简恤。于是资实空尽，不能自立。四年夏，乃烧宫室，奔其部曲陈简、雷薄于灊山。复为简等所拒，遂大困穷，士卒散走。忧懑不知所为，遂归帝号于绍，曰："禄去汉室久矣，天下提挈，政在家门。豪雄角逐，分割疆宇。此与周末七国无异，唯强者兼之耳。袁氏受命当王，符瑞炳然。今君拥有四州，人户百万，以强则莫与争大，以位则无所比高。曹操虽欲扶衰奖微，安能续绝运，起已灭乎！谨归大命，君其兴之。"绍阴然其计。

术因欲北至青州从袁谭，曹操使刘备徼之，不得过，复走还寿春。六月，至江亭。坐箦床而叹曰："袁术乃至是乎！"因愤慨结病，欧血死。

跟着名著写写写

1．"无巧不成书"是我们民族对于情节偏好的总结。你能找到本回中一个巧合情节吗？请想想看，巧合有什么优点和缺点。

2．铺垫是很有用的叙事技巧，我们生活中也常常需要用到它来使得会话更加自然，合乎人情——毕竟，单刀直入、直来直去未必能被所有人接受。曹操在和刘备谈论英雄之前对龙的讨论就是一种铺垫。你能在和朋友的聊天时运用一次铺垫吗？

家长可加入阅读能力提升群 陪孩子听名师阅读讲解课 读懂经典提升阅读能力
群分类：阅读提升 • 入群指南详见本书扉页

第二十七回

美髯公千里走单骑　汉寿侯五关斩六将

却说曹操部下诸将中，自张辽而外，只有徐晃与云长交厚，其馀亦皆敬服；独蔡阳不服关公，故今日闻其去，欲往追之。操曰："不忘故主，来去明白，真丈夫也。汝等皆当效之。"遂叱退蔡阳，不令去赶。程昱曰："丞相待关某甚厚，今彼不辞而去，乱言片楮，冒渎钧威，其罪大矣。若纵之使归袁绍，是与虎添翼也。不若追而杀之，以绝后患。"操曰："吾昔已许之，岂可失信！彼各为其主，勿追也。"因谓张辽曰："云长封金挂印，财贿不以动其心，爵禄不以移其志，此等人吾深敬之。想他去此不远，我一发结识他做个人情。汝可先去请住他，待我与他送行，更以路费征袍赠之，使为后日记念。"张辽领命，单骑先往。曹操引数十骑随后而来。

却说云长所骑赤兔马，日行千里，本是赶不上；因欲护送车仗，不敢纵马，按辔徐行。忽听背后有人大叫："云长且慢行！"回头视之，见张辽拍马而至。关公教车仗从人，只管望大路紧行；自己勒住赤兔马，按定青龙刀，问曰："文远莫非欲追我回乎？"辽曰："非也。丞相知兄远行，欲来相送，特先使我请住台驾，别无他意。"关公曰：

批注

批注

"便是丞相铁骑来，吾愿决一死战！"遂立马于桥上望之。见曹操引数十骑，飞奔前来，背后乃是许褚、徐晃、于禁、李典之辈。操见关公横刀立马于桥上，令诸将勒住马匹，左右排开。关公见众人手中皆无军器，方始放心。操曰："云长行何太速？"关公于马上欠身答曰："关某前曾禀过丞相。今故主在河北，不由某不急去。累次造府，不得参见，故拜书告辞，封金挂印，纳还丞相。望丞相勿忘昔日之言。"操曰："吾欲取信于天下，安肯有负前言。恐将军途中乏用，特具路资相送。"一将便从马上托过黄金一盘。关公曰："累蒙恩赐，尚有馀资。留此黄金以赏将士。"操曰："特以少酬大功于万一，何必推辞？"关公曰："区区微劳，何足挂齿。"操笑曰："云长天下义士，恨吾福薄，不得相留。锦袍一领，略表寸心。"令一将下马，双手捧袍过来。云长恐有他变，不敢下马，用青龙刀尖挑锦袍披于身上，勒马回头称谢曰："蒙丞相赐袍，异日更得相会。"遂下桥望北而去。许褚曰："此人无礼太甚，何不擒之？"操曰："彼一人一骑，吾数十馀人，安得不疑？吾言既出，不可追也。"曹操自引众将回城，于路叹想云长不已。

不说曹操自回。且说关公来赶车仗。约行三十里，却只不见。云长心慌，纵马四下寻之。忽见山头一人，高叫："关将军且住！"云长举目视之，只见一少年，黄巾锦衣，持枪跨马，马项下悬着首级一颗，引百馀步卒，飞奔前来。公问曰："汝何人也？"少年弃枪下马，拜伏于地。云长恐是诈，勒马持刀问曰："壮士，愿通姓名。"答曰："吾本襄阳人，姓廖，名化，字元俭。因世乱流落江湖，

批注

聚众五百馀人，劫掠为生。恰才同伴杜远下山巡哨，误将两夫人劫掠上山。吾问从者，知是大汉刘皇叔夫人，且闻将军护送在此，吾即欲送下山来。杜远出言不逊，被某杀之。今献头与将军请罪。”关公曰：“二夫人何在？”化曰：“现在山中。”关公教急取下山。不移时，百馀人簇拥车仗前来。关公下马停刀，叉手于车前问候曰：“二嫂受惊否？”二夫人曰：“若非廖将军保全，已被杜远所辱。”关公问左右曰：“廖化怎生救夫人？”左右曰：“杜远劫上山去，就要与廖化各分一人为妻。廖化问起根由，好生拜敬；杜远不从，已被廖化杀了。”关公听言，乃拜谢廖化。廖化欲以部下人送关公。关公寻思此人终是黄巾馀党，未可作伴，乃谢却之。廖化又拜送金帛，关公亦不受。廖化拜别，自引人伴投山谷中去了。

云长将曹操赠袍事，告知二嫂，催促车仗前行。至天晚，投一村庄安歇。庄主出迎，须发皆白，问曰：“将军姓甚名谁？”关公施礼曰：“吾乃刘玄德之弟关某也。”老人曰：“莫非斩颜良、文丑的关公否？”公曰：“便是。”老人大喜，便请入庄。关公曰：“车上还有二位夫人。”老人便唤妻女出迎。二夫人至草堂上，关公叉手立于二夫人之侧。老人请公坐；公曰：“尊嫂在上，安敢就坐！”老人乃令妻女请二夫人入内室款待，自于草堂款待关公。关公问老人姓名。老人曰：“吾姓胡，名华。桓帝时曾为议郎，致仕归乡。今有小儿胡班，在荥阳太守王植部下为从事。将军若从此处经过，某有一书寄与小儿。”关公允诺。

次日早膳毕，请二嫂上车，取了胡华书信，相别而行，取路投洛阳来。前至一关，名东岭关。把关将姓孔，名秀，引五百军兵在岭上把守。当日关公押车仗上岭，军

批注

士报知孔秀，秀出关来迎。关公下马，与孔秀施礼。秀曰："将军何往？"公曰："某辞丞相，特往河北寻兄。"秀曰："河北袁绍，正是丞相对头。将军此去，必有丞相文凭？"公曰："因行期慌迫，不曾讨得。"秀曰："既无文凭，待我差人禀过丞相，方可放行。"关公曰："待去禀时，须误了我行程。"秀曰："法度所拘，不得不如此。"关公曰："汝不容我过关乎？"秀曰："汝要过去，留下老小为质。"关公大怒，举刀就杀孔秀。秀退入关去，鸣鼓聚军，披挂上马，杀下关来，大喝曰："汝敢过去么！"关公约退车仗，纵马提刀，竟不打话，直取孔秀。秀挺枪来迎。两马相交，只一合，钢刀起处，孔秀尸横马下。众军便走。关公曰："军士休走。吾杀孔秀，不得已也，与汝等无干。借汝众军之口，传语曹丞相，言孔秀欲害我，我故杀之。"众军俱拜于马前。

关公即请二夫人车仗出关，望洛阳进发。早有军士报知洛阳太守韩福。韩福急聚众将商议。牙将孟坦曰："既无丞相文凭，即系私行；若不阻挡，必有罪责。"韩福曰："关公勇猛，颜良、文丑俱为所杀。今不可力敌，只须设计擒之。"孟坦曰："吾有一计：先将鹿角拦定关口，待他到时，小将引兵和他交锋，佯败诱他来追，公可用暗箭射之。若关某坠马，即擒解许都，必得重赏。"商议停当，人报关公车仗已到。韩福弯弓插箭，引一千人马，排列关口，问："来者何人？"关公马上欠身言曰："吾汉寿亭侯关某，敢借过路。"韩福曰："有曹丞相文凭否？"关公曰："事冗不曾讨得。"韩福曰："吾奉丞相钧命，镇守此地，专一盘诘往来奸细。若无文凭，即系逃窜。"关公怒曰："东岭孔秀，已被吾杀。汝亦欲寻死耶？"韩福曰："谁人与我

批注

擒之？”孟坦出马，轮双刀来取关公。关公约退车仗，拍马来迎。孟坦战不三合，拨回马便走。关公赶来。孟坦只指望引诱关公，不想关公马快，早已赶上，只一刀，砍为两段。关公勒马回来，韩福闪在门首，尽力放了一箭，正射中关公左臂。公用口拔出箭，血流不住，飞马径奔韩福，冲散众军，韩福急走不迭，关公手起刀落，带头连肩，斩于马下；杀散众军，保护车仗。

关公割帛束住箭伤，于路恐人暗算，不敢久住，连夜投汜水关来。把关将乃并州人氏，姓卞，名喜，善使流星锤；原是黄巾馀党，后投曹操，拨来守关。当下闻知关公将到，寻思一计：就关前镇国寺中，埋伏下刀斧手二百馀人，诱关公至寺，约击盏为号，欲图相害。安排已定，出关迎接关公。公见卞喜来迎，便下马相见。喜曰：“将军名震天下，谁不敬仰！今归皇叔，足见忠义！”关公诉说斩孔秀、韩福之事。卞喜曰：“将军杀之是也。某见丞相，代禀衷曲。”关公甚喜，同上马过了汜水关，到镇国寺前下马。众僧鸣钟出迎。原来那镇国寺乃汉明帝御前香火院，本寺有僧三十馀人。内有一僧，却是关公同乡人，法名普净。当下普净已知其意，向前与关公问讯，曰：“将军离蒲东几年矣？”关公曰：“将及二十年矣。”普净曰：“还认得贫僧否？”公曰：“离乡多年，不能相识。”普净曰：“贫僧家与将军家只隔一条河。”卞喜见普净叙出乡里之情，恐有走泄，乃叱之曰：“吾欲请将军赴宴，汝僧人何得多言！”关公曰：“不然。乡人相遇，安得不叙旧情耶？”普净请关公方丈待茶。关公曰：“二位夫人在车上，可先献茶。”普净教取茶先奉夫人，然后请关公入方丈。普净以手举所佩戒刀，以目视关公。公会意，命左右持刀紧

批注

随。卞喜请关公于法堂筵席。关公曰："卞君请关某，是好意，还是歹意？"卞喜未及回言，关公早望见壁衣中有刀斧手，乃大喝卞喜曰："吾以汝为好人，安敢如此！"卞喜知事泄，大叫："左右下手！"左右方欲动手，皆被关公拔剑砍之。卞喜下堂绕廊而走，关公弃剑执大刀来赶。卞喜暗取飞锤掷打关公。关公用刀隔开锤，赶将入去，一刀劈卞喜为两段。随即回身来看二嫂，早有军人围住，见关公来，四下奔走。关公赶散，谢普净曰："若非吾师，已被此贼害矣。"普净曰："贫僧此处难容，收拾衣钵，亦往他处云游也。后会有期，将军保重。"关公称谢，护送车仗，往荥阳进发。

荥阳太守王植，却与韩福是两亲家；闻得关公杀了韩福，商议欲暗害关公，乃使人守住关口。待关公到时，王植出关，喜笑相迎。关公诉说寻兄之事。植曰："将军于路驱驰，夫人车上劳困，且请入城，馆驿中暂歇一宵，来日登途未迟。"关公见王植意甚殷勤，遂请二嫂入城。馆驿中皆铺陈了当。王植请公赴宴，公辞不往；植使人送筵席至馆驿。关公因于路辛苦，请二嫂晚膳毕，就正房歇定；令从者各自安歇，饱喂马匹。关公亦解甲憩息。

却说王植密唤从事胡班听令曰："关某背丞相而逃，又于路杀太守并守关将校，死罪不轻！此人武勇难敌。汝今晚点一千军围住馆驿，一人一个火把，待三更时分，一齐放火；不问是谁，尽皆烧死！吾亦自引军接应。"胡班领命，便点起军士，密将干柴引火之物，搬于馆驿门首，约时举事。胡班寻思："我久闻关云长之名，不识如何模样，试往窥之。"乃至驿中，问驿吏曰："关将军在何处？"答曰："正厅上观书者是也。"胡班潜至厅前，见关公左手绰髯，于灯下凭几看书。班见了，失声叹曰：“真天人也！”公问何人，胡班入拜曰：“荥阳太守部下从事胡班。”关公曰：“莫非许都城外胡华之子否？”班曰：“然也。”公唤从者于行李中取书付班。班看毕，叹曰：“险些误杀忠良！”遂密告曰：“王植心怀不仁，欲害将军，暗令人四面围住馆驿，约于三更放火。今某当先去开了城门，将军急收拾出城。”关公大惊，忙披挂提刀上马，请二嫂上车，尽出馆驿，果见军士各执火把听候。关公急来到城边，只见城门已开。关公催车仗急急出城。胡班还去放火。关公行不到数里，背后火把照耀，人马赶来。当先王植大叫：“关某休走！”关公勒马，大骂：“匹夫！我与你无仇，如何令人放火烧我？”王植拍马挺枪，径奔关公，被关公拦腰一刀，砍为两段。人马都赶散。关公催车仗速行，于路感胡班不已。

行至滑州界首，有人报与刘延。延引数十骑，出郭而迎。关公马上欠身而言曰：“太守别来无恙！”延曰：“公今欲何往？”公曰：“辞了丞相，去寻家兄。”延曰：“玄德在袁绍处，绍乃丞相仇人，如何容公去？”公曰：“昔日曾言定来。”延曰：“今黄河渡口关隘，夏侯惇部将秦琪据守，恐不容将军过渡。”公曰：“太守应付船只，若何？”延曰：“船只虽有，不敢应付。”公曰：“我前者诛颜良、文丑，亦曾与足下解厄。今日求一渡船而不与，何也？”延曰：“只恐夏侯惇知之，必然罪我。”关公知刘延无用之人，遂自催车仗前进。到黄河渡口，秦琪引军出问：“来者何人？”关公曰：“汉寿亭侯关某也。”琪曰：“今欲何往？”关公曰：“欲投河北去寻兄长刘玄德，敬来借渡。”琪曰：“丞相公文何在？”公曰：“吾不受丞相节制，有甚公文！”琪

批注

批注

曰："吾奉夏侯将军将令，守把关隘，你便插翅，也飞不过去！"关公大怒曰："你知我于路斩戮拦截者乎？"琪曰："你只杀得无名下将，敢杀我么？"关公怒曰："汝比颜良、文丑若何？"秦琪大怒，纵马提刀，直取关公。二马相交，只一合，关公刀起，秦琪头落。关公曰："当吾者已死，馀人不必惊走。速备船只，送我渡河。"军士急撑舟傍岸。关公请二嫂上船渡河。渡过黄河，便是袁绍地方。关公所历关隘五处，斩将六员。后人有诗叹曰：

挂印封金辞汉相，寻兄遥望远途还。
马骑赤兔行千里，刀偃青龙出五关。
忠义慨然冲宇宙，英雄从此震江山。
独行斩将应无敌，今古留题翰墨间。

关公于马上自叹曰："吾非欲沿途杀人，奈事不得已也。曹公知之，必以我为负恩之人矣。"正行间，忽见一骑自北而来，大叫："云长少住！"关公勒马视之，乃孙乾也。关公曰："自汝南相别，一向消息若何？"乾曰："刘辟、龚都自将军回兵之后，复夺了汝南；遣某往河北结好袁绍，请玄德同谋破曹之计。不想河北将士，各相妒忌。田丰尚囚狱中；沮授黜退不用；审配、郭图各自争权；袁绍多疑，主持不定。某与刘皇叔商议，先求脱身之计。今皇叔已往汝南会合刘辟去了。恐将军不知，反到袁绍处，或为所害，特遣某于路迎接将来。幸于此得见。将军可速往汝南与皇叔相会。"关公教孙乾拜见夫人。夫人问其动静。孙乾备说："袁绍二次欲斩皇叔，今幸脱身往汝南去了。夫人可与云长到此相会。"二夫人皆掩面垂泪。关公依言，不投河北去，径取汝南来。正行之间，背后尘埃起处，一彪人马赶来，当先夏侯惇大叫："关某休走！"正是：六将阻关徒受死，一军拦路复争锋。毕竟关公怎生脱身，且听下文分解。

本回我评论：

三国复活赛

1．来，和你的小伙伴们一起合作，大家把“过五关斩六将”的故事画下来吧！

2．“过五关斩六将”是非常有名的故事，请根据本文的记叙和描写，改编剧本并演出——这可是很精彩的一幕哦，要好好表现！

文史一锅烩

1．为什么关羽会“过五关斩六将”呢？起因是什么？后来又怎么样了？我们这里是一个节选，请翻阅原著，概述前因后果。

2．为了见兄长，关羽面前一共有五个关隘要闯，可是如果五个都按照“过关→受阻→斩将”的模式来写，又太单调无趣了，那么罗贯中是如何做到有所变化而不重复的呢？

3．这五个关隘里，你觉得关羽过哪个关最为惊险？为什么？

4．请继续在上文空格处留下你对本回的总评，在选文右侧留下你的批注。这一回里，曹操明明不舍关羽，却依然遵守约定允许关羽离开，关羽用刀挑起曹操所赐锦袍，早早安排胡班的父亲胡华出场为后面胡班告密救了关羽一命，五关守将面对强大的关羽的不同态度，这些都值得你留意，并留下点评。

5．这一回中，我们遇到了一个中国人都很熟悉的名字：廖化，因为我们平日里有一句俗语就是“蜀中无大将，廖化作先锋”，似乎廖化非常不起眼，甚至有“滥竽充数”的嫌疑。但真的如此吗？看看《三国志·蜀书十五·廖化传》的记载：

廖化字元俭，本名淳，襄阳人也。为前将军关羽主簿，羽败，属吴。思归先主，乃诈死。时人谓为信然，因携持老母昼夜西行。会先主东征，遇于秭归。先主大悦，以化为宜都太守。先主薨，为丞相参军，后为督广武，稍迁至右车骑将军，假节，领并州刺史，封中乡侯，以果烈称。官位与张冀齐，而在宗预之右。

咸熙元年春，化、预俱内徙洛阳，道病卒。

跟着名著写写写

1. 伏笔是指文章或文艺作品中，在前文为后文所做的提示或暗示，我们也可以理解为在前文就为后文埋伏线索——这就是“埋伏笔”说法的由来。为什么要埋伏笔？因为它能使文章结构严密，当读者读到下文内容，尤其是看似突兀的内容时，因为伏笔的存在而有了思想上的准备，不会无法理解。我们往往在读到后面情节后才能恍然大悟：原来前面那些看似与文章主线无关的内容是为这个内容服务而存在的，由此也就产生出一种阅读的趣味来。而当你有足够多的阅读经验后，你甚至会早早发现某些情节就是伏笔，于是收获另一种趣味。比如本回，关羽收廖化、胡班就是一个伏笔，到了后文自有交代。

2. 叙事要有波折，否则容易平铺直叙——并不是说平铺直叙不好，那也可以有自己的趣味，但“文似看山不喜平”，叙述中带些波折，设计一点阻碍或惊喜，能调动读者的阅读兴趣，甚至突破自己原来的认识从而收获另一种趣味，这也非常不错。你看本回，关羽在“过五关斩六将”之前，突然出现了张辽来访的情节，令人不能不捏了一把汗。

家长可加入读书心得讨论群　同30位家长一起分享孩子阅读心得
群分类：读书心得 • 入群指南详见本书扉页

第三十回

战官渡本初败绩　劫乌巢孟德烧粮

批注

却说袁绍兴兵，望官渡进发。夏侯惇发书告急。曹操起军七万，前往迎敌，留荀彧守许都。绍兵临发，田丰从狱中上书谏曰："今且宜静守以待天时，不可妄兴大兵，恐有不利。"逢纪谮曰："主公兴仁义之师，田丰何得出此不祥之语！"绍因怒，欲斩田丰。众官告免。绍恨曰："待吾破了曹操，明正其罪！"遂催军进发，旌旗遍野，刀剑如林。行至阳武，下定寨栅。沮授曰："我军虽众，而勇猛不及彼军；彼军虽精，而粮草不如我军。彼军无粮，利在急战；我军有粮，宜且缓守。若能旷以日月，则彼军不战自败矣。"绍怒曰："田丰慢我军心，吾回日必斩之。汝安敢又如此！"叱左右："将沮授锁禁军中，待我破曹之后，与田丰一体治罪！"于是下令，将大军七十万，东西南北，周围安营，连络九十馀里。

细作探知虚实，报至官渡。曹军新到，闻之皆惧。曹操与众谋士商议。荀攸曰："绍军虽多，不足惧也。我军俱精锐之士，无不一以当十。但利在急战。若迁延日月，粮草不敷，事可忧矣。"操曰："所言正合吾意。"遂传令军将鼓噪而进。绍军来迎，两边排成阵势。审配拨弩手一万，

批注

伏于两翼；弓箭手五千，伏于门旗内：约炮响齐发。三通鼓罢，袁绍金盔金甲，锦袍玉带，立马阵前。左右排列着张郃、高览、韩猛、淳于琼等诸将。旌旗节钺，甚是严整。曹阵上门旗开处，曹操出马。许诸、张辽、徐晃、李典等，各持兵器，前后拥卫。曹操以鞭指袁绍曰：“吾于天子之前，保奏你为大将军，今何故谋反？”绍怒曰：“汝托名汉相，实为汉贼！罪恶弥天，甚于莽、卓，乃反诬人造反耶！”操曰：“吾今奉诏讨汝！”绍曰：“吾奉衣带诏讨贼！”操怒，使张辽出战。张郃跃马来迎。二将斗了四五十合，不分胜负。曹操见了，暗暗称奇。许褚挥刀纵马，直出助战。高览挺枪接住。四员将捉对儿厮杀。曹操令夏侯惇、曹洪，各引三千军，齐冲彼阵。审配见曹军来冲阵，便令放起号炮：两下万弩并发，中军内弓箭手一齐拥出阵前乱射。曹军如何抵敌，望南急走。袁绍驱兵掩杀，曹军大败，尽退至官渡。

袁绍移军逼近官渡下寨。审配曰：“今可拨兵十万守官渡，就曹操寨前筑起土山，令军人下视寨中放箭。操若弃此而去，吾得此隘口，许昌可破矣。”绍从之，于各寨内选精壮军人，用铁锹土担，齐来曹操寨边，垒土成山。曹营内见袁军堆筑土山，欲待出去冲突，被审配弓弩手当住咽喉要路，不能前进。十日之内，筑成土山五十馀座，上立高橹，分拨弓弩手于其上射箭。曹军大惧，皆顶着遮箭牌守御。土山上一声梆子响处，箭下如雨。曹军皆蒙楯伏地，袁军呐喊而笑。曹操见军慌乱，集众谋士问计。刘晔进曰：“可作发石车以破之。”操令晔进车式，连夜造发石车数百乘，分布营墙内，正对着土山上云梯。候弓箭手射箭时，营内一齐拽动石车，炮石飞空，往上乱打。人无躲

批注

处，弓箭手死者无数。袁军皆号其车为“霹雳车”。由是袁军不敢登高射箭。审配又献一计：令军人用铁锹暗打地道，直透曹营内，号为“掘子军”。曹兵望见袁军于山后掘土坑，报知曹操。操又问计于刘晔。晔曰：“此袁军不能攻明而攻暗，发掘伏道，欲从地下透营而入耳。”操曰：“何以御之？”晔曰：“可绕营掘长堑，则彼伏道无用也。”操连夜差军掘堑。袁军掘伏道到堑边，果不能入，空费军力。

却说曹操守官渡，自八月起，至九月终，军力渐乏，粮草不继。意欲弃官渡退回许昌，迟疑未决，乃作书遣人赴许昌问荀彧。彧以书报之。书略曰：

承尊命，使决进退之疑。愚以袁绍悉众聚于官渡，欲与明公决胜负，公以至弱当至强，若不能制，必为所乘：是天下之大机也。绍军虽众，而不能用；以公之神武明哲，何向而不济！今军实虽少，未若楚、汉在荥阳、成皋间也。公今画地而守，扼其喉而使不能进，情见势竭，必将有变。此用奇之时，断不可失。惟明公裁察焉。

曹操得书大喜，令将士效力死守。绍军约退三十馀里，操遣将出营巡哨。有徐晃部将史涣获得袁军细作，解见徐晃。晃问其军中虚实。答曰：“早晚大将韩猛运粮至军前接济，先令我等探路。”徐晃便将此事报知曹操。荀攸曰：“韩猛匹夫之勇耳。若遣一人引轻骑数千，从半路击之，断其粮草，绍军自乱。”操曰：“谁人可往？”攸曰：“即遣徐晃可也。”操遂差徐晃将带史涣并所部兵先出，后使张辽、许褚引兵救应。当夜韩猛押粮车数千辆，解赴绍

批注

寨。正走之间，山谷内徐晃、史涣引军截住去路。韩猛飞马来战，徐晃接住厮杀。史涣便杀散人夫，放火焚烧粮车。韩猛抵当不住，拨回马走。徐晃催军烧尽辎重。袁绍军中，望见西北上火起，正惊疑间，败军投来："粮草被劫！"绍急遣张郃、高览去截大路，正遇徐晃烧粮而回，恰欲交锋，背后张辽、许诸军到。两下夹攻，杀散袁军，四将合兵一处，回官渡寨中。曹操大喜，重加赏劳。又分军于寨前结营，为掎角之势。

却说韩猛败军还营，绍大怒，欲斩韩猛，众官劝免。审配曰："行军以粮食为重，不可不用心提防。乌巢乃屯粮之处，必得重兵守之。"袁绍曰："吾筹策已定。汝可回邺都监督粮草，休教缺乏。"审配领命而去。袁绍遣大将淳于琼，部领督将眭元进、韩莒子、吕威璜、赵睿等，引二万人马，守乌巢。那淳于琼性刚好酒，军士多畏之；既至乌巢，终日与诸将聚饮。

且说曹操军粮告竭，急发使往许昌教荀彧作速措办粮草，星夜解赴军前接济。使者赍书而往，行不上三十里，被袁军捉住，缚见谋士许攸。那许攸字子远，少时曾与曹操为友，此时却在袁绍处为谋士。当下搜得使者所赍曹操催粮书信，径来见绍曰："曹操屯军官渡，与我相持已久，许昌必空虚；若分一军星夜掩袭许昌，则许昌可拔，而操可擒也。今操粮草已尽，正可乘此机会，两路击之。"绍曰："曹操诡计极多，此书乃诱敌之计也。"攸曰："今若不取，后将反受其害。"正话间，忽有使者自邺郡来，呈上审配书。书中先说运粮事；后言许攸在冀州时，尝滥受民间财物，且纵令子侄辈多科税，钱粮入己，今已收其子侄

批注

下狱矣。绍见书大怒曰："滥行匹夫！尚有面目于吾前献计耶！汝与曹操有旧，想今亦受他财贿，为他作奸细，啜赚吾军耳！本当斩首，今权且寄头在项！可速退出，今后不许相见！"许攸出，仰天叹曰："忠言逆耳，竖子不足与谋！吾子侄已遭审配之害，吾何颜复见冀州之人乎！"遂欲拔剑自刎。左右夺剑劝曰："公何轻生至此？袁绍不绝直言，后必为曹操所擒。公既与曹公有旧，何不弃暗投明？"只这两句言语，点醒许攸；于是许攸径投曹操。后人有诗叹曰：

本初豪气盖中华，官渡相持枉叹嗟。

若使许攸谋见用，山河争得属曹家？

却说许攸暗步出营，径投曹寨，伏路军人拿住。攸曰："我是曹丞相故友，快与我通报，说南阳许攸来见。"军士忙报入寨中。时操方解衣歇息，闻说许攸私奔到寨，大喜，不及穿履，跣足出迎，遥见许攸，抚掌欢笑，携手共入，操先拜于地。攸慌扶起曰："公乃汉相，吾乃布衣，何谦恭如此？"操曰："公乃操故友，岂敢以名爵相上下乎！"攸曰："某不能择主，屈身袁绍，言不听，计不从，今特弃之来见故人。愿赐收录。"操曰："子远肯来，吾事济矣！愿即教我以破绍之计。"攸曰："吾曾教袁绍以轻骑乘虚袭许都，首尾相攻。"操大惊曰："若袁绍用子言，吾事败矣。"攸曰："公今军粮尚有几何？"操曰："可支一年。"攸笑曰："恐未必。"操曰："有半年耳。"攸拂袖而起，趋步出帐曰："吾以诚相投，而公见欺如是，岂吾所望哉！"操挽留曰："子远勿嗔，尚容实诉：军中粮实可支三月耳。"攸笑曰："世人皆言孟德奸雄，今果然也。"操亦笑曰："岂不闻'兵不厌诈'！"遂附耳低言曰："军中止有此月之粮。”攸大声曰：“休瞒我！粮已尽矣！”操愕然曰：“何以知之？”攸乃出操与荀彧之书以示之曰：“此书何人所写？”操惊问曰：“何处得之？”攸以获使之事相告。操执其手曰：“子远既念旧交而来，愿即有以教我。”攸曰：“明公以孤军抗大敌，而不求急胜之方，此取死之道也。攸有一策，不过三日，使袁绍百万之众，不战自破。明公还肯听否？”操喜曰：“愿闻良策。”攸曰：“袁绍军粮辎重，尽积乌巢，今拨淳于琼守把，琼嗜酒无备。公可选精兵诈称袁将蒋奇领兵到彼护粮，乘间烧其粮草辎重，则绍军不三日将自乱矣。”操大喜，重待许攸，留于寨中。

次日，操自选马步军士五千，准备往乌巢劫粮。张辽曰：“袁绍屯粮之所，安得无备？丞相未可轻往，恐许攸有诈。”操曰：“不然，许攸此来，天败袁绍。今吾军粮不给，难以久持；若不用许攸之计，是坐而待困也。彼若有诈，安肯留我寨中？且吾亦欲劫寨久矣。今劫粮之举，计在必行，君请勿疑。”辽曰：“亦须防袁绍乘虚来袭。”操笑曰：“吾已筹之熟矣。”便教荀攸、贾诩、曹洪同许攸守大寨，夏侯惇、夏侯渊领一军伏于左，曹仁、李典领一军伏于右，以备不虞。教张辽、许褚在前，徐晃、于禁在后，操自引诸将居中：共五千人马，打着袁军旗号，军士皆束草负薪，人衔枚，马勒口，黄昏时分，望乌巢进发。是夜星光满天。

且说沮授被袁绍拘禁在军中，是夜因见众星朗列，乃命监者引出中庭，仰观天象。忽见太白逆行，侵犯牛、斗之分，大惊曰：“祸将至矣！”遂连夜求见袁绍。时绍已醉卧，听说沮授有密事启报，唤入问之。授曰：“适观天象，

批注

批注

见太白逆行于柳、鬼之间，流光射入牛、斗之分，恐有贼兵劫掠之害。乌巢屯粮之所，不可不提备。宜速遣精兵猛将，于间道山路巡哨，免为曹操所算。”绍怒叱曰：“汝乃得罪之人，何敢妄言惑众！”因叱监者曰：“吾令汝拘囚之，何敢放出！”遂命斩监者，别唤人监押沮授。授出，掩泪叹曰：“我军亡在旦夕，我尸骸不知落何处也！”后人有诗叹曰：

逆耳忠言反见仇，独夫袁绍少机谋。

乌巢粮尽根基拔，犹欲区区守冀州。

却说曹操领兵夜行，前过袁绍别寨，寨兵问是何处军马。操使人应曰：“蒋奇奉命往乌巢护粮。”袁军见是自家旗号，遂不疑惑。凡过数处，皆诈称蒋奇之兵，并无阻碍。及到乌巢，四更已尽。操教军士将束草周围举火，众将校鼓噪直入。时淳于琼方与众将饮了酒，醉卧帐中；闻鼓噪之声，连忙跳起问：“何故喧闹？”言未已，早被挠钩拖翻。眭元进、赵睿运粮方回，见屯上火起，急来救应。曹军飞报曹操，说：“贼兵在后，请分军拒之。”操大喝曰：“诸将只顾奋力向前，待贼至背后，方可回战！”于是众军将无不争先掩杀。一霎时，火焰四起，烟迷太空。眭、赵二将驱兵来救，操勒马回战。二将抵敌不住，皆被曹军所杀，粮草尽行烧绝。淳于琼被擒见操，操命割去其耳鼻手指，缚于马上，放回绍营以辱之。

却说袁绍在帐中，闻报正北上火光满天，知是乌巢有失，急出帐召文武各官，商议遣兵往救。张郃曰：“某与高览同往救之。”郭图曰：“不可。曹军劫粮，曹操必然亲往；操既自出，寨必空虚，可纵兵先击曹操之寨；操闻之，必速还：此孙膑‘围魏救赵’之计也。”张郃曰：“非也。曹操多谋，外出必为内备，以防不虞。今若攻操营而不拔，琼等见获，吾属皆被擒矣。”郭图曰：“曹操只顾劫粮，岂留兵在寨耶！”再三请劫曹营。绍乃遣张郃、高览引军五千，往官渡击曹营；遣蒋奇领兵一万，往救乌巢。

且说曹操杀散淳于琼部卒，尽夺其衣甲旗帜，伪作淳于琼部下败军回寨，至山僻小路，正遇蒋奇军马。奇军问之，称是乌巢败军奔回，奇遂不疑，驱马径过。张辽、许褚忽至，大喝：“蒋奇休走！”奇措手不及，被张辽斩于马下，尽杀蒋奇之兵。又使人当先伪报云：“蒋奇已自杀散乌巢兵了。”袁绍因不复遣人接应乌巢，只添兵往官渡。

却说张郃、高览攻打曹营，左边夏侯惇，右边曹仁，中路曹洪，一齐冲出：三下攻击，袁军大败。比及接应军到，曹操又从背后杀来，四下围住掩杀。张郃、高览夺路走脱。袁绍收得乌巢败残军马归寨，见淳于琼耳鼻皆无，手足尽落。绍问：“如何失了乌巢？”败军告说：“淳于琼醉卧，因此不能抵敌。”绍怒，立斩之。郭图恐张郃、高览回寨证对是非，先于袁绍前谮曰：“张郃、高览见主公兵败，心中必喜。”绍曰：“何出此言？”图曰：“二人素有降曹之意，今遣击寨，故意不肯用力，以致损折士卒。”绍大怒，遂遣使急召二人归寨问罪。郭图先使人报二人云：“主公将杀汝矣。”及绍使至，高览问曰：“主公唤我等为何？”使者曰：“不知何故。”览遂拔剑斩来使。郃大惊。览曰：“袁绍听信谗言，必为曹操所擒；吾等岂可坐而待死？不如去投曹操。”郃曰：“吾亦有此心久矣。”于是二人领本部兵马，往曹操寨中投降。夏侯惇曰：“张、高二人来降，未知虚实。”操曰：“吾以恩遇之，虽有异心，亦可变矣。”遂开营门命二人入。二人倒戈卸甲，拜伏于地。操

批注

批注

曰："若使袁绍肯从二将军之言，不至有败。今二将军肯来相投，如微子去殷，韩信归汉也。"遂封张郃为偏将军、都亭侯，高览为偏将军、东莱侯。二人大喜。

却说袁绍既去了许攸，又去了张郃、高览，又失了乌巢粮，军心皇皇。许攸又劝曹操作速进兵；张郃、高览请为先锋；操从之。即令张郃、高览领兵往劫绍寨。当夜三更时分，出军三路劫寨。混战到明，各自收兵，绍军折其大半。荀攸献计曰："今可扬言调拨人马，一路取酸枣，攻邺郡；一路取黎阳，断袁兵归路。袁绍闻之，必然惊惶，分兵拒我；我乘其兵动时击之，绍可破也。"操用其计，使大小三军，四远扬言。绍军闻此信，来寨中报说："曹操分兵两路：一路取邺郡，一路取黎阳去也。"绍大惊，急遣袁谭分兵五万救邺郡，辛明分兵五万救黎阳，连夜起行。曹操探知袁绍兵动，便分大队军马，八路齐出，直冲绍营。袁军俱无斗志，四散奔走，遂大溃。袁绍披甲不迭，单衣幅巾上马；幼子袁尚后随。张辽、许褚、徐晃、于禁四员将，引军追赶袁绍。绍急渡河，尽弃图书车仗金帛，止引随行八百馀骑而去。操军追之不及，尽获遗下之物。所杀八万馀人，血流盈沟，溺水死者不计其数。操获全胜，将所得金宝缎匹，给赏军士。于图书中检出书信一束，皆许都及军中诸人与绍暗通之书。左右曰："可逐一点对姓名，收而杀之。"操曰："当绍之强，孤亦不能自保，况他人乎？"遂命尽焚之，更不再问。

却说袁绍兵败而奔，沮授因被囚禁，急走不脱，为曹军所获，擒见曹操。操素与授相识。授见操，大呼曰："授不降也！"操曰："本初无谋，不用君言，君何尚执迷耶？吾若早得足下，天下不足虑也。"因厚待之，留于军中。

授乃于营中盗马，欲归袁氏。操怒，乃杀之。授至死神色不变。操叹曰："吾误杀忠义之士也！"命厚礼殡殓，为建坟安葬于黄河渡口，题其墓曰："忠烈沮君之墓。"后人有诗赞曰：

河北多名士，忠贞推沮君：
凝眸知阵法，仰面识天文；
至死心如铁，临危气似云。
曹公钦义烈，特与建孤坟。

操下令攻冀州。正是：势弱只因多算胜，兵强却为寡谋亡。未知胜负如何，且看下文分解。

批注

本回我评论：

三国复活赛

1. 请分别从袁绍、曹操和许攸的角度讲述这场"官渡之战"——注意，一定要符合人物身份哟！

2. "曹操见许攸"堪称是对话描写的典范。请据此并结合想象，排练成戏剧把这一幕表演出来。

文史一锅烩

1. 这一回是写著名的"官渡之战"的，综合全文，你觉得为什么曹操能以弱胜强呢？

2. 袁绍手下明明有一流谋士，比如田丰、沮授，也提出了正确的建议，奈何袁绍不能用！如果你是田丰、沮授，有没有办法让袁绍采纳你的建议呢？还是会选择和许攸一样弃暗投明？

3. 为什么许攸会说曹操“世人皆言孟德奸雄，今果然也”？你有兴趣了解一下许攸的下场吗？

4. 你是怎么看待曹操烧信这件事的？

5. 请继续在上文空格处留下你对本回的总评，在选文右侧留下你的批注。这一回中，曹操面对许攸前来投奔还依然故作镇定地隐瞒粮草实情，张郃、高览无奈投降曹操，田丰、沮授被袁绍斥责，沮授拒绝曹操的招揽，就是盗马也要回到袁绍身边的忠诚，这些对人物形象的塑造无一不可圈可点哦！

6. “官渡之战”是奠定曹操统一北方的基础的一场大战，也可以说是后来“三分天下”的基础之一。对此，正史记载十分完备，请看《三国志·魏书一·武帝纪》的记载：

绍复进临官渡，起土山地道。公亦于内作之，以相应。绍射营中，矢如雨下，行者皆蒙楯，众大惧，时公粮少，与荀彧书，议欲还许。彧以为“绍悉众聚官渡，欲与公决胜败。公以至弱当至强，若不能制，必为所乘，是天下之大机也。且绍，布衣之雄耳，能聚人而不能用。夫以公之神武明哲而辅以大顺，何向而不济！”公从之。

…………

袁绍运谷车数千乘至，公用荀攸计，遣徐晃、史涣邀击，大破之，尽烧其车。公与绍相拒连月，虽比战斩将，然众少粮尽，士卒疲乏，公谓运者曰：“却十五日为汝破绍，不复劳汝矣。”冬十月，绍遣车运谷，使淳于琼等五人将兵万馀人送之，宿绍营北四十里。绍谋臣许攸贪财，绍不能足，来奔，因说公击琼等。左右疑之，荀攸、贾诩劝公。公乃留曹洪守，自将步骑五千人夜往，会明至。琼等望见公兵少，出陈门外。公急击之，琼退保营，遂攻之。绍遣骑救琼。左右或言“贼骑稍近，请分兵拒之”。公怒曰：“贼在背后，乃白！”士卒皆殊死战，大破琼等，皆斩之。

裴松之为《三国志》作注，引用了《曹瞒传》的佚文，则是《三国演义》中许攸降曹的蓝本：

公闻攸来，跣出迎之，抚掌笑曰：“子卿，远来，吾事济矣！”既入坐，谓公曰：“袁氏军盛，何以待之？今有几粮乎？”公曰：“尚可支一岁。”攸曰：“无是，更言之！”又曰：“可支半岁。”攸曰：“足下不欲破袁氏邪，何言之不实也！”公曰：“向言戏之耳。其实可一月，为之奈何？”攸曰：“公孤军独守，外无救援而粮谷已尽，此危急之日也。今袁氏辎重有万馀乘，在故市、乌巢，屯军无严备；今以轻兵袭之，不意而至，燔其积聚，不过三日，袁氏自败也。”公大喜，乃举精锐步骑，皆用袁军旗帜，衔枚缚马口，夜从间道出，人抱束薪，所历道有问者，语之曰：“袁公恐曹操钞略后军，遣兵以益备。”闻者信以为然，皆自若。既至，围屯，大放火，营中惊乱。大破之，尽燔其粮谷宝货，斩督将眭元进、骑督韩莒子、吕威璜、赵睿等首，割得将军淳于仲简鼻，未死，杀士卒千馀人，皆取鼻，牛马割唇舌，以示绍军。将士皆怛惧。时有夜得仲简，将以诣麾下，公谓曰：“何为如是？”仲简曰：“胜负自天，何用为问乎！”公意欲不杀。许攸曰：“明旦鉴于镜，此益不忘人。”乃杀之。

跟着名著写写写

对话描写是语言描写的一种。因为对话是在两人乃至多人之间发生，因此不同人物的性格往往能借由对话跃然纸上，是一种很有表现力的写作手法。今天我们如果运用对话描写，要在搭配其他描写以及注意提示语（谁谁说）的出现位置上用心。

家长可加入阅读能力提升群 陪孩子听名师阅读讲解课 读懂经典提升阅读能力
群分类：阅读提升 · 入群指南详见本书扉页

第二部分

赤壁大战

第三十五回

玄德南漳逢隐沦　单福新野遇英主

却说蔡瑁方欲回城，赵云引军赶出城来。原来赵云正饮酒间，忽见人马动，急入内观之，席上不见了玄德。云大惊，出投馆舍，听得人说蔡瑁引军望西赶去了。云火急绰枪上马，引着原带来三百军，奔出西门，正遇见蔡瑁，急问曰："吾主何在？"瑁曰："使君逃席而去，不知何往。"赵云是谨细之人，不肯造次，即策马前行，遥望大溪。别无去路，乃复回马，喝问蔡瑁曰："汝请吾主赴宴，何故引着军马追来？"瑁曰："九郡四十二州县官僚俱在此，吾为上将，岂可不防护？"云曰："汝逼吾主何处去了？"瑁曰："闻使君匹马出西门，到此却又不见。"云惊疑不定，直来溪边看时，只见隔岸一带水迹。云暗忖曰："难道连马跳过了溪去？……"令三百军四散观望，并不见踪迹。云再回马时，蔡瑁已入城去了。云乃拿守门军士追问，皆说刘使君飞马出西门而去。云再欲入城，又恐有埋伏，遂急引军归新野。

却说玄德跃马过溪，似醉如痴，想："此阔涧一跃而过，岂非天意！"迤逦望南漳策马而行，日将沉西。正行

批注

批注

之间，见一牧童跨于牛背上，口吹短笛而来。玄德叹曰："吾不如也！"遂立马观之。牧童亦停牛罢笛，熟视玄德，曰："将军莫非破黄巾刘玄德否？"玄德惊问曰："汝乃村僻小童，何以知吾姓字？"牧童曰："我本不知，因常侍师父，有客到日，多曾说有一刘玄德，身长七尺五寸，垂手过膝，目能自顾其耳，乃当世之英雄。今观将军如此模样，想必是也。"玄德曰："汝师何人也？"牧童曰："吾师覆姓司马，名徽，字德操，颍川人也。道号'水镜先生'。"玄德曰："汝师与谁为友？"小童曰："与襄阳庞德公、庞统为友。"玄德曰："庞德公乃庞统何人？"童子曰："叔侄也。庞德公字山民，长俺师父十岁；庞统字士元，小俺师父五岁。一日，我师父在树上采桑，适庞统来相访，坐于树下，共相议论，终日不倦。吾师甚爱庞统，呼之为弟。"玄德曰："汝师今居何处？"牧童遥指曰："前面林中，便是庄院。"玄德曰："吾正是刘玄德，汝可引我去拜见你师父。"

童子便引玄德，行二里馀，到庄前下马，入至中门，忽闻琴声甚美。玄德教童子且休通报，侧耳听之。琴声忽住而不弹，一人笑而出曰："琴韵清幽，音中忽起高抗之调，必有英雄窃听。"童子指谓玄德曰："此即吾师水镜先生也。"玄德视其人松形鹤背，器宇不凡，慌忙进前施礼，——衣襟尚湿。——水镜曰："公今日幸免大难！"玄德惊讶不已。小童曰："此刘玄德也。"水镜请入草堂，分宾主坐定。玄德见架上满堆书卷，窗外盛栽松竹，横琴于石床之上，清气飘然。水镜问曰："明公何来？"玄德曰："偶尔经由此地，因小童相指，得拜尊颜，不胜万幸！"水镜笑曰："公不必隐讳。公今必逃难至此。"玄德遂以襄阳一事告之。水镜曰："吾观公气色，已知之矣。"因问玄德曰："吾久闻明公大名，何故至今犹落魄不偶耶？"玄德曰："命途多蹇，所以至此。"水镜曰："不然。盖因将军左右不得其人耳。"玄德曰："备虽不才，文有孙乾、糜竺、简雍之辈，武有关、张、赵云之流，竭忠辅相，颇赖其力。"水镜曰："关、张、赵云乃万人敌，惜无善用之之人。若孙乾、糜竺辈，乃白面书生，非经纶济世之才也。"玄德曰："备亦尝侧身以求山谷之遗贤，奈未遇其人何！"水镜曰："岂不闻孔子云：'十室之邑，必有忠信。'何谓无人？"玄德曰："备愚昧不识，愿赐指教。"水镜曰："公闻荆襄诸郡小儿谣言乎？其谣曰：'八九年间始欲衰，至十三年无孑遗。到头天命有所归，泥中蟠龙向天飞。'此谣始于建安初：建安八年，刘景升丧却前妻，便生家乱，此所谓'始欲衰'也；'无孑遗'者，不久则景升将逝，文武零落无孑遗矣；'天命有归'，'龙向天飞'，盖应在将军也。"玄德闻言，惊谢曰："备安敢当此！"水镜曰："今天下之奇才尽在于此，公当往求之。"玄德急问曰："奇才安在？果系何人？"水镜曰："伏龙、凤雏，两人得一，可安天下。"玄德曰："伏龙、凤雏何人也？"水镜抚掌大笑曰："好！好！"玄德再问时，水镜曰："天色已晚，将军可于此暂宿一宵，明日当言之。"即命小童具饮馔相待，马牵入后院喂养。

玄德饮膳毕，即宿于草堂之侧。玄德因思水镜之言，寝不成寐。约至更深，忽听一人叩门而入。水镜曰："元直何来？"玄德起床密听之，闻其人答曰："久闻刘景升善善恶恶，特往谒之。及至相见，徒有虚名，盖善善而不能用，恶恶而不能去者也。故遗书别之，而来至此。"水镜

批注

批注

曰："公怀王佐之才，宜择人而事，奈何轻身往见景升乎？且英雄豪杰，只在眼前，公自不识耳。"其人曰："先生之言是也。"玄德闻之大喜，暗忖此人必是伏龙、凤雏，即欲出见，又恐造次。

候至天晓，玄德求见水镜，问曰："昨夜来者是谁？"水镜曰："此吾友也。"玄德求与相见，水镜曰："此人欲往投明主，已到他处去了。"玄德请问其姓名，水镜笑曰："好！好！"玄德再问："伏龙、凤雏，果系何人？"水镜亦只笑曰："好！好！"玄德拜请水镜出山相助，同扶汉室。水镜曰："山野闲散之人，不堪世用。自有胜吾十倍者来助公，公宜访之。"正谈论间，忽闻庄外人喊马嘶，小童来报："有一将军，引数百人到庄来也。"玄德大惊，急出视之，乃赵云也。玄德大喜。云下马入见曰："某夜来回县，寻不见主公，连夜跟问到此。主公可作速回县，只恐有人来县中厮杀。"玄德辞了水镜，与赵云上马，投新野来。行不数里，一彪人马来到，视之，云长与翼德也。相见大喜。玄德诉说跃马檀溪之事，共相嗟呀。

到县中，与孙乾等商议。乾曰："可先致书于景升，诉告此事。"玄德从其言，即令孙乾赍书至荆州。刘表唤入问曰："吾请玄德襄阳赴会，缘何逃席而去？"孙乾呈上书札，具言蔡瑁设谋相害，赖跃马檀溪得脱。表大怒，急唤蔡瑁责骂曰："汝焉敢害吾弟！"命推出斩之。蔡夫人出，哭求免死，表怒犹未息。孙乾告曰："若杀蔡瑁，恐皇叔不能安居于此矣。"表乃责而释之，使长子刘琦同孙乾至玄德处请罪。琦奉命赴新野，玄德接着，设宴相待。酒酣，琦忽然堕泪。玄德问其故。琦曰："继母蔡氏，常怀谋害之心，侄无计免祸，幸叔父指教。"玄德劝以"小心尽孝，自然无祸"。次日，琦泣别。玄德乘马送琦出郭，因指马谓琦曰："若非此马，吾已为泉下之人矣。"琦曰："非马之力，乃叔父之洪福也。"说罢相别，刘琦涕泣而去。

批注

玄德回马入城，忽见市上一人，葛巾布袍，皂绦乌履，长歌而来。歌曰：

天地反覆兮，火欲殂；
大厦将崩兮，一木难扶。
山谷有贤兮，欲投明主；
明主求贤兮，却不知吾。

玄德闻歌，暗思："此人莫非水镜所言伏龙、凤雏乎？"遂下马相见，邀入县衙；问其姓名，答曰："某乃颍上人也，姓单，名福。久闻使君纳士招贤，欲来投托，未敢辄造；故行歌于市，以动尊听耳。"玄德大喜，待为上宾。单福曰："适使君所乘之马，再乞一观。"玄德命去鞍牵于堂下。单福曰："此非的卢马乎？虽是千里马，却只妨主，不可乘也。"玄德曰："已应之矣。"遂具言跃檀溪之事。福曰："此乃救主，非妨主也；终必妨一主。某有一法可禳。"玄德曰："愿闻禳法。"福曰："公意中有仇怨之人，可将此马赐之；待妨过了此人，然后乘之，自然无事。"玄德闻言变色曰："公初至此，不教吾以正道，便教作利己妨人之事，备不敢闻教！"福笑谢曰："向闻使君仁德，未敢便信，故以此言相试耳。"玄德亦改容起谢曰："备安能有仁德及人，惟先生教之。"福曰："吾自颍上来此，闻新野之人歌曰：'新野牧，刘皇叔；自到此，民丰足。'可见使君之仁德及人也。"玄德乃拜单福为军师，调练本部人马。

却说曹操自冀州回许都，常有取荆州之意，特差曹

批注

仁、李典并降将吕旷、吕翔等领兵三万，屯樊城，虎视襄阳，就探看虚实。时吕旷、吕翔禀曹仁曰："今刘备屯兵新野，招军买马，积草储粮，其志不小，不可不早图之。吾二人自降丞相之后，未有寸功，愿请精兵五千，取刘备之头，以献丞相。"曹仁大喜，与二吕兵五千，前往新野厮杀。探马飞报玄德。玄德请单福商议，福曰："既有敌兵，不可令其入境。可使关公引一军从左而出，以敌来军中路；张飞引一军从右而出，以敌来军后路；公自引赵云出兵前路相迎：敌可破矣。"玄德从其言，即差关、张二人去讫；然后与单福、赵云等，共引二千人马，出关相迎。行不数里，只见山后尘头大起，吕旷、吕翔引军来到。两边各射住阵角。玄德出马于旗下，大呼曰："来者何人，敢犯吾境？"吕旷出马曰："吾乃大将吕旷也。奉丞相命，特来擒汝！"玄德大怒，使赵云出马。二将相交，战不数合，赵云一枪刺吕旷于马下。玄德麾军掩杀，吕翔抵敌不住，引军便走。正行间，路傍一军突出，为首大将，乃关云长也；冲杀一阵，吕翔折兵大半，夺路走脱。行不到十里，又一军拦住去路，为首大将挺矛大叫："张翼德在此！"直取吕翔，措手不及，被张飞一矛刺中，翻身落马而死。馀众四散奔走。玄德合军追赶，大半多被擒获。玄德班师回县，重待单福，犒赏三军。

却说败军回见曹仁，报说："二吕被杀，军士多被活捉。"曹仁大惊，与李典商议，典曰："二将欺敌而亡，今只宜按兵不动，申报丞相，起大兵来征剿，乃为上策。"仁曰："不然。今二将阵亡，又折许多军马，此仇不可不急报。量新野弹丸之地，何劳丞相大军？"典曰："刘备人杰也，不可轻视。"仁曰："公何怯也！"典曰："兵法云：'知彼知己，百战百胜。’某非怯战，但恐不能必胜耳。”仁怒曰：“公怀二心耶？吾必欲生擒刘备！”典曰：“将军若去，某守樊城。”仁曰：“汝不同去，真怀二心矣。”典不得已，只得与曹仁点起二万五千军马，渡河投新野而来。正是：偏裨既有舆尸辱，主将重兴雪耻兵。未知胜负如何，且听下文分解。

批注

本回我评论：

三国复活赛

1. “水镜先生”司马徽的住所非常具有隐士范儿，你能根据本回的描写用画笔再现司马徽和他的住所吗？

2. 和你的小伙伴一起扮演刘备、水镜先生、单福三个角色，我们演一演本回吧！

文史一锅烩

1. 我们中华民族有一句话，即“多得贵人相助”，那么这回里，刘备的贵人是谁呢？为什么他会成为刘备的贵人？

2. 说到刘备的谋士，我们首先会想到的自然是诸葛亮和庞统这两位大名鼎鼎的“卧龙凤雏”了，但是为何在他们之前先出现一位单福呢？这样安排有什么作用？

3. 你知道单福是谁吗？他后来又有什么事迹？

其实，单福，其本名是徐庶，而且“单”这个字在做姓氏的时候要念 shàn。徐庶这个人，在《三国志》里没有专门的传记，只是在《三国志·蜀书五·诸葛亮传》中有一些记叙：

时先主屯新野。徐庶见先主，先主器之。谓先主曰：“诸葛孔明者，卧龙也，将军岂愿见之乎？”先主曰：“君与俱来！”庶曰：“此人可就见，不可屈致也。将军宜枉驾顾之。”由是先主遂诣亮，凡三往，乃见。

…………

先主在樊闻之，率其众南行，亮与庶并从，为曹公所追破，获庶母。庶辞先主而指其心曰：“本欲与将军共图王霸之业者，以此方寸之地也。今已失老母，方寸乱矣，无益于事，请从此别。”遂诣曹公。

显然，这两段记录奠定了《三国演义》中塑造徐庶人物形象的基础。其实，裴松之在为《三国志》做注解时，曾经引用了如今已经亡佚的《魏略》一书，其中对徐庶另有记载：

庶先名福，本单家子，少好任侠击剑。中平末，尝为人报仇，白垩突面，被发而走，为吏所得，问其姓字，闭口不言。吏乃于车上立柱维磔之，击鼓以令于市鄽，莫敢识者，而其党伍共篡解之，

得脱。于是感激，弃其刀戟，更疏巾单衣，折节学问。始诣精舍，诸生闻其前作贼，不肯与共止。福乃卑躬早起，常独扫除，动静先意，听习经业，义理精熟。遂与同郡石韬相亲爱。初平中，中州兵起，乃与韬南客荆州，到，又与诸葛亮特相善。及荆州内附，孔明与刘备相随去，福与韬俱来北。至黄初中，韬仕历郡守、典农校尉，福至右中郎将、御史中丞。逮大和中，诸葛亮出陇右，闻元直、广元仕财如此，叹曰：“魏殊多士邪？何彼二人不见用乎？”庶后数年病卒，有碑在彭城，今犹存焉。

4．请继续在上文空格处留下你对本回的总评，在选文右侧留下你的批注。这一回中，司马徽对刘备说的话很有意思，我们可以从管理学和团队建设的角度予以点评，而单福第一次排兵布阵时的胸有成竹也值得我们回味——你可以比较一下在这之前与之后，刘备军队在作战时的部署，而这又说明了什么呢？你可以阐发一下哟！

跟着名著写写写

铺垫是一种重要的写作技巧，也称铺叙衬垫，就是为了突出后面要出场的主要人物、事物或要发生的事件，先对次要人物、事物、事件进行铺陈描述用来烘托、引出重要的情节和内容。简单一点说，就是先描述的内容是为主要内容做准备、打基础、做陪衬和烘托的次要内容，起到为主要情节蓄积酝酿气势的作用。一般而言，起到铺垫作用的文字在交代完之后，下面就应该由主要内容出场了。铺垫和伏笔很相近，但也有差别：最重要的可以归结为以下几点：

a．铺垫是衬托，伏笔是暗示。伏笔需要照应，铺垫不需要。

b．铺垫为了衬托往往大肆渲染，唯恐读者不见，可以说是“显性”的；而伏笔则比较隐蔽，最好貌似“闲笔”不引人注意，读至后文方觉其妙。

从《三国演义》整本小说来看，本回既可以说是后面刘备“三顾茅庐”的伏笔，也可以说是用徐庶为诸葛亮登场做了铺垫。

家长可加入读书心得讨论群 同30位家长一起分享孩子阅读心得
群分类：读书心得 • 入群指南详见本书扉页

第三十七回

司马徽再荐名士　刘玄德三顾草庐

却说徐庶趱程赴许昌。曹操知徐庶已到，遂命荀彧、程昱等一班谋士往迎之。庶入相府拜见曹操。操曰：“公乃高明之士，何故屈身而事刘备乎？”庶曰：“某幼逃难，流落江湖，偶至新野，遂与玄德交厚，老母在此，幸蒙慈念，不胜愧感。”操曰：“公今至此，正可晨昏侍奉令堂，吾亦得听清诲矣。”庶拜谢而出。急往见其母，泣拜于堂下。母大惊曰：“汝何故至此？”庶曰：“近于新野事刘豫州；因得母书，故星夜至此。”徐母勃然大怒，拍案骂曰：“辱子飘荡江湖数年，吾以为汝学业有进，何其反不如初也！汝既读书，须知忠孝不能两全。岂不识曹操欺君罔上之贼？刘玄德仁义布于四海，况又汉室之胄，汝既事之，得其主矣，今凭一纸伪书，更不详察，遂弃明投暗，自取恶名，真愚夫也！吾有何面目与汝相见！汝玷辱祖宗，空生于天地间耳！”骂得徐庶拜伏于地，不敢仰视，母自转入屏风后去了。少顷，家人出报曰：“老夫人自缢于梁间。”徐庶慌入救时，母气已绝。后人有《徐母赞》曰：

贤哉徐母，流芳千古：
守节无亏，于家有补；

批注

批注

教子多方，处身自苦；
气若丘山，义出肺腑；
赞美豫州，毁触魏武；
不畏鼎镬，不惧刀斧；
唯恐后嗣，玷辱先祖。
伏剑同流，断机堪伍；
生得其名，死得其所：
贤哉徐母，流芳千古！

徐庶见母已死，哭绝于地，良久方苏。曹操使人赍礼吊问，又亲往祭奠。徐庶葬母柩于许昌之南原，居丧守墓。凡曹操所赐，庶俱不受。

时操欲商议南征。荀彧谏曰："天寒未可用兵；姑待春暖，方可长驱大进。"操从之，乃引漳河之水作一池，名玄武池，于内教练水军，准备南征。

却说玄德正安排礼物，欲往隆中谒诸葛亮，忽人报："门外有一先生，峨冠博带，道貌非常，特来相探。"玄德曰："此莫非即孔明否？"遂整衣出迎。视之，乃司马徽也。玄德大喜，请入后堂高坐，拜问曰："备自别仙颜，因军务倥偬，有失拜访。今得光降，大慰仰慕之私。"徽曰："闻徐元直在此，特来一会。"玄德曰："近因曹操囚其母，似母遣人驰书，唤回许昌去矣。"徽曰："此中曹操之计矣！吾素闻徐母最贤，虽为操所囚，必不肯驰书召其子：此书必诈也。元直不去，其母尚存；今若去，母必死矣！"玄德惊问其故，徽曰："徐母高义，必羞见其子也。"玄德曰："元直临行，荐南阳诸葛亮，其人若何？"徽笑曰："元直欲去，自去便了，何又惹他出来呕心血也？"玄

批注

德曰："先生何出此言？"徽曰："孔明与博陵崔州平、颍川石广元、汝南孟公威与徐元直四人为密友。此四人务于精纯，惟孔明独观其大略。尝抱膝长吟，而指四人曰：'公等仕进可至刺史、郡守。'众问孔明之志若何，孔明但笑而不答。每常自比管仲、乐毅，其才不可量也。"玄德曰："何颍川之多贤乎！"徽曰："昔有殷馗善观天文，尝谓'群星聚于颍分，其地必多贤士'。"时云长在侧曰："某闻管仲、乐毅乃春秋、战国名人，功盖寰宇；孔明自比此二人，毋乃太过？"徽笑曰："以吾观之，不当比此二人；我欲另以二人出之。"云长问："那二人？"徽曰："可比兴周八百年之姜子牙、旺汉四百年之张子房也。"众皆愕然。徽下阶相辞欲行，玄德留之不住。徽出门仰天大笑曰："卧龙虽得其主，不得其时，惜哉！"言罢，飘然而去。玄德叹曰："真隐居贤士也！"

次日，玄德同关、张并从人等来隆中。遥望山畔数人，荷锄耕于田间，而作歌曰：

苍天如圆盖，陆地似棋局；
世人黑白分，往来争荣辱；
荣者自安安，辱者定碌碌。
——南阳有隐居，高眠卧不足！

玄德闻歌，勒马唤农夫问曰："此歌何人所作？"答曰："乃卧龙先生所作也。"玄德曰："卧龙先生住何处？"农夫曰："自此山之南，一带高冈，乃卧龙冈也。冈前疏林内茅庐中，即诸葛先生高卧之地。"玄德谢之，策马前行。不数里，遥望卧龙冈，果然清景异常。后人有古风一篇，单道卧龙居处。诗曰：

襄阳城西二十里，一带高冈枕流水：

批注

高冈屈曲压云根，流水潺潺飞石髓；
势若困龙石上蟠，形如单凤松阴里；
柴门半掩闭茅庐，中有高人卧不起。
修竹交加列翠屏，四时篱落野花馨；
床头堆积皆黄卷，座上往来无白丁；
叩户苍猿时献果，守门老鹤夜听经；
囊里名琴藏古锦，壁间宝剑挂七星。
庐中先生独幽雅，闲来亲自勤耕稼：
专待春雷惊梦回，一声长啸安天下。

玄德来到庄前，下马亲叩柴门，一童出问。玄德曰：“汉左将军、宜城亭侯、领豫州牧、皇叔刘备，特来拜见先生。”童子曰：“我记不得许多名字。”玄德曰：“你只说刘备来访。”童子曰：“先生今早少出。”玄德曰：“何处去了？”童子曰：“踪迹不定，不知何处去了。”玄德曰：“几时归？”童子曰：“归期亦不定，或三五日，或十数日。”玄德惆怅不已。张飞曰：“既不见，自归去罢了。”玄德曰：“且待片时。”云长曰：“不如且归，再使人来探听。”玄德从其言，嘱付童子：“如先生回，可言刘备拜访。”

遂上马，行数里，勒马回观隆中景物，果然山不高而秀雅，水不深而澄清；地不广而平坦，林不大而茂盛；猿鹤相亲，松篁交翠：观之不已。忽见一人，容貌轩昂，丰姿俊爽，头戴逍遥巾，身穿皂布袍，杖藜从山僻小路而来。玄德曰：“此必卧龙先生也！”急下马向前施礼，问曰：“先生非卧龙否？”其人曰：“将军是谁？”玄德曰：“刘备也。”其人曰：“吾非孔明，乃孔明之友：博陵崔州平也。”玄德曰：“久闻大名，幸得相遇。乞即席地权坐，请教一言。”二人对坐于林间石上，关、张侍立于侧。州平曰："将军何故欲见孔明？"玄德曰："方今天下大乱，四方云扰，欲见孔明，求安邦定国之策耳。"州平笑曰："公以定乱为主，虽是仁心，但自古以来，治乱无常。自高祖斩蛇起义，诛无道秦，是由乱而入治也；至哀、平之世二百年，太平日久，王莽篡逆，又由治而入乱；光武中兴，重整基业，复由乱而入治；至今二百年，民安已久，故干戈又复四起：此正由治入乱之时，未可猝定也。将军欲使孔明斡旋天地，补缀乾坤，恐不易为，徒费心力耳。岂不闻'顺天者逸，逆天者劳'、'数之所在，理不得而夺之；命之所在，人不得而强之'乎？"玄德曰："先生所言，诚为高见。但备身为汉胄，合当匡扶汉室，何敢委之数与命？"州平曰："山野之夫，不足与论天下事，适承明问，故妄言之。"玄德曰："蒙先生见教。但不知孔明往何处去了？"州平曰："吾亦欲访之，正不知其何往。"玄德曰："请先生同至敝县，若何？"州平曰："愚性颇乐闲散，无意功名久矣；容他日再见。"言讫，长揖而去。玄德与关、张上马而行。张飞曰："孔明又访不着，却遇此腐儒，闲谈许久！"玄德曰："此亦隐者之言也。"

三人回至新野。过了数日，玄德使人探听孔明。回报曰："卧龙先生已回矣。"玄德便教备马。张飞曰："量一村夫，何必哥哥自去，可使人唤来便了。"玄德叱曰："汝岂不闻孟子云：'欲见贤而不以其道，犹欲其入而闭之门也。'孔明当世大贤，岂可召乎！"遂上马再往访孔明。关、张亦乘马相随。时值隆冬，天气严寒，彤云密布。行无数里，忽然朔风凛凛，瑞雪霏霏；山如玉簇，林似银妆。张飞曰："天寒地冻，尚不用兵，岂宜远见无益之人乎！不如回新野以避风雪。"玄德曰："吾正欲使孔明知我殷勤之意。如弟

批注

批注

辈怕冷，可先回去。”飞曰：“死且不怕，岂怕冷乎！但恐哥哥空劳神思。”玄德曰：“勿多言，只相随同去。”将近茅庐，忽闻路傍酒店中有人作歌。玄德立马听之。其歌曰：

壮士功名尚未成，呜呼久不遇阳春！
君不见：东海老叟辞荆榛，后车遂与文王亲；
八百诸侯不期会，白鱼入舟涉孟津；
牧野一战血流杵，鹰扬伟烈冠武臣。
又不见：高阳酒徒起草中，长揖芒砀“隆准公”；
高谈王霸惊人耳，辍洗延坐钦英风；
东下齐城七十二，天下无人能继踪。
二人功迹尚如此，至今谁肯论英雄？

歌罢，又有一人击桌而歌。其歌曰：

吾皇提剑清寰海，创业垂基四百载；
桓灵季业火德衰，奸臣贼子调鼎鼐。
青蛇飞下御座傍，又见妖虹降玉堂；
群盗四方如蚁聚，奸雄百辈皆鹰扬。
吾侪长啸空拍手，闷来村店饮村酒；
独善其身尽日安，何须千古名不朽！

二人歌罢，抚掌大笑。玄德曰：“卧龙其在此间乎！”遂下马入店。见二人凭桌对饮：上首者白面长须，下首者清奇古貌。玄德揖而问曰：“二公谁是卧龙先生？”长须者曰：“公何人？欲寻卧龙何干？”玄德曰：“某乃刘备也。欲访先生，求济世安民之术。”长须者曰：“我等非卧龙，皆卧龙之友也：吾乃颍川石广元，此位是汝南孟公威。”玄德喜曰：“备久闻二公大名，幸得邂逅。今有随行马匹在此，敢请二公同往卧龙庄上一谈。”广元曰：“吾等皆山野慵懒之徒，不省治国安民之事，不劳下问。明公请自上马，寻访卧龙。”

玄德乃辞二人，上马投卧龙冈来。到庄前下马，扣门问童子曰：“先生今日在庄否？”童子曰：“现在堂上读书。”玄德大喜，遂跟童子而入。至中门，只见门上大书一联云：“淡泊以明志。宁静而致远。”玄德正看间，忽闻吟咏之声，乃立于门侧窥之，见草堂之上，一少年拥炉抱膝，歌曰：

凤翱翔于千仞兮，非梧不栖；士伏处于一方兮，非主不依。乐躬耕于陇亩兮，吾爱吾庐；聊寄傲于琴书兮，以待天时。

玄德待其歌罢，上草堂施礼曰：“备久慕先生，无缘拜会。昨因徐元直称荐，敬至仙庄，不遇空回。今特冒风雪而来。得瞻道貌，实为万幸！”那少年慌忙答礼曰：“将军莫非刘豫州，欲见家兄否？”玄德惊讶曰：“先生又非卧龙耶？”少年曰：“某乃卧龙之弟诸葛均也。愚兄弟三人：长兄诸葛瑾，现在江东孙仲谋处为幕宾；孔明乃二家兄。”玄德曰：“卧龙今在家否？”均曰：“昨为崔州平相约，出外闲游去矣。”玄德曰：“何处闲游？”均曰：“或驾小舟游于江湖之中，或访僧道于山岭之上，或寻朋友于村落之间，或乐琴棋于洞府之内：往来莫测，不知去所。”玄德曰：“刘备直如此缘分浅薄，两番不遇大贤！”均曰：“少坐献茶。”张飞曰：“那先生既不在，请哥哥上马。”玄德曰：“我既到此间，如何无一语而回？”因问诸葛均曰：“闻令兄卧龙先生熟谙韬略，日看兵书，可得闻乎？”均曰：“不知。”张飞曰：“问他则甚！风雪甚紧，不如早归。”玄德叱止之。均曰：“家兄不在，不敢久留车骑；容日却来回礼。”玄德曰：“岂敢望先生枉驾。数日之后，备当再至。

批注

批注

愿借纸笔作一书，留达令兄，以表刘备殷勤之意。”均遂进文房四宝。玄德呵开冻笔，拂展云笺，写书曰：

备久慕高名，两次晋谒，不遇空回，惆怅何似！窃念备汉朝苗裔，滥叨名爵，伏睹朝廷陵替，纲纪崩摧，群雄乱国，恶党欺君，备心胆俱裂。虽有匡济之诚，实乏经纶之策。仰望先生仁慈忠义，慨然展吕望之大才，施子房之鸿略，天下幸甚！社稷幸甚！先此布达，再容斋戒薰沐，特拜尊颜，面倾鄙悃。统希鉴原。

玄德写罢，递与诸葛均收了，拜辞出门。均送出，玄德再三殷勤致意而别。方上马欲行，忽见童子招手篱外，叫曰：“老先生来也。”玄德视之，见小桥之西，一人暖帽遮头，狐裘蔽体，骑着一驴，后随一青衣小童，携一葫芦酒，踏雪而来；转过小桥，口吟诗一首。诗曰：

一夜北风寒，万里彤云厚；
长空雪乱飘，改尽江山旧。
仰面观太虚，疑是玉龙斗：
纷纷鳞甲飞，顷刻遍宇宙。
——骑驴过小桥，独叹梅花瘦！

玄德闻歌曰：“此真卧龙矣！”滚鞍下马，向前施礼曰：“先生冒寒不易！刘备等候久矣！”那人慌忙下驴答礼。诸葛均在后曰：“此非卧龙家兄，乃家兄岳父黄承彦也。”玄德曰：“适间所吟之句，极其高妙。”承彦曰：“老夫在小婿家观《梁父吟》，记得这一篇；适过小桥，偶见篱落间梅花，故感而诵之。不期为尊客所闻。”玄德曰：“曾见令婿否？”承彦曰：“便是老夫也来看他。”玄德闻言，辞别承彦，上马而归。正值风雪又大，回望卧龙冈，怅怏不已。后人有诗单道玄德风雪访孔明。诗曰：

一天风雪访贤良，不遇空回意感伤。
冻合溪桥山石滑，寒侵鞍马路途长。
当头片片梨花落，扑面纷纷柳絮狂。
回首停鞭遥望处，烂银堆满卧龙冈。

玄德回新野之后，光阴荏苒，又早新春。乃令卜者揲蓍，选择吉期，斋戒三日，薰沐更衣，再往卧龙冈谒孔明。关、张闻之不悦，遂一齐入谏玄德。正是：高贤未服英雄志，屈节偏生杰士疑。未知其言若何，下文便晓。

批注

本回我评论：

三国复活赛

1. 无论是崔州平、石广元、孟公威，还是黄承彦，都很有特色，请为他们分别做一画像吧！

2. “三顾茅庐”是中华民族口耳相传的佳话之一，虽然诸葛亮尚未出场，但刘备求贤若渴之心令人感动。你能和你的小伙伴们一起把这一幕表演出来吗？

文史一锅烩

1. 你还记得徐庶吗？你怎么看待曹操“求贤若渴”，骗他母亲做人

质，最终导致徐母自尽这件事的？

2．你是不是对诸葛亮越发好奇了？为什么刘备想见他就这么难呢？从崔州平到石广元、孟公威，再到诸葛均，再到黄承彦，诸葛亮怎么就“千呼万唤不出来”呢？

3．刘备如此执着地想见诸葛亮，作为他结拜弟兄的关羽、张飞会怎么想呢？

4．如我们所知的那样，《三国演义》是在正史《三国志》的基础上艺术加工而成的小说。因此它既有正史人物，也有虚构人物，还有正史上确实有，但在小说中经过了艺术加工的人物。徐庶是这样，石广元也是如此，他大名石韬，有高才，但不是隐士，最后出仕曹魏：

> 韬与同郡徐庶相亲爱。初平中，中州兵起，韬乃与庶南客荆州，到，又与诸葛亮特相善。及荆州内附，亮与刘备相随去，韬与庶俱来北。至黄初中，韬仕历郡守、典农校尉。逮大和中，诸葛亮出陇右，闻韬、庶仕财如此，叹曰：“魏殊多士邪！何彼二人不见用乎？”

崔州平也是这样：

> 太尉烈子，均之弟也。字州平，名不详。与徐庶、石韬、孟建皆与亮友善，谓为信然。诸葛亮出山前，每自比于管仲、乐毅，时

人以为夸饰之言，惟州平与徐庶以为亮所言不虚。亮亦甚重州平，曰：“初交州平，屡闻得失。”

孟公威同样是这样：

亮在荆州，以建安初与颍川石广元、徐元直、汝南孟公威等俱游学，三人务于精熟，而亮独观其大略。每晨夜从容，常抱膝长啸，而谓三人曰：“卿诸人仕进，可至郡守刺史也。”三人问其所志，亮但笑而不言。后公威思乡里，欲北归，亮谓之曰：“中国饶士大夫，遨游何必故乡邪！”

5．请继续在上文空格处留下你对本回的总评，在选文右侧留下你的批注。这一回中，徐庶母亲的刚直令人动容，而刘备一次次遇到隐士就误以为是诸葛亮的情节也令人玩味：刘皇叔这都是为了什么呀，值得吗？还有那天寒地冻的环境描写，很出色哦——而且用在这里显然有深意，那是什么呢？可要好好把握，写下你的点评啊！

跟着名著写写写

悬念是小说、戏曲、影视等作品的一种表现技法，主要用来吸引广大群众兴趣，一般称为“设悬念”，即通过让读者、观众、听众怀有对文艺作品中人物命运的遭遇或未知的情节的发展变化所持的一种急切期待的心情。比如这一回，为何刘备为了诸葛亮要“三顾茅庐”？而且每一次都会遇到高士却都不是诸葛亮？这就是一种悬念，让你惦记：刘备到底有没有请出卧龙呢？

家长可加入阅读能力提升群 陪孩子听名师阅读讲解课 读懂经典提升阅读能力
群分类：阅读提升 · 入群指南详见本书扉页

第三十八回

定三分隆中决策　战长江孙氏报仇

批注

却说玄德访孔明两次不遇，欲再往访之。关公曰："兄长两次亲往拜谒，其礼太过矣。想诸葛亮有虚名而无实学，故避而不敢见。兄何惑于斯人之甚也！"玄德曰："不然。昔齐桓公欲见东郭野人，五反而方得一面。况吾欲见大贤耶？"张飞曰："哥哥差矣。量此村夫，何足为大贤！今番不须哥哥去；他如不来，我只用一条麻绳缚将来！"玄德叱曰："汝岂不闻周文王谒姜子牙之事乎？文王且如此敬贤，汝何太无礼！今番汝休去，我自与云长去。"飞曰："既两位哥哥都去，小弟如何落后！"玄德曰："汝若同往，不可失礼。"飞应诺。

于是三人乘马引从者往隆中。离草庐半里之外，玄德便下马步行，正遇诸葛均。玄德忙施礼，问曰："令兄在庄否？"均曰："昨暮方归。将军今日可与相见。"言罢，飘然自去。玄德曰："今番侥幸得见先生矣！"张飞曰："此人无礼！便引我等到庄也不妨，何故竟自去了！"玄德曰："彼各有事，岂可相强。"三人来到庄前叩门，童子开门出问。玄德曰："有劳仙童转报：刘备专来拜见先生。"童子曰："今日先生虽在家，但今在草堂上昼寝未醒。"玄德曰："既如此，且休通报。"分付关、张二人，只在门首等着。玄德徐步而入，见先生仰卧于草堂几席之上。玄德拱立阶下。半晌，先生未醒。关、张在外立久，不见动静，入见玄德犹然侍立。张飞大怒，谓云长曰："这先生如何傲慢！见我哥哥侍立阶下，他竟高卧，推睡不起！等我去屋后放一把火，看他起不起！"云长再三劝住。玄德仍命二人出门外等候。望堂上时，见先生翻身将起，——忽又朝里壁睡着。童子欲报。玄德曰："且勿惊动。"又立了一个时辰，孔明才醒，口吟诗曰：

大梦谁先觉？平生我自知。

草堂春睡足，窗外日迟迟。

孔明吟罢，翻身问童子曰："有俗客来否？"童子曰："刘皇叔在此，立候多时。"孔明乃起身曰："何不早报！尚容更衣。"遂转入后堂。又半晌，方整衣冠出迎。玄德见孔明身长八尺，面如冠玉，头戴纶巾，身披鹤氅，飘飘然有神仙之概。玄德下拜曰："汉室末胄、涿郡愚夫，久闻先生大名，如雷贯耳。昨两次晋谒，不得一见，已书贱名于文几，未审得入览否？"孔明曰："南阳野人，疏懒性成，屡蒙将军枉临，不胜愧赧。"二人叙礼毕，分宾主而坐，童子献茶。茶罢，孔明曰："昨观书意，足见将军忧民忧国之心；但恨亮年幼才疏，有误下问。"玄德曰："司马德操之言，徐元直之语，岂虚谈哉？望先生不弃鄙贱，曲赐教诲。"孔明曰："德操、元直，世之高士。亮乃一耕夫耳，安敢谈天下事？二公谬举矣。将军奈何舍美玉而求顽石乎？"玄德曰："大丈夫抱经世奇才，岂可空老于林泉之下？愿先生以天下苍生为念，开备愚鲁而赐教。"孔明笑曰："愿闻将军之志。"玄德屏人促席而告曰："汉室倾颓，

批注

批注

奸臣窃命，备不量力，欲伸大义于天下，而智术浅短，迄无所就。惟先生开其愚而拯其厄，实为万幸！”孔明曰：“自董卓造逆以来，天下豪杰并起。曹操势不及袁绍，而竟能克绍者，非惟天时，抑亦人谋也。今操已拥百万之众，挟天子以令诸侯，此诚不可与争锋。孙权据有江东，已历三世，国险而民附，此可用为援而不可图也。荆州北据汉、沔，利尽南海，东连吴会，西通巴、蜀，此用武之地，非其主不能守：是殆天所以资将军，将军岂有意乎？益州险塞，沃野千里，天府之国，高祖因之以成帝业；今刘璋暗弱，民殷国富，而不知存恤，智能之士，思得明君。将军既帝室之胄，信义著于四海，总揽英雄，思贤如渴，若跨有荆、益，保其岩阻，西和诸戎，南抚彝、越，外结孙权，内修政理；待天下有变，则命一上将将荆州之兵以向宛、洛，将军身率益州之众以出秦川，百姓有不箪食壶浆以迎将军者乎？诚如是，则大业可成，汉室可兴矣。此亮所以为将军谋者也。惟将军图之。”言罢，命童子取出画一轴，挂于中堂，指谓玄德曰：“此西川五十四州之图也。将军欲成霸业，北让曹操占天时，南让孙权占地利，将军可占人和。先取荆州为家，后即取西川建基业，以成鼎足之势，然后可图中原也。”玄德闻言，避席拱手谢曰：“先生之言，顿开茅塞，使备如拨云雾而睹青天。但荆州刘表、益州刘璋，皆汉室宗亲，备安忍夺之？”孔明曰：“亮夜观天象，刘表不久人世；刘璋非立业之主：久后必归将军。”玄德闻言，顿首拜谢。只这一席话，乃孔明未出茅庐，已知三分天下，真万古之人不及也！后人有诗赞曰：

“豫州”当日叹孤穷，何幸南阳有卧龙！

欲识他年分鼎处，先生笑指画图中。

玄德拜请孔明曰："备虽名微德薄，愿先生不弃鄙贱，出山相助。备当拱听明诲。"孔明曰："亮久乐耕锄，懒于应世，不能奉命。"玄德泣曰："先生不出，如苍生何！"言毕，泪沾袍袖，衣襟尽湿。孔明见其意甚诚，乃曰："将军既不相弃，愿效犬马之劳。"玄德大喜，遂命关、张入，拜献金帛礼物。孔明固辞不受。玄德曰："此非聘大贤之礼，但表刘备寸心耳。"孔明方受。于是玄德等在庄中共宿一宵。次日，诸葛均回，孔明嘱付曰："吾受刘皇叔三顾之恩，不容不出。汝可躬耕于此，勿得荒芜田亩。待我功成之日，即当归隐。"后人有诗叹曰：

身未升腾思退步，功成应忆去时言。

只因先主丁宁后，星落秋风五丈原。

又有古风一篇曰：

高皇手提三尺雪，芒砀白蛇夜流血；

平秦灭楚入咸阳，二百年前几断绝。

大哉光武兴洛阳，传至桓灵又崩裂；

献帝迁都幸许昌，纷纷四海生豪杰：

曹操专权得天时，江东孙氏开鸿业；

孤穷玄德走天下，独居新野愁民厄。

南阳卧龙有大志，腹内雄兵分正奇；

只因徐庶临行语，茅庐三顾心相知。

先生尔时年三九，收拾琴书离陇亩；

先取荆州后取川，大展经纶补天手；

纵横舌上鼓风雷，谈笑胸中换星斗；

龙骧虎视安乾坤，万古千秋名不朽！

玄德等三人别了诸葛均，与孔明同归新野。玄德待孔明如

批注

批注

师，食则同桌，寝则同榻，终日共论天下之事，孔明曰：“曹操于冀州作玄武池以练水军，必有侵江南之意。可密令人过江探听虚实。”玄德从之，使人往江东探听。

却说孙权自孙策死后，据住江东，承父兄基业，广纳贤士，开宾馆于吴会，命顾雍、张纮延接四方宾客。连年以来，你我相荐。时有会稽阚泽，字德润；彭城严畯，字曼才；沛县薛综，字敬文；汝阳程秉，字德枢；吴郡朱桓，字休穆；陆绩，字公纪；吴人张温，字惠恕；乌伤骆统，字公绪；乌程吾粲，字孔休：此数人皆至江东，孙权敬礼甚厚。又得良将数人：乃汝南吕蒙，字子明；吴郡陆逊，字伯言；琅琊徐盛，字文向；东郡潘璋，字文珪；庐江丁奉，字承渊。文武诸人，共相辅佐，由此江东称得人之盛。

建安七年，曹操破袁绍，遣使往江东，命孙权遣子入朝随驾。权犹豫未决。吴太夫人命周瑜、张昭等面议。张昭曰：“操欲令我遣子入朝，是牵制诸侯之法也。然若不令去，恐其兴兵下江东，势必危矣。”周瑜曰：“将军承父兄遗业，兼六郡之众，兵精粮足，将士用命，有何逼迫而欲送质于人？质一入，不得不与曹氏连和；彼有命召，不得不往：如此，则见制于人也。不如勿遣，徐观其变，别以良策御之。”吴太夫人曰：“公瑾之言是也。”权遂从其言，谢使者，不遣子。自此曹操有下江南之意。但正值北方未宁，无暇南征。

建安八年十一月，孙权引兵伐黄祖，战于大江之中。祖军败绩。权部将凌操，轻舟当先，杀入夏口，被黄祖部将甘宁一箭射死。凌操子凌统，时年方十五岁，奋力往夺父尸而归。权见风色不利，收军还东吴。

批注

却说孙权弟孙翊为丹阳太守，翊性刚好酒，醉后尝鞭挞士卒。丹阳督将妫览、郡丞戴员二人，常有杀翊之心；乃与翊从人边洪结为心腹，共谋杀翊。时诸将县令，皆集丹阳。翊设宴相待。翊妻徐氏美而慧，极善卜《易》，是日卜一卦，其象大凶，劝翊勿出会客。翊不从，遂与众大会。至晚席散，边洪带刀跟出门外，即抽刀砍死孙翊。妫览、戴员乃归罪边洪，斩之于市。二人乘势掳翊家资侍妾。妫览见徐氏美貌，乃谓之曰："吾为汝夫报仇，汝当从我；不从则死。"徐氏曰："夫死未几，不忍便相从；可待至晦日，设祭除服，然后成亲未迟。"览从之。徐氏乃密召孙翊心腹旧将孙高、傅婴二人入府，泣告曰："先夫在日，常言二公忠义。今妫、戴二贼，谋杀我夫，只归罪边洪，将我家资童婢尽皆分去。妫览又欲强占妾身，妾已诈许之，以安其心。二将军可差人星夜报知吴侯，一面设密计以图二贼，雪此仇辱，生死衔恩！"言毕再拜。孙高、傅婴皆泣曰："我等平日感府君恩遇，今日所以不即死难者，正欲为复仇计耳。夫人所命，敢不效力！"于是密遣心腹使者往报孙权。至晦日，徐氏先召孙、傅二人，伏于密室帏幕之中，然后设祭于堂上。祭毕，即除去孝服，沐浴薰香，浓妆艳裹，言笑自若。妫览闻之甚喜。至夜，徐氏遣婢妾请览入府，设席堂中饮酒。饮既醉，徐氏乃邀览入密室。览喜，乘醉而入。徐氏大呼曰："孙、傅二将军何在！"二人即从帏幕中持刀跃出。妫览措手不及，被傅婴一刀砍倒在地，孙高再复一刀，登时杀死。徐氏复传请戴员赴宴。员入府来，至堂中，亦被孙、傅二将所杀。一

批注

面使人诛戮二贼家小，及其馀党。徐氏遂重穿孝服，将妫览、戴员首级，祭于孙翊灵前。不一日，孙权自领军马至丹阳，见徐氏已杀妫、戴二贼，乃封孙高、傅婴为牙门将，令守丹阳，取徐氏归家养老。江东人无不称徐氏之德。后人有诗赞曰：

才节双全世所无，奸回一旦受摧锄。

庸臣从贼忠臣死，不及东吴女丈夫。

且说东吴各处山贼，尽皆平复。大江之中，有战船七千馀只。孙权拜周瑜为大都督，总统江东水陆军马。建安十二年，冬十月，权母吴太夫人病危，召周瑜、张昭二人至，谓曰："我本吴人，幼亡父母，与弟吴景徙居越中。后嫁与孙氏，生四子。长子策生时，吾梦月入怀；后生次子权，又梦日入怀。卜者云：梦日月入怀者，其子大贵。不幸策早丧，今将江东基业付权。望公等同心助之，吾死不朽矣！"又嘱权曰："汝事子布、公瑾以师傅之礼，不可怠慢。吾妹与我共嫁汝父，则亦汝之母也；吾死之后，事吾妹如事我。汝妹亦当恩养，择佳婿以嫁之。"言讫遂终。孙权哀哭，具丧葬之礼，自不必说。

至来年春，孙权商议欲伐黄祖。张昭曰："居丧未及期年，不可动兵。"周瑜曰："报仇雪恨，何待期年？"权犹豫未决。适平北都尉吕蒙入见，告权曰："某把龙湫水口，忽有黄祖部将甘宁来降。某细询之：宁字兴霸，巴郡临江人也；颇通书史，有气力，好游侠；尝招合亡命，纵横于江湖之中；腰悬铜铃，人听铃声，尽皆避之。又尝以西川锦作帆幔，时人皆称为'锦帆贼'。后悔前非，改行从善，引众投刘表。见表不能成事，即欲来投东吴，却被黄祖留住在夏口。前东吴破祖时，祖得甘宁之力，救回夏口；乃待宁甚薄。都督苏飞屡荐宁于祖。祖曰：‘宁乃劫江之贼，岂可重用！’宁因此怀恨。苏飞知其意，乃置酒邀宁到家，谓之曰：‘吾荐公数次，奈主公不能用。日月逾迈，人生几何，宜自远图。吾当保公为鄂县长，自作去就之计。’宁因此得过夏口，欲投江东，恐江东恨其救黄祖杀凌操之事。某具言主公求贤若渴，不记旧恨；况各为其主，又何恨焉？宁欣然引众渡江，来见主公。乞钧旨定夺。”孙权大喜曰：“吾得兴霸，破黄祖必矣。”遂命吕蒙引甘宁入见。参拜已毕，权曰：“兴霸来此，大获我心，岂有记恨之理？请无怀疑。愿教我以破黄祖之策。”宁曰：“今汉祚日危，曹操终必篡窃。南荆之地操所必争也。刘表无远虑，其子又愚劣，不能承业传基，明公宜早图之；若迟，则操先图之矣。今宜先取黄祖。祖今年老昏迈，务于货利；侵求吏民，人心皆怨；战具不修，军无法律。明公若往攻之，其势必破。既破祖军，鼓行而西，据楚关而图巴、蜀，霸业可定也。”孙权曰：“此金玉之论也！”

遂命周瑜为大都督，总水陆军兵；吕蒙为前部先锋；董袭与甘宁为副将；权自领大军十万，征讨黄祖。细作探知，报至江夏。黄祖急聚众商议，令苏飞为大将，陈就、邓龙为先锋，尽起江夏之兵迎敌。陈就、邓龙各引一队艨艟截住沔口，艨艟上各设强弓硬弩千馀张，将大索系定艨艟于水面上。东吴兵至，艨艟上鼓响，弓弩齐发，兵不敢进，约退数里水面。甘宁谓董袭曰：“事已至此，不得不进。”乃选小船百馀只，每船用精兵五十人：二十人撑船，三十人各披衣甲，手执钢刀，不避矢石，直至艨艟傍边，砍断大索，艨艟遂横。甘宁飞上艨艟，将邓龙砍死。陈就

批注

批注

弃船而走。吕蒙见了，跳下小船，自举橹棹，直入船队，放火烧船。陈就急待上岸，吕蒙舍命赶到跟前，当胸一刀砍翻。比及苏飞引军于岸上接应时，东吴诸将一齐上岸，势不可当。祖军大败。苏飞落荒而走，正遇东吴大将潘璋，两马相交，战不数合，被璋生擒过去，径至船中来见孙权。权命左右以槛车囚之，待活捉黄祖，一并诛戮。催动三军，不分昼夜，攻打夏口。正是：只因不用锦帆贼，至令冲开大索船。未知黄祖胜负如何，且看下文分解。

本回我评论：

三国复活赛

1. 终于，诸葛亮出山啦！纵观全书，他的形象也是多次变化的。那么，请想象一下青年诸葛亮的容貌，并画下来吧！

2. “隆中对”堪称我国古代战略学上的典范，诸葛亮和刘备为了兴复汉朝而做的努力令人敬佩，请结合本书描写，把这一幕画下来吧！

3. 和你的小伙伴们一起表演“隆中对”这一幕经典场景吧！

文史一锅烩

1. 经过了徐庶、崔州平、孟公威、石广元、诸葛均、黄承彦，经过了这么多的铺垫，诸葛亮终于出场了——回忆一下，经历了这么多的坎坷，是不是读起来特别有意思？这又是为什么呢？

2．“隆中对”直接奠定了“三分天下”的局面，你能结合地图和其他历史数据，分析其合理之处吗？如果有可以改善之处，你也可以写下来。

3．先让我们看看《三国志·蜀书五·诸葛亮传》中对“隆中对”的记录：

时先主屯新野。徐庶见先主，先主器之，谓先主曰：“诸葛孔明者，卧龙也，将军岂愿见之乎？”先主曰：“君与俱来。”庶曰：“此人可就见，不可屈致也。将军宜枉驾顾之。”由是先主遂诣亮，凡三往，乃见。因屏人曰：“汉室倾颓，奸臣窃命，主上蒙尘。孤不度德量力，欲信大义于天下，而智术短浅，遂用猖獗，至于今日。然志犹未已，君谓计将安出？”亮答曰：“自董卓已来，豪杰并起，跨州连郡者不可胜数。曹操比于袁绍，则名微而众寡，然操遂能克绍，以弱为强者，非惟天时，抑亦人谋也。今操已拥百万之众，挟天子而令诸侯，此诚不可与争锋。孙权据有江东，已历三世，国险而民附，贤能为之用，此可以为援而不可图也。荆州北据汉、沔，利尽南海，东连吴会，西通巴、蜀，此用武之国，而其主不能守，此殆天所以资将军，将军岂有意乎？益州险塞，沃野千里，天府之土，高祖因之以成帝业。刘璋暗弱，张鲁在北，民殷国富而不知存恤，

智能之士思得明君。将军既帝室之胄，信义著于四海，总揽英雄，思贤如渴，若跨有荆、益，保其岩阻，西和诸戎，南抚夷越，外结好孙权，内修政理；天下有变，则命一上将将荆州之军以向宛、洛，将军身率益州之众出于秦川，百姓孰敢不箪食壶浆以迎将军者乎？诚如是，则霸业可成，汉室可兴矣。”先主曰：“善！”于是与亮情好日密。关羽、张飞等不悦，先主解之曰：“孤之有孔明，犹鱼之有水也。愿诸君勿复言。”羽、飞乃止。

但其实，不仅仅是诸葛亮，还有其他人也有类似的看法，比如鲁肃，以下是《三国志·吴书九·鲁肃传》里的记载：

权即见肃，与语甚悦之。众宾罢退，肃亦辞出，乃独引肃还，合榻对饮。因密议曰：“今汉室倾危，四方云扰，孤承父兄馀业，思有桓文之功。君既惠顾，何以佐之？”肃对曰：“昔高帝区区欲尊事义帝而不获者，以项羽为害也。今之曹操，犹昔项羽，将军何由得为桓文乎？肃窃料之，汉室不可复兴，曹操不可卒除。为将军计，惟有鼎足江东，以观天下之衅。规模如此，亦自无嫌。何者？北方诚多务也。因其多务，剿除黄祖，进伐刘表，竟长江所极，据而有之，然后建号帝王以图天下，此高帝之业也。”权曰：“今尽力一方，冀以辅汉耳，此言非所及也。”张昭非肃谦下不足，颇訾毁之，云肃年少粗疏，未可用。权不以介意，益贵重之，赐肃母衣服帏帐，居处杂物，富拟其旧。

4. 这一回的中心当然是诸葛亮和刘备，那么，刘备为什么能请动诸葛亮出山呢？为什么还要特别描写关羽、张飞的表现呢？

5. 请继续在上文空格处留下你对本回的总评，在选文右侧留下你的批注。这一回里，关羽、张飞一开始对诸葛亮的不满，刘备遇到诸葛亮后静待诸葛亮睡醒，诸葛亮所朗诵的诗歌以及他的“隆中对”，这些都是可圈可点的，无论是情节的安排、细节的铺垫、人物形象的塑造都值得好好欣赏。

跟着名著写写写

照应是一种写作技巧：为了使文章内容衔接紧凑，结构严谨，我们在一篇文章中，对于前面写到的则在中间或结尾要有交代；后面提到的则在前面要有所铺垫或伏笔，这就是照应。以本回来说，诸葛亮与刘备“隆中对”并最终出山，就是对之前好几回铺垫的照应；而孙权收服甘宁，又为后文解决甘宁与凌统的杀父之仇、濡须之战中以百人袭曹营埋下了伏笔。

家长可加入读书心得讨论群 同30位家长一起分享孩子阅读心得
群分类：读书心得 • 入群指南详见本书扉页

第四十一回

刘玄德携民渡江　赵子龙单骑救主

批注

却说张飞因关公放了上流水，遂引军从下流杀将来，截住曹仁混杀。忽遇许褚，便与交锋；许褚不敢恋战，夺路走脱。张飞赶来，接着玄德、孔明，一同沿河到上流。刘封、糜芳已安排船只等候，遂一齐渡河，尽望樊城而去，孔明教将船筏放火烧毁。

却说曹仁收拾残军，就新野屯住，使曹洪去见曹操，具言失利之事。操大怒曰："诸葛村夫，安敢如此！"催动三军，漫山塞野，尽至新野下寨。传令军士一面搜山，一面填塞白河。令大军分作八路，一齐去取樊城。刘晔曰："丞相初至襄阳，必须先买民心，今刘备尽迁新野百姓入樊城，若我兵径进，二县为齑粉矣；不如先使人招降刘备。备即不降，亦可见我爱民之心；若其来降，则荆州之地，可不战而定也。"操从其言，便问："谁可为使？"刘晔曰："徐庶与刘备至厚，今现在军中，何不命他一往？"操曰："他去恐不复来。"晔曰："他若不来，贻笑于人矣。丞相勿疑。"操乃召徐庶至，谓曰："我本欲踏平樊城，奈怜众百姓之命。公可往说刘备：如肯来降，免罪赐爵；若更执迷，军民共戮，玉石俱焚。吾知公忠义，故特使公往。愿勿相负。”徐庶受命而行。至樊城，玄德、孔明接见，共诉旧日之情。庶曰：“曹操使庶来招降使君，乃假买民心也，今彼分兵八路，填白河而进。樊城恐不可守，宜速作行计。”玄德欲留徐庶。庶谢曰：“某若不还，恐惹人笑。今老母已丧，抱恨终天。身虽在彼，誓不为设一谋，公有卧龙辅佐，何愁大业不成。庶请辞。”玄德不敢强留。

徐庶辞回，见了曹操，言玄德并无降意。操大怒，即日进兵。玄德问计于孔明。孔明曰：“可速弃樊城，取襄阳暂歇。”玄德曰：“奈百姓相随许久，安忍弃之？”孔明曰：“可令人遍告百姓：有愿随者同去，不愿者留下。”先使云长往江岸整顿船只，令孙乾、简雍在城中声扬曰：“今曹兵将至，孤城不可久守，百姓愿随者，便同过江。”两县之民，齐声大呼曰：“我等虽死，亦愿随使君！”即日号泣而行。扶老携幼，将男带女，滚滚渡河，两岸哭声不绝。玄德于船上望见，大恸曰：“为吾一人而使百姓遭此大难，吾何生哉！”欲投江而死，左右急救止。闻者莫不痛哭。船到南岸，回顾百姓，有未渡者，望南而哭。玄德急令云长催船渡之，方才上马。

行至襄阳东门，只见城上遍插旌旗，壕边密布鹿角，玄德勒马大叫曰：“刘琮贤侄，吾但欲救百姓，并无他念。可快开门。”刘琮闻玄德至，惧而不出。蔡瑁、张允径来敌楼上，叱军士乱箭射下。城外百姓，皆望敌楼而哭。城中忽有一将，引数百人径上城楼，大喝：“蔡瑁、张允卖国之贼！刘使君乃仁德之人，今为救民而来投，何得相拒！”众视其人，身长八尺，面如重枣；乃义阳人也，姓魏，名延，字文长。当下魏延轮刀砍死守门将士，开了城

批注

批注

门，放下吊桥，大叫：“刘皇叔快领兵入城，共杀卖国之贼！”张飞便跃马欲入，玄德急止之曰：“休惊百姓！”魏延只管招呼玄德军马入城。只见城内一将飞马引军而出，大喝：“魏延无名小卒，安敢造乱！认得我大将文聘么！”魏延大怒，挺枪跃马，便来交战。两下军兵在城边混杀，喊声大震。玄德曰：“本欲保民，反害民也！吾不愿入襄阳！”孔明曰：“江陵乃荆州要地，不如先取江陵为家。”玄德曰：“正合吾心。”于是引着百姓，尽离襄阳大路，望江陵而走。襄阳城中百姓，多有乘乱逃出城来，跟玄德而去。魏延与文聘交战，从已至未，手下兵卒皆已折尽。延乃拨马而逃，却寻不见玄德，自投长沙太守韩玄去了。

却说玄德同行军民十馀万，大小车数千辆，挑担背包者不计其数，路过刘表之墓，玄德率众将拜于墓前，哭告曰：“辱弟备无德无才，负兄寄托之重，罪在备一身，与百姓无干。望兄英灵，垂救荆襄之民！”言甚悲切，军民无不下泪。忽哨马报曰：“曹操大军已屯樊城，使人收拾船筏，即日渡江赶来也。”众将皆曰：“江陵要地，足可拒守。今拥民众数万，日行十馀里，似此几时得至江陵？倘曹兵到，如何迎敌？不如暂弃百姓，先行为上。”玄德泣曰：“举大事者必以人为本。今人归我，奈何弃之？”百姓闻玄德此言，莫不伤感。后人有诗赞之曰：

临难仁心存百姓，登舟挥泪动三军。

至今凭吊襄江口，父老犹然忆使君。

却说玄德拥着百姓，缓缓而行。孔明曰：“追兵不久即至。可遣云长往江夏求救于公子刘琦。教他速起兵乘船会于江陵。”玄德从之，即修书令云长同孙乾领五百军往江夏求救；令张飞断后；赵云保护老小；其馀俱管顾百姓而行。每日只走十馀里便歇。

批注

却说曹操在樊城，使人渡江至襄阳，召刘琮相见。琮惧怕不敢往见。蔡瑁、张允请行。王威密告琮曰："将军既降，玄德又走，曹操必懈弛无备。愿将军奋整奇兵，设于险处击之，操可获矣。获操则威震天下，中原虽广，可传檄而定。此难遇之机，不可失也。"琮以其言告蔡瑁。瑁叱王威曰："汝不知天命，安敢妄言！"威怒骂曰："卖国之徒，吾恨不生啖汝肉！"瑁欲杀之，蒯越劝止。瑁遂与张允同至樊城，拜见曹操。瑁等辞色甚是谄佞。操问："荆州军马钱粮，今有多少？"瑁曰："马军五万，步军十五万，水军八万：共二十八万。钱粮大半在江陵；其馀各处，亦足供给一载。"操曰："战船多少？原是何人管领？"瑁曰："大小战船，共七千馀只，原是瑁等二人掌管。"操遂加瑁为镇南侯、水军大都督，张允为助顺侯、水军副都督。二人大喜拜谢。操又曰："刘景升既死，其子降顺，吾当表奏天子，使永为荆州之主。"二人大喜而退。荀攸曰："蔡瑁、张允乃谄佞之徒，主公何遂加以如此显爵，更教都督水军乎？"操笑曰："吾岂不识人！止因吾所领北地之众，不习水战，故且权用此二人；待成事之后，别有理会。"

却说蔡瑁、张允归见刘琮，具言："曹操许保奏将军永镇荆襄。"琮大喜！次日，与母蔡夫人赍捧印绶兵符，亲自渡江拜迎曹操。操抚慰毕，即引随征军将，进屯襄阳城外。蔡瑁、张允令襄阳百姓焚香拜接。曹操俱用好言抚谕。入城至府中坐定，即召蒯越近前，抚慰曰："吾不喜得荆州，喜得异度也。"遂封蒯越为江陵太守樊城侯；傅巽、

批注

王粲等皆为关内侯；而以刘琮为青州刺史，便教起程。琮闻命大惊，辞曰："琮不愿为官，愿守父母乡土。"操曰："青州近帝都，教你随朝为官，免在荆襄被人图害。"琮再三推辞，曹操不准。琮只得与母蔡夫人同赴青州。只有故将王威相随，其馀官员俱送至江口而回。操唤于禁嘱咐曰："你可引轻骑追刘琮母子杀之，以绝后患。"于禁得令，领众赶上，大喝曰："我奉丞相令，教来杀汝母子！可早纳下首级！"蔡夫人抱刘琮而大哭。于禁喝令军士下手。王威忿怒，奋力相斗，竟被众军所杀。军士杀死刘琮及蔡夫人，于禁回报曹操，操重赏于禁。便使人往隆中搜寻孔明妻小，却不知去向。——原来孔明先已令人搬送至三江内隐避矣。——操深恨之。

襄阳既定，荀攸进言曰："江陵乃荆襄重地，钱粮极广。刘备若据此地，急难动摇。"操曰："孤岂忘之！"随命于襄阳诸将中，选一员引军开道。诸将中却独不见文聘。操使人寻问，方才来见。操曰："汝来何迟？"对曰："为人臣而不能使其主保全境土，心实悲惭，无颜早见耳。"言讫，欷歔流涕。操曰："真忠臣也！"除江夏太守，赐爵关内侯，便教引军开道。探马报说："刘备带领百姓，日行止十数里，计程只有三百馀里。"操教各部下精选五千铁骑，星夜前进，限一日一夜，赶上刘备。大军陆续随后而进。

却说玄德引十数万百姓、三千馀军马，一程程挨着往江陵进发。赵云保护老小，张飞断后。孔明曰："云长往江夏去了，绝无回音，不知若何。"玄德曰："敢烦军师亲自走一遭。刘琦感公昔日之教，今若见公亲至，事必谐矣。"

孔明允诺，便同刘封引五百军先往江夏求救去了。当日玄德自与简雍、糜竺、糜芳同行。正行间，忽然一阵狂风就马前刮起，尘土冲天，平遮红日。玄德惊曰："此何兆也？"简雍颇明阴阳，袖占一课，失惊曰："此大凶之兆也。应在今夜。主公可速弃百姓而走。"玄德曰："百姓从新野相随至此，吾安忍弃之？"雍曰："主公若恋而不弃，祸不远矣。"玄德问："前面是何处？"左右答曰："前面是当阳县。有座山名为景山。"玄德便教就此山扎住。时秋末冬初，凉风透骨；黄昏将近，哭声遍野。至四更时分，只听得西北喊声震地而来。玄德大惊，急上马引本部精兵二千馀人迎敌。曹兵掩至，势不可当。玄德死战。正在危迫之际，幸得张飞引军至，杀开一条血路，救玄德望东而走。文聘当先拦住，玄德骂曰："背主之贼，尚有何面目见人！"文聘羞惭满面，引兵自投东北去了。张飞保着玄德，且战且走。奔至天明，闻喊声渐渐远去，玄德方才歇马。看手下随行人，止有百馀骑；百姓、老小并糜竺、糜芳、简雍、赵云等一干人，皆不知下落。玄德大哭曰："十数万生灵，皆因恋我，遭此大难；诸将及老小，皆不知存亡：虽土木之人，宁不悲乎！"

正凄惶时，忽见糜芳面带数箭，踉跄而来，口言："赵子龙反投曹操去了也！"玄德叱曰："子龙是我故交，安肯反乎？"张飞曰："他今见我等势穷力尽，或者反投曹操，以图富贵耳！"玄德曰："子龙从我于患难，心如铁石，非富贵所能动摇也。"糜芳曰："我亲见他投西北去了。"张飞曰："待我亲自寻他去。若撞见时，一枪刺死！"玄德曰："休错疑了。岂不见你二兄诛颜良、文丑之事乎？子龙此去，必有事故。吾料子龙必不弃我也。"张飞那里肯

批注

批注

听，引二十馀骑，至长坂桥。见桥东有一带树木，飞生一计：教所从二十馀骑，都砍下树枝，拴在马尾上，在树林内往来驰骋，冲起尘土，以为疑兵。飞却亲自横矛立马于桥上，向西而望。

却说赵云自四更时分，与曹军厮杀，往来冲突，杀至天明，寻不见玄德，又失了玄德老小，云自思曰："主公将甘、糜二夫人与小主人阿斗，托付在我身上；今日军中失散，有何面目去见主人？不如去决一死战，好歹要寻主母与小主人下落！"回顾左右，只有三四十骑相随。云拍马在乱军中寻觅，二县百姓号哭之声震天动地；中箭着枪抛男弃女而走者不计其数。赵云正走之间，见一人卧在草中，视之，乃简雍也。云急问曰："曾见两位主母否？"雍曰："二主母弃了车仗，抱阿斗而走。我飞马赶去，转过山坡，被一将刺了一枪，跌下马来，马被夺了去。我争斗不得，故卧在此。"云乃将从骑所骑之马，借一匹与简雍骑坐；又着二卒扶护简雍先去报与主人："我上天入地，好歹寻主母与小主人来。如寻不见，死在沙场上也！"

说罢，拍马望长坂坡而去。忽一人大叫："赵将军那里去？"云勒马问曰："你是何人？"答曰："我乃刘使君帐下护送车仗的军士，被箭射倒在此。"赵云便问二夫人消息。军士曰："恰才见甘夫人披头跣足，相随一伙百姓妇女，投南而走。"云见说，也不顾军士，急纵马望南赶去。只见一伙百姓，男女数百人，相携而走。云大叫曰："内中有甘夫人否？"夫人在后面望见赵云，放声大哭。云下马插枪而泣曰："使主母失散，云之罪也！糜夫人与小主人安在？"甘夫人曰："我与糜夫人被逐，弃了车仗，杂于百姓内步行，又撞见一枝军马冲散。糜夫人与阿斗不知何往。

批注

我独自逃生至此。”正言间，百姓发喊，又撞出一枝军来。赵云拔枪上马看时，面前马上绑着一人，乃糜竺也。背后一将，手提大刀，引着千馀军。乃曹仁部将淳于导，拿住糜竺，正要解去献功。赵云大喝一声，挺枪纵马，直取淳于导。导抵敌不住，被云一枪刺落马下，向前救了糜竺，夺得马二匹。云请甘夫人上马，杀开条大路，直送至长坂城。只见张飞横矛立马于桥上，大叫："子龙！你如何反我哥哥？"云曰："我寻不见主母与小主人，因此落后，何言反耶？"飞曰："若非简雍先来报信，我今见你，怎肯干休也！"云曰："主公在何处？"飞曰："只在前面不远。"云谓糜竺曰："糜子仲保甘夫人先行，待我仍往寻糜夫人与小主人去。"言罢，引数骑再回旧路。

正走之间，见一将手提铁枪，背着一口剑，引十数骑跃马而来。赵云更不打话，直取那将。交马只一合，把那将一枪刺倒，从骑皆走。原来那将乃曹操随身背剑之将夏侯恩也。曹操有宝剑二口：一名"倚天"，一名"青釭"；倚天剑自佩之，青釭剑令夏侯恩佩之。那青釭剑砍铁如泥，锋利无比。当时夏侯恩自恃勇力，背着曹操，只顾引人抢夺掳掠。不想撞着赵云，被他一枪刺死，夺了那口剑，看靶上有金嵌"青釭"二字，方知是宝剑也。云插剑提枪，复杀入重围，回顾手下从骑，已没一人，只剩得孤身。云并无半点退心，只顾往来寻觅；但逢百姓，便问糜夫人消息。忽一人指曰："夫人抱着孩儿，左腿上着了枪，行走不得，只在前面墙缺内坐地。"

赵云听了，连忙追寻。只见一个人家，被火烧坏土墙，糜夫人抱着阿斗，坐于墙下枯井之傍啼哭。云急下马伏地而拜。夫人曰："妾得见将军，阿斗有命矣。望将军

批注

可怜他父亲飘荡半世，只有这点骨血。将军可护持此子，教他得见父面，妾死无恨！”云曰：“夫人受难，云之罪也。不必多言，请夫人上马。云自步行死战，保夫人透出重围。”糜夫人曰：“不可！将军岂可无马！此子全赖将军保护。妾已重伤，死何足惜！望将军速抱此子前去，勿以妾为累也。”云曰：“喊声将近，追兵已至，请夫人速速上马。”糜夫人曰：“妾身委实难去。休得两误。”乃将阿斗递与赵云曰：“此子性命全在将军身上！”赵云三回五次请夫人上马，夫人只不肯上马。四边喊声又起。云厉声曰：“夫人不听吾言，追军若至，为之奈何？”糜夫人乃弃阿斗于地，翻身投入枯井中而死。后人有诗赞之曰：

战将全凭马力多，步行怎把幼君扶？
拚将一死存刘嗣，勇决还亏女丈夫。

赵云见夫人已死，恐曹军盗尸，便将土墙推倒，掩盖枯井。掩讫，解开勒甲绦，放下掩心镜，将阿斗抱护在怀，绰枪上马。早有一将，引一队步军至，乃曹洪部将晏明也，持三尖两刃刀来战赵云。不三合，被赵云一枪刺倒，杀散众军，冲开一条路。正走间，前面又一枝军马拦路。当先一员大将，旗号分明，大书河间张郃。云更不答话，挺枪便战。约十馀合，云不敢恋战，夺路而走。背后张郃赶来，云加鞭而行，不想趷跶一声，连马和人，颠入土坑之内。张郃挺枪来刺，忽然一道红光，从土坑中滚起，那匹马平空一跃，跳出坑外。后人有诗曰：

红光罩体困龙飞，征马冲开长坂围。
四十二年真命主，将军因得显神威。

张郃见了，大惊而退。赵云纵马正走，背后忽有二将大叫：“赵云休走！”前面又有二将，使两般军器，截住去路：后面赶的是马延、张颉，前面阻的是焦触、张南，都是袁绍手下降将。赵云力战四将，曹军一齐拥至。云乃拔青釭剑乱砍，手起处，衣甲平过，血如涌泉。杀退众军将，直透重围。

却说曹操在景山顶上，望见一将，所到之处，威不可当，急问左右是谁。曹洪飞马下山大叫曰："军中战将可留姓名！"云应声曰："吾乃常山赵子龙也！"曹洪回报曹操。操曰："真虎将也！吾当生致之。"遂令飞马传报各处："如赵云到，不许放冷箭，只要捉活的。"因此赵云得脱此难；此亦阿斗之福所致也。这一场杀：赵云怀抱后主，直透重围，砍倒大旗两面，夺槊三条；前后枪刺剑砍，杀死曹营名将五十馀员。后人有诗曰：

血染征袍透甲红，当阳谁敢与争锋！
古来冲阵扶危主，只有常山赵子龙。

赵云当下杀透重围，已离大阵，血满征袍。正行间，山坡下又撞出两枝军，乃夏侯惇部将钟缙、钟绅兄弟二人，一个使大斧，一个使画戟，大喝："赵云快下马受缚！"正是：才离虎窟愈生去，又遇龙潭鼓浪来。毕竟子龙怎地脱身，且听下回分解。

批注

本回我评论：

三国复活赛

1. 刘备在一般中国人的认知中都是一位仁厚长者，本回的逃难而不舍弃百姓就是奠定他如此名声的最著名例子。请选择一个侧面，把这幕场景画下来。

2. 在本回，我们见识了大名鼎鼎的“常山赵子龙”。实际上在正史中，赵云并非一流将领，但通过《三国演义》，他成功地成为最著名、最勇猛的三国战将之一。长坂坡单骑救后主就是他扬名立万的成名之战。请把我们子龙将军的英武形象画下来！

文史一锅烩

1. 百姓们为什么愿意跟着刘备呢？说说你的看法。刘备带着百姓逃难，究竟是耶，非耶？大家交流下！

2. 你有没有料想到刘琮母子会有这样的下场？是曹操奸，还是蔡氏傻？说说你的看法。

3. 赵云能从百万军中杀出重围，究竟有哪些因素造就了这段传奇？

4．经过《三国演义》的塑造，赵云成了中国人心中数得着的智勇双全的名将。这和《三国志》颇有出入——这也是文学的一大魅力吧！且让我们看看《三国志·蜀书六·赵云传》的记载：

赵云字子龙，常山真定人也。本属公孙瓒，瓒遣先主为田楷拒袁绍，云遂随从，为先主主骑。及先主为曹公所追于当阳长阪，弃妻子南走，云身抱弱子，即后主也，保护甘夫人，即后主母也，皆得免难。迁为牙门将军。先主入蜀，云留荆州。

先主自葭萌还攻刘璋，召诸葛亮。亮率云与张飞等俱溯江西上，平定郡县。至江州，分遣云从外水上江阳，与亮会于成都。成都既定，以云为翊军将军。建兴元年，为中护军、征南将军，封永昌亭侯，迁镇东将军。五年，随诸葛亮驻汉中。明年，亮出军，扬声由斜谷道，曹真遣大众当之。亮令云与邓芝往拒，而身攻祁山。云、芝兵弱敌强，失利于箕谷，然敛众固守，不至大败。军退，贬为镇军将军。

七年卒，追谥顺平侯。

初，先主时，惟法正见谥；后主时，诸葛亮功德盖世，蒋琬、费祎荷国之重，亦见谥；陈祗宠待，特加殊奖，夏侯霸远来归国，故复得谥；于是关羽、张飞、马超、庞统、黄忠及云乃追谥，时论以为荣。云子统嗣，官至虎贲中郎，督行领军。次子广，牙门将，随姜维沓中，临陈战死。

评曰：关羽、张飞皆称万人之敌，为世虎臣。羽报效曹公，飞义释严颜，并有国士之风。然羽刚而自矜，飞暴而无恩，以短取败，理数之常也。马超阻戎负勇，以覆其族，惜哉！能因穷致泰，不犹愈乎！黄忠、赵云强挚壮猛，并作爪牙，其灌、滕之徒欤？

5. 请继续在上文空格处留下你对本回的总评，在选文右侧留下你的批注。这一回的主角其实有两个，一个是不舍得丢开百姓的刘备——对于不以武艺、权谋出名的他来说，宅心仁厚是他最大优点，而这一回就是很好的体现，与之相反，刘琮等人的行为举止令人唾弃，而其献媚却被杀的结局也引人深思；另一个主角则是单骑救主的赵云，他的英勇行为已经成为佳话，但你可以发现他除了英勇之外，心也很细，这也体现了同为勇将的他和关羽、张飞不同的地方，与之相反的则是曹操，他爱才如命的特点再次展现。这些都值得你好好体会并评点哦！

跟着名著写写写

描写分为正面描写和侧面描写。正面描写就是用生动形象的语言，把人物或景物的状态直接具体地描绘出来，也是一般记叙文和文学写作常用的表达方法；侧面描写又叫间接描写，指的是在文学创作中，通过对周围人物或环境的描绘来表现所要描写的对象，以使其鲜明突出，即间接地对描写对象进行刻画描绘。通常情况下，文学作品人物形象的刻画多采用正面描写的手法，但有时恰当地借助一些侧面描写，可以起到正面描写无法替代或者很难达到的艺术效果。比如本回中百姓追随刘备的描写，就属于侧面描写，很好地突出了刘备仁义无双的形象。

家长可加入阅读能力提升群 陪孩子听名师阅读讲解课 读懂经典提升阅读能力
群分类：阅读提升 • 入群指南详见本书扉页

第四十三回

诸葛亮舌战群儒　鲁子敬力排众议

却说鲁肃、孔明辞了玄德、刘琦，登舟望柴桑郡来。二人在舟中共议，鲁肃谓孔明曰："先生见孙将军，切不可实言曹操兵多将广。"孔明曰："不须子敬叮咛，亮自有对答之语。"及船到岸，肃请孔明于馆驿中暂歇，先自往见孙权。权正聚文武于堂上议事，闻鲁肃回，急召入问曰："子敬往江夏，体探虚实若何？"肃曰："已知其略，尚容徐禀。"权将曹操檄文示肃曰："操昨遣使赍文至此，孤先发遣来使，现今会众商议未定。"肃接檄文观看。其略曰：

孤近承帝命，奉词伐罪。旄麾南指，刘琮束手；荆襄之民，望风归顺。今统雄兵百万，上将千员，欲与将军会猎于江夏，共伐刘备，同分土地，永结盟好。幸勿观望，速赐回音。

鲁肃看毕曰："主公尊意若何？"权曰："未有定论。"张昭曰："曹操拥百万之众，借天子之名，以征四方，拒之不顺。且主公大势可以拒操者，长江也。今操既得荆州，长江之险，已与我共之矣，势不可敌。以愚之计，不如纳降，为万安之策。"众谋士皆曰："子布之言，正合天意。"孙权沉吟不语。张昭又曰："主公不必多疑。如降操，则东

批注

批注

吴民安，江南六郡可保矣。”孙权低头不语。须臾，权起更衣，鲁肃随于权后。权知肃意，乃执肃手而言曰：“卿欲如何？”肃曰：“恰才众人所言，深误将军。众人皆可降曹操，惟将军不可降曹操。”权曰：“何以言之？”肃曰：“如肃等降操，当以肃还乡党，累官故不失州郡也；将军降操，欲安所归乎？位不过封侯，车不过一乘，骑不过一匹，从不过数人，岂得南面称孤哉！众人之意，各自为己，不可听也。将军宜早定大计。”权叹曰：“诸人议论，大失孤望。子敬开说大计，正与吾见相同。此天以子敬赐我也！但操新得袁绍之众，近又得荆州之兵，恐势大难以抵敌。”肃曰：“肃至江夏，引诸葛瑾之弟诸葛亮在此，主公可问之，便知虚实。”权曰：“卧龙先生在此乎？”肃曰：“现在馆驿中安歇。”权曰：“今日天晚，且未相见。来日聚文武于帐下，先教见我江东英俊，然后升堂议事。”

肃领命而去。次日至馆驿中见孔明，又嘱曰：“今见我主，切不可言曹操兵多。”孔明笑曰：“亮自见机而变，决不有误。”肃乃引孔明至幕下。早见张昭、顾雍等一班文武二十馀人，峨冠博带，整衣端坐。孔明逐一相见，各问姓名。施礼已毕，坐于客位。张昭等见孔明丰神飘洒，器宇轩昂，料道此人必来游说。张昭先以言挑之曰：“昭乃江东微末之士，久闻先生高卧隆中，自比管、乐。此语果有之乎？”孔明曰：“此亮平生小可之比也。”昭曰：“近闻刘豫州三顾先生于草庐之中，幸得先生，以为‘如鱼得水’，思欲席卷荆襄。今一旦以属曹操，未审是何主见？”孔明自思张昭乃孙权手下第一个谋士，若不先难倒他，如何说得孙权，遂答曰：“吾观取汉上之地，易如反掌。我主刘豫州躬行仁义，不忍夺同宗之基业，故力辞之。刘琮孺子，听信佞言，暗自投降，致使曹操得以猖獗。今我主屯兵江夏，别有良图，非等闲可知也。”昭曰：“若此，是先生言行相违也。先生自比管、乐——管仲相桓公，霸诸侯，一匡天下；乐毅扶持微弱之燕，下齐七十余城：此二人者，真济世之才也。先生在草庐之中，但笑傲风月，抱膝危坐。今既从事刘豫州，当为生灵兴利除害，剿灭乱贼。且刘豫州未得先生之前，尚且纵横寰宇，割据城池；今得先生，人皆仰望。虽三尺童蒙，亦谓彪虎生翼，将见汉室复兴，曹氏即灭矣。朝廷旧臣，山林隐士，无不拭目而待：以为拂高天之云翳，仰日月之光辉，拯民于水火之中，措天下于衽席之上，在此时也。何先生自归豫州，曹兵一出，弃甲抛戈，望风而窜；上不能报刘表以安庶民，下不能辅孤子而据疆土；乃弃新野，走樊城，败当阳，奔夏口，无容身之地：是豫州既得先生之后，反不如其初也。管仲、乐毅，果如是乎？愚直之言，幸勿见怪！”孔明听罢，哑然而笑曰：“鹏飞万里，其志岂群鸟能识哉？譬如人染沉疴，当先用糜粥以饮之，和药以服之；待其腑脏调和，形体渐安，然后用肉食以补之，猛药以治之：则病根尽去，人得全生也。若不待气脉和缓，便投以猛药厚味，欲求安保，诚为难矣。吾主刘豫州，向日军败于汝南，寄迹刘表，兵不满千，将止关、张、赵云而已：此正如病势尫羸已极之时也，新野山僻小县，人民稀少，粮食鲜薄，豫州不过暂借以容身，岂真将坐守于此耶？夫以甲兵不完，城郭不固，军不经练，粮不继日，然而博望烧屯，白河用水，使夏侯惇，曹仁辈心惊胆裂：窃谓管仲、乐毅之用兵，未必过此。至于刘琮降操，豫州实出不知；且又不忍乘乱夺同宗之基业，此真大仁大义也。当阳之败，豫州

批注

批注

见有数十万赴义之民，扶老携幼相随，不忍弃之，日行十里，不思进取江陵，甘与同败，此亦大仁大义也。寡不敌众，胜负乃其常事。昔高皇数败于项羽，而垓下一战成功，此非韩信之良谋乎？夫信久事高皇，未尝累胜。盖国家大计，社稷安危，是有主谋。非比夸辩之徒，虚誉欺人：坐议立谈，无人可及；临机应变，百无一能。——诚为天下笑耳！”这一篇言语，说得张昭并无一言回答。

座上忽一人抗声问曰：“今曹公兵屯百万，将列千员，龙骧虎视，平吞江夏，公以为何如？”孔明视之，乃虞翻也。孔明曰：“曹操收袁绍蚁聚之穷于夏口，区区求教于人，而犹言‘不惧’，此真大言欺人也！”孔明曰：“刘豫州以数千仁义之师，安能敌百万残暴之众？退守夏口，所以待时也。今江东兵精粮足，且有长江之险，犹欲使其主屈膝降贼，不顾天下耻笑。——由此论之，刘豫州真不惧操贼者矣！”虞翻不能对。

座间又一人问曰：“孔明欲效仪、秦之舌，游说东吴耶？”孔明视之，乃步骘也。孔明曰：“步子山以苏秦、张仪为辩士，不知苏秦、张仪亦豪杰也：苏秦佩六国相印，张仪两次相秦，皆有匡扶人国之谋，非比畏强凌弱，惧刀避剑之人也。君等闻曹操虚发诈伪之词，便畏惧请降，敢笑苏秦、张仪乎？”步骘默然无语。

忽一人问曰：“孔明以曹操何如人也？”孔明视其人，乃薛综也。孔明答曰：“曹操乃汉贼也，又何必问？”综曰：“公言差矣。汉传世至今，天数将终。今曹公已有天下三分之二，人皆归心。刘豫州不识天时，强欲与争，正如以卵击石，安得不败乎？”孔明厉声曰：“薛敬文安得出此无父无君之言乎！夫人生天地间，以忠孝为立身之本。公既为汉臣，则见有不臣之人，当誓共戮之：臣之道也。今曹操祖宗叨食汉禄，不思报效，反怀篡逆之心，天下之所共愤；公乃以天数归之，真无父无君之人也！不足与语！请勿复言！”薛综满面羞惭，不能对答。

座上又一人应声问曰：“曹操虽挟天子以令诸侯，犹是相国曹参之后。刘豫州虽云中山靖王苗裔，却无可稽考，眼见只是织席贩屦之夫耳，何足与曹操抗衡哉！”孔明视之，乃陆绩也。孔明笑曰：“公非袁术座间怀桔之陆郎乎？请安坐，听吾一言：曹操既为曹相国之后，则世为汉臣矣；今乃专权肆横，欺凌君父，是不惟无君，亦且蔑祖，不惟汉室之乱臣，亦曹氏之贼子也。刘豫州堂堂帝胄，当今皇帝，按谱赐爵，何云无可稽考？且高祖起身亭长，而终有天下；织席贩屦，又何足为辱乎？公小儿之见，不足与高士共语！”陆绩语塞。

座上一人忽曰：“孔明所言，皆强词夺理，均非正论，不必再言。且请问孔明治何经典？”孔明视之，乃严畯也。孔明曰：“寻章摘句，世之腐儒也，何能兴邦立事？且古耕莘伊尹，钓渭子牙，张良、陈平之流。邓禹、耿弇之辈，皆有匡扶宇宙之才，未审其生平治何经典。岂亦效书生，区区于笔砚之间，数黑论黄，舞文弄墨而已乎？”严峻低头丧气而不能对。

忽又一人大声曰：“公好为大言，未必真有实学，恐适为儒者所笑耳。”孔明视其人，乃汝南程德枢也。孔明答曰：“儒有君子小人之别。君子之儒，忠君爱国，守正恶邪，务使泽及当时，名留后世。——若夫小人之儒，惟务雕虫，专工翰墨，青春作赋，皓首穷经；笔下虽有千言，胸中实无一策。且如杨雄以文章名世，而屈身事莽，

批注

批注

不免投阁而死，此所谓小人之儒也；虽日赋万言，亦何取哉！”程德枢不能对。众人见孔明对答如流，尽皆失色。

时座上张温、骆统二人，又欲问难。忽一人自外而入，厉声言曰：“孔明乃当世奇才，君等以唇舌相难，非敬客之礼也。曹操大军临境，不思退敌之策，乃徒斗口耶！”众视其人，乃零陵人，姓黄，名盖，字公覆，现为东吴粮官。当时黄盖谓孔明曰：“愚闻多言获利，不如默而无言。何不将金石之论为我主言之，乃与众人辩论也？”孔明曰：“诸君不知世务，互相问难，不容不答耳。”于是黄盖与鲁肃引孔明入。至中门，正遇诸葛瑾，孔明施礼。瑾曰：“贤弟既到江东，如何不来见我？”孔明曰：“弟既事刘豫州，理宜先公后私。公事未毕，不敢及私。望兄见谅。”瑾曰：“贤弟见过吴侯，却来叙话。”说罢自去。

鲁肃曰：“适间所嘱，不可有误。”孔明点头应诺。引至堂上，孙权降阶而迎，优礼相待。施礼毕，赐孔明坐。众文武分两行而立。鲁肃立于孔明之侧，只看他讲话。孔明致玄德之意毕，偷眼看孙权：碧眼紫髯，堂堂一表。孔明暗思：“此人相貌非常，只可激，不可说。等他问时，用言激之便了。”献茶已毕，孙权曰：“多闻鲁子敬谈足下之才，今幸得相见，敢求教益。”孔明曰：“不才无学，有辱明问。”权曰：“足下近在新野，佐刘豫州与曹操决战，必深知彼军虚实。”孔明曰：“刘豫州兵微将寡，更兼新野城小无粮，安能与曹操相持。”权曰：“曹兵共有多少？”孔明曰：“马步水军，约有一百馀万。”权曰：“莫非诈乎？”孔明曰：“非诈也。曹操就兖州已有青州军二十万；平了袁绍，又得五六十万；中原新招之兵三四十万；今又得荆州之军二三十万：以此计之，不下一百五十万。——亮以百万言之，恐惊江东之士也。”鲁肃在旁，闻言失色，以目视孔明；孔明只做不见。权曰：“曹操部下战将，还有多少？”孔明曰：“足智多谋之士，能征惯战之将，何止一二千人。”权曰：“今曹操平了荆、楚，复有远图乎？”孔明曰：“即今沿江下寨，准备战船，不欲图江东，待取何地？”权曰：“若彼有吞并之意，战与不战，请足下为我一决。”孔明曰：“亮有一言，但恐将军不肯听从。”权曰：“愿闻高论。”孔明曰：“向者宇内大乱，故将军起江东，刘豫州收众汉南，与曹操并争天下。今操芟除大难，略已平矣；近又新破荆州，威震海内；纵有英雄，无用武之地：故豫州遁逃至此。愿将军量力而处之：若能以吴、越之众，与中国抗衡，不如早与之绝；若其不能，何不从众谋士之论，按兵束甲，北面而事之？”权未及答。孔明又曰：“将军外托服从之名，内怀疑贰之见，事急而不断，祸至无日矣！”权曰：“诚如君言，刘豫州何不降操？”孔明曰：“昔田横，齐之壮士耳，犹守义不辱。况刘豫州王室之胄，英才盖世，众士仰慕。——事之不济，此乃天也。又安能屈处人下乎！”

孙权听了孔明此言，不觉勃然变色，拂衣而起，退入后堂。众皆哂笑而散。鲁肃责孔明曰：“先生何故出此言？幸是吾主宽洪大度，不即面责。先生之言，藐视吾主甚矣。”孔明仰面笑曰：“何如此不能容物耶！我自有破曹之计，彼不问我，我故不言。”肃曰：“果有良策，肃当请主公求教。”孔明曰：“吾视曹操百万之众，如群蚁耳！但我一举手，则皆为齑粉矣！”肃闻言，便入后堂见孙权。权怒气未息，顾谓肃曰：“孔明欺吾太甚！”肃曰：“臣亦以此责孔明，孔明反笑主公不能容物。破曹之策，孔明不肯轻言，主公何不求之？”权回嗔作喜曰：“原来孔明有良谋，故以言词激我。我

批注

批注

一时浅见，几误大事。”便同鲁肃重复出堂，再请孔明叙话。权见孔明，谢曰：“适来冒渎威严，幸勿见罪。”孔明亦谢曰：“亮言语冒犯，望乞恕罪。”权邀孔明入后堂，置酒相待。

数巡之后，权曰：“曹操平生所恶者：吕布、刘表、袁绍、袁术、豫州与孤耳。今数雄已灭，独豫州与孤尚存。孤不能以全吴之地，受制于人。吾计决矣。非刘豫州莫与当曹操者；然豫州新败之后，安能抗此难乎？”孔明曰：“豫州虽新败，然关云长犹率精兵万人；刘琦领江夏战士，亦不下万人。曹操之众，远来疲惫；近追豫州，轻骑一日夜行三百里，此所谓‘强弩之末，势不能穿鲁缟’者也。且北方之人，不习水战。荆州士民附操者，迫于势耳，非本心也。今将军诚能与豫州协力同心，破曹军必矣。操军破，必北还，则荆、吴之势强，而鼎足之形成矣。成败之机，在于今日。惟将军裁之。”权大悦曰：“先生之言，顿开茅塞。吾意已决，更无他疑。即日商议起兵，共灭曹操！”遂令鲁肃将此意传谕文武官员，就送孔明于馆驿安歇。

张昭知孙权欲兴兵，遂与众议曰：“中了孔明之计也！”急入见权曰：“昭等闻主公将兴兵与曹操争锋。主公自思比袁绍若何？曹操向日兵微将寡，尚能一鼓克袁绍；何况今日拥百万之众南征，岂可轻敌？若听诸葛亮之言，妄动甲兵，此所谓负薪救火也。”孙权只低头不语。顾雍曰：“刘备因为曹操所败，故欲借我江东之兵以拒之，主公奈何为其所用乎；愿听子布之言。”孙权沉吟未决。张昭等出，鲁肃入见曰：“适张子布等，又劝主公休动兵，力主降议，此皆全躯保妻子之臣，为自谋之计耳。愿主公勿听也。”孙权尚在沉吟。肃曰：“主公若迟疑，必为众人误矣。”权曰：“卿且暂退，容我三思。”肃乃退出。时武将或有要战的，文官都是要降的，议论纷纷不一。

且说孙权退入内宅，寝食不安，犹豫不决。吴国太见权如此，问曰："何事在心，寝食俱废？"权曰："今曹操屯兵于江汉，有下江南之意。问诸文武，或欲降者，或欲战者。欲待战来，恐寡不敌众；欲待降来，又恐曹操不容：因此犹豫不决。"吴国太曰："汝何不记吾姐临终之语乎？"孙权如醉方醒，似梦初觉，想出这句话来。正是：追思国母临终语，引得周郎立战功。毕竟说着甚的，且看下文分解。

批注

本回我评论：

三国复活赛

1. 直到今天，"舌战群儒"都是我们民族津津乐道的成语，刚出山的诸葛亮就要面对众多江东谋士重臣的围攻，真是让人捏一把汗！请和你的小伙伴一起用画笔再现这唇枪舌剑的一幕吧！

2. 你喜欢辩论吗？那再好不过了，让我们用戏剧再现"舌战群儒"的一幕吧！

文史一锅烩

1. 有没有觉得诸葛亮时运不济——刚出山就碰到刘备惨败，现在为了获得孙权的支持又得直接面对东吴群臣的质疑？为什么罗贯中要这样安排情节“刁难”诸葛亮呢?

2. 请运用现代辩论术为“舌战群儒”这一幕“复盘”，看看诸葛亮有没有破绽？看看东吴群臣有没有机会击败诸葛亮？

3. 我们不能不承认，诸葛亮能够取得“舌战群儒”的胜利，鲁肃的功劳不小，因为他是东吴少有的坚定主战派。在《三国演义》中，鲁肃被艺术化处理为一个忠厚老实的老好人，但实际上，《三国志》里的他可是英气逼人：

鲁肃字子敬，临淮东城人也。生而失父，与祖母居。家富于财，性好施与。尔时天下已乱，肃不治家事，大散财货，摽卖田地，以赈穷弊结士为务，甚得乡邑欢心。

周瑜为居巢长，将数百人故过候肃，并求资粮。肃家有两囷米，各三千斛，肃乃指一囷与周瑜，瑜益知其奇也，遂相亲结，定侨、札之分。袁术闻其名，就署东城长。肃见术无纲纪，不足与立事，乃携老弱将轻侠少年百馀人，南到居巢就瑜。瑜之东渡，因与同行。

《三国志》中所引用的《吴书》中则记载：

肃体貌魁奇，少有壮节，好为奇计。天下将乱，乃学击剑骑射，招聚少年，给其衣食，往来南山中射猎。阴相部勒，讲武习兵。父老咸曰：“鲁氏世衰，乃生此狂儿！”后雄杰并起，中州扰乱，肃乃命其属曰：“中国失纲，寇贼横暴，淮、泗间非遗种之地，吾闻江东沃野万里，民富兵强，可以避害，宁肯相随俱至乐土，以观时变乎？”其属皆从命。乃使细弱在前，强壮在后，男女三百馀人行。州追骑至，肃等徐

行，勒兵持满，谓之曰："卿等丈夫，当解大数。今日天下兵乱，有功弗赏，不追无罚，何为相逼乎？"又自植盾，引弓射之，矢皆洞贯。骑既嘉肃言，且度不能制，乃相率还。肃渡江往见策，策亦雅奇之。

4. 孙权后来也曾向曹魏称臣示弱，我们能否因此认为孙权联合刘备共同在"赤壁之战"中对抗曹操是不理智的？为什么？

5. 请继续在上文空格处留下你对本回的总评，在选文右侧留下你的批注。在这一回中，诸葛亮的形象得到了有力的塑造。靠的是什么？当然是东吴群臣的衬托，每一个东吴大臣都是不怀好意向诸葛亮"开炮"的，结果却被诸葛亮挫败，而且每次的方式都不同，这可太有意思了。这绝对值得你点评。除此之外，曹操给孙权的那封信可真是绵里藏针，看似客气，却句句紧逼，你能读出来这些"潜台词"吗？这样的文采难道不值得你点评一下？

跟着名著写写写

烘托原本是中国画的一项技法，"烘云托月"是也，即用水墨或淡彩在物象的外廓渲染衬托，使其明显突出；画雪景、流水、白色的花鸟和白描人物等往往也运用这种技法。在写作中，我们借来了这个术语，专指通过侧面描写来使所要表现的事物鲜明突出的手法。很显然，本回中正是以江东诸位谋臣来烘托诸葛亮的伶牙俐齿、足智多谋的——主角光环就是这么来的！

家长可加入读书心得讨论群 同30位家长一起分享孩子阅读心得
群分类：读书心得 · 入群指南详见本书扉页

第四十五回

三江口曹操折兵　群英会蒋干中计

批注

却说周瑜闻诸葛瑾之言，转恨孔明，存心欲谋杀之。次日，点齐军将，入辞孙权。权曰："卿先行，孤即起兵继后。"瑜辞出，与程普、鲁肃领兵起行，便邀孔明同住。孔明欣然从之。一同登舟，驾起帆樯，迤逦望夏口而进。离三江口五六十里，船依次第歇定。周瑜在中央下寨，岸上依西山结营，周围屯住。孔明只在一叶小舟内安身。

周瑜分拨已定，使人请孔明议事。孔明至中军帐，叙礼毕，瑜曰："昔曹操兵少，袁绍兵多，而操反胜绍者，因用许攸之谋，先断乌巢之粮也。今操兵八十三万，我兵只五六万，安能拒之？亦必须先断操之粮，然后可破。我已探知操军粮草，俱屯于聚铁山。先生久居汉上，熟知地理。敢烦先生与关、张、子龙辈——吾亦助兵千人——星夜往聚铁山断操粮道。彼此各为主人之事，幸勿推调。"孔明暗思："此因说我不动，设计害我。我若推调，必为所笑。不如应之，别有计议。"乃欣然领诺。瑜大喜。孔明辞出。鲁肃密谓瑜曰："公使孔明劫粮，是何意见？"瑜曰："吾欲杀孔明，恐惹人笑，故借曹操之手杀之，以绝后患耳。"肃闻言，乃往见孔明，看他知也不知。只见孔明

批注

略无难色，整点军马要行。肃不忍，以言挑之曰：“先生此去可成功否？”孔明笑曰：“吾水战、步战、马战、车战，各尽其妙，何愁功绩不成，非比江东公与周郎辈止一能也。”肃曰：“吾与公瑾何谓一能？”孔明曰：“吾闻江南小儿谣言云：‘伏路把关饶子敬，临江水战有周郎。’公等于陆地但能伏路把关；周公瑾但堪水战，不能陆战耳。”

肃乃以此言告知周瑜。瑜怒曰：“何欺我不能陆战耶！不用他去！我自引一万马军，往聚铁山断操粮道。”肃又将此言告孔明。孔明笑曰：“公瑾令吾断粮者，实欲使曹操杀吾耳。吾故以片言戏之，公瑾便容纳不下。目今用人之际，只愿吴侯与刘使君同心，则功可成；如各相谋害，大事休矣。操贼多谋，他平生惯断人粮道，今如何不以重兵提备？公瑾若去，必为所擒。今只当先决水战，挫动北军锐气，别寻妙计破之。望子敬善言以告公瑾为幸。”鲁肃遂连夜回见周瑜，备述孔明之言。瑜摇首顿足曰：“此人见识胜吾十倍，今不除之，后必为我国之祸！”肃曰：“今用人之际，望以国家为重。且待破曹之后，图之未晚。”瑜然其说。

却说玄德分付刘琦守江夏，自领众将引兵往夏口。遥望江南岸旗幡隐隐，戈戟重重，料是东吴已动兵矣，乃尽移江夏之兵，至樊口屯扎。玄德聚众曰：“孔明一去东吴，杳无音信，不知事体如何。谁人可去探听虚实回报？”糜竺曰：“竺愿往。”玄德乃备羊酒礼物，令糜竺至东吴，以犒军为名，探听虚实。竺领命，驾小舟顺流而下，径至周瑜大寨前。军士入报周瑜，瑜召入。竺再拜，致玄德相敬之意，献上酒礼。瑜受讫，设宴款待糜竺。竺曰：“孔明在

批注

此已久，今愿与同回。”瑜曰：“孔明方与我同谋破曹，岂可便去？吾亦欲见刘豫州，共议良策；奈身统大军，不可暂离。若豫州肯枉驾来临，深慰所望。”竺应诺，拜辞而回。肃问瑜曰：“公欲见玄德，有何计议？”瑜曰：“玄德世之枭雄，不可不除。吾今乘机诱至杀之，实为国家除一后患。”鲁肃再三劝谏，瑜只不听，遂传密令：“如玄德至，先埋伏刀斧手五十人于壁衣中，看吾掷杯为号，便出下手。”

却说糜竺回见玄德，具言周瑜欲请主公到彼面会，别有商议。玄德便教收拾快船一只，只今便行。云长谏曰：“周瑜多谋之士，又无孔明书信，恐其中有诈，不可轻去。”玄德曰：“我今结东吴以共破曹操，周郎欲见我，我若不往，非同盟之意。两相猜忌，事不谐矣。”云长曰：“兄长若坚意要去，弟愿同往。”张飞曰：“我也跟去。”玄德曰：“只云长随我去。翼德与子龙守寨。简雍固守鄂县。我去便回。”分付毕，即与云长乘小舟，并从者二十馀人，飞棹赴江东。玄德观看江东艨艟战舰、旌旗甲兵，左右分布整齐，心中甚喜。军士飞报周瑜：“刘豫州来了。”瑜问：“带多少船只来？”军士答曰：“只有一只船，二十馀从人。”瑜笑曰：“此人命合休矣！”乃命刀斧手先埋伏定，然后出寨迎接。玄德引云长等二十馀人，直到中军帐，叙礼毕，瑜请玄德上坐。玄德曰：“将军名传天下，备不才，何烦将军重礼？”乃分宾主而坐。周瑜设宴相待。

且说孔明偶来江边，闻说玄德来此与都督相会，吃了一惊，急入中军帐窃看动静。只见周瑜面有杀气，两边壁衣中密排刀斧手。孔明大惊曰：“似此如之奈何？”回视玄德，谈笑自若；却见玄德背后一人，按剑而立，乃云长也。孔明喜曰:“吾主无危矣。”遂不复入,仍回身至江边等候。

批注

周瑜与玄德饮宴,酒行数巡,瑜起身把盏,猛见云长按剑立于玄德背后,忙问何人。玄德曰:“吾弟关云长也。”瑜惊曰:“非向日斩颜良、文丑者乎?”玄德曰:“然也。”瑜大惊,汗流满背,便斟酒与云长把盏。少顷,鲁肃入。玄德曰:“孔明何在?烦子敬请来一会。”瑜曰:“且待破了曹操,与孔明相会未迟。”玄德不敢再言。云长以目视玄德。玄德会意,即起身辞瑜曰:“备暂告别。即日破敌收功之后,专当叩贺。”瑜亦不留,送出辕门。玄德别了周瑜,与云长等来至江边,只见孔明已在舟中。玄德大喜。孔明曰:“主公知今日之危乎?”玄德愕然曰:“不知也。”孔明曰:“若无云长,主公几为周郎所害矣。”玄德方才省悟,便请孔明同回樊口。孔明曰:“亮虽居虎口,安如泰山。今主公但收拾船只军马候用。以十一月二十甲子日后为期,可令子龙驾小舟来南岸边等候。切勿有误。”玄德问其意。孔明曰:“但看东南风起,亮必还矣。”玄德再欲问时,孔明催促玄德作速开船。言讫自回。玄德与云长及从人开船,行不数里,忽见上流头放下五六十只船来。船头上一员大将,横矛而立,乃张飞也。——因恐玄德有失,云长独力难支,特来接应。于是三人一同回寨,不在话下。

却说周瑜送了玄德,回至寨中,鲁肃入问曰:“公既诱玄德至此,为何又不下手?”瑜曰:“关云长,世之虎将也,与玄德行坐相随,吾若下手,他必来害我。”肃愕然。忽报曹操遣使送书至。瑜唤入。使者呈上书看时,封面上判云:“汉大丞相付周都督开拆。”瑜大怒,更不开看,将

批注

书扯碎，掷于地下，喝斩来使。肃曰：“两国相争，不斩来使。”瑜曰：“斩使以示威！”遂斩使者，将首级付从人持回。随令甘宁为先锋，韩当为左翼，蒋钦为右翼。瑜自部领诸将接应。来日四更造饭，五更开船，鸣鼓呐喊而进。

却说曹操知周瑜毁书斩使，大怒，便唤蔡瑁、张允等一班荆州降将为前部，操自为后军，催督战船，到三江口。早见东吴船只，蔽江而来。为首一员大将，坐在船头上大呼曰：“吾乃甘宁也！谁敢来与我决战？”蔡瑁令弟蔡壎前进。两船将近，甘宁拈弓搭箭，望蔡壎射来，应弦而倒。宁驱船大进，万弩齐发。曹军不能抵当。右边蒋钦，左边韩当，直冲入曹军队中。曹军大半是青、徐之兵，素不习水战，大江面上，战船一摆，早立脚不住。甘宁等三路战船，纵横水面。周瑜又催船助战。曹军中箭着炮者，不计其数，从巳时直杀到未时。周瑜虽得利，只恐寡不敌众，遂下令鸣金，收住船只。曹军败回。操登旱寨，再整军士，唤蔡瑁、张允责之曰：“东吴兵少，反为所败，是汝等不用心耳！”蔡瑁曰：“荆州水军，久不操练；青、徐之军，又素不习水战。故尔致败。今当先立水寨，令青、徐军在中，荆州军在外，每日教习精熟，方可用之。”操曰：“汝既为水军都督，可以便宜从事，何必禀我！”于是张、蔡二人，自去训练水军。沿江一带分二十四座水门，以大船居于外为城郭，小船居于内，可通往来，至晚点上灯火，照得天心水面通红。旱寨三百馀里，烟火不绝。

却说周瑜得胜回寨，犒赏三军，一面差人到吴侯处报捷。当夜瑜登高观望，只见西边火光接天。左右告曰：“此皆北军灯火之光也。”瑜亦心惊。次日，瑜欲亲往探看曹军水寨，乃命收拾楼船一只，带着鼓东，随行健将数员，各带强弓硬弩，一齐上船迤逦前进。至操寨边，瑜命下了矴石，楼船上鼓乐齐奏。瑜暗窥他水寨，大惊曰："此深得水军之妙也！"问："水军都督是谁？"左右曰："蔡瑁、张允。"瑜思曰："二人久居江东，谙习水战，吾必设计先除此二人，然后可以破曹。"正窥看间，早有曹军飞报曹操，说："周瑜偷看吾寨。"操命纵船擒捉。瑜见水寨中旗号动，急教收起矴石，两边四下一齐轮转橹棹，望江面上如飞而去。比及曹寨中船出时，周瑜的楼船已离了十数里远，追之不及，回报曹操。

批注

操问众将曰："昨日输了一阵，挫动锐气；今又被他深窥吾寨。吾当作何计破之？"言未毕，忽帐下一人出曰："某自幼与周郎同窗交契，愿凭三寸不烂之舌，往江东说此人来降。"曹操大喜，视之，乃九江人，姓蒋，名干，字子翼，现为帐下幕宾。操问曰："子翼与周公瑾相厚乎？"干曰："丞相放心。干到江左，必要成功。"操问："要将何物去？"干曰："只消一童随往，二仆驾舟，其馀不用。"操甚喜，置酒与蒋干送行。干葛巾布袍，驾一只小舟，径到周瑜寨中，命传报："故人蒋干相访。"周瑜正在帐中议事，闻干至，笑谓诸将曰："说客至矣！"遂与众将附耳低言，如此如此。众皆应命而去。

瑜整衣冠，引从者数百，皆锦衣花帽，前后簇拥而出。蒋干引一青衣小童，昂然而来。瑜拜迎之。干曰："公瑾别来无恙！"瑜曰："子翼良苦：远涉江湖，为曹氏作说客耶？"干愕然曰："吾久别足下，特来叙旧，奈何疑我作说客也？"瑜笑曰："吾虽不及师旷之聪，闻弦歌而知雅意。"干曰："足下待故人如此，便请告退。"瑜笑而挽其臂

批注

曰："吾但恐兄为曹氏作说客耳。既无此心，何速去也？"遂同入帐。叙礼毕，坐定，即传令悉召江左英杰与子翼相见。

须臾，文官武将，各穿锦衣；帐下偏裨将校，都披银铠：分两行而入。瑜都教相见毕，就列于两傍而坐。大张筵席，奏军中得胜之乐，轮换行酒。瑜告众官曰："此吾同窗契友也。虽从江北到此，却不是曹家说客。——公等勿疑。"遂解佩剑付太史慈曰："公可佩我剑作监酒：今日宴饮，但叙朋友交情；如有提起曹操与东吴军旅之事者，即斩之！"太史慈应诺，按剑坐于席上。蒋干惊愕，不敢多言。周瑜曰："吾自领军以来，滴酒不饮；今日见了故人，又无疑忌，当饮一醉。"说罢，大笑畅饮。座上觥筹交错。饮至半酣，瑜携干手，同步出帐外。左右军士，皆全装惯带，持戈执戟而立。瑜曰："吾之军士，颇雄壮否？"干曰："真熊虎之士也。"瑜又引干到帐后一望，粮草堆如山积。瑜曰："吾之粮草，颇足备否？"干曰："兵精粮足，名不虚传。"瑜佯醉大笑曰："想周瑜与子翼同学业时，不曾望有今日。"干曰："以吾兄高才，实不为过。"瑜执干手曰："大丈夫处世，遇知己之主，外托君臣之义，内结骨肉之恩，言必行，计必从，祸福共之。假使苏秦、张仪、陆贾、郦生复出，口似悬河，舌如利刃，安能动我心哉！"言罢大笑。蒋干面如土色。瑜复携干入帐，会诸将再饮；因指诸将曰："此皆江东之英杰。今日此会，可名'群英会'。"饮至天晚，点上灯烛，瑜自起舞剑作歌。歌曰：

丈夫处世兮立功名；立功名兮慰平生。

慰平生兮吾将醉；吾将醉兮发狂吟！

歌罢，满座欢笑。至夜深，干辞曰："不胜酒力矣。"

瑜命撤席，诸将辞出。瑜曰："久不与子翼同榻，今宵抵足而眠。"于是佯作大醉之状，携干入帐共寝。瑜和衣卧倒，呕吐狼藉。蒋干如何睡得着？伏枕听时，军中鼓打二更，起视残灯尚明。看周瑜时，鼻息如雷。干见帐内桌上，堆着一卷文书，乃起床偷视之，却都是往来书信。内有一封，上写"蔡瑁张允谨封。"干大惊，暗读之。书略曰：

> 某等降曹，非图仕禄，迫于势耳。今已赚北军困于寨中，但得其便，即将操贼之首，献于麾下。早晚人到，便有关报。幸勿见疑。先此敬覆。

干思曰："原来蔡瑁、张允结连东吴！"遂将书暗藏于衣内。再欲检看他书时，床上周瑜翻身，干急灭灯就寝。瑜口内含糊曰："子翼，我数日之内，教你看操贼之首！"干勉强应之。瑜又曰："子翼，且住！……教你看操贼之首！……"及干问之，瑜又睡着。干伏于床上，将近四更，只听得有人入帐唤曰："都督醒否？"周瑜梦中做忽觉之状，故问那人曰："床上睡着何人？"答曰："都督请子翼同寝，何故忘却？"瑜懊悔曰："吾平日未尝饮醉；昨日醉后失事，不知可曾说甚言语？"那人曰："江北有人到此。"瑜喝："低声！"便唤："子翼。"蒋干只妆睡着。瑜潜出帐。干窃听之，只闻有人在外曰："张、蔡二都督道：'急切不得下手，……'"后面言语颇低，听不真实。少顷，瑜入帐，又唤："子翼。"蒋干只是不应，蒙头假睡。瑜亦解衣就寝。干寻思："周瑜是个精细人，天明寻书不见，必然害我。"睡至五更，干起唤周瑜；瑜却睡着。干戴上巾帻，潜步出帐，唤了小童，径出辕门。军士问："先生那里去？"干曰："吾在此恐误都督事，权且告别。"军士亦不阻当。

干下船，飞棹回见曹操。操问："子翼干事若何？"干

批注

批注

曰："周瑜雅量高致，非言词所能动也。"操怒曰："事又不济，反为所笑！"干曰："虽不能说周瑜，却与丞相打听得一件事。乞退左右。"干取出书信，将上项事逐一说与曹操。操大怒曰："二贼如此无礼耶！"即便唤蔡瑁、张允到帐下。操曰："我欲使汝二人进兵。"瑁曰："军尚未曾练熟，不可轻进。"操怒曰："军若练熟，吾首级献于周郎矣！"蔡、张二人不知其意，惊慌不能回答。操喝武士推出斩之。须臾，献头帐下，操方省悟曰："吾中计矣！"后人有诗叹曰：

曹操奸雄不可当，一时诡计中周郎。

蔡张卖主求生计，谁料今朝剑下亡！

众将见杀了张、蔡二人，入问其故。操虽心知中计，却不肯认错，乃谓众将曰："二人怠慢军法，吾故斩之。"众皆嗟呀不已。操于众将内选毛玠、于禁为水军都督，以代蔡、张二人之职。

细作探知，报过江东。周瑜大喜曰："吾所患者，此二人耳。今既剿除，吾无忧矣。"肃曰："都督用兵如此，何愁曹贼不破乎！"瑜曰："吾料诸将不知此计，独有诸葛亮识见胜我，想此谋亦不能瞒也。子敬试以言挑之，看他知也不知，便当回报。"正是：还将反间成功事，去试从旁冷眼人。未知肃去问孔明还是如何，且看下文分解。

本回我评论：

三国复活赛

1. 其实本回写了两场宴会：一场是孙刘联军中的“鸿门宴”：周瑜宴请刘备，想趁机杀掉后者，结果却被关羽震住，未能得手；另一场是周瑜“将计就计”，利用曹操派来的说客施行“反间计”除去蔡瑁、张允。两场宴会都极有趣味，请任选一个画下来——特别鼓励合作哦！

2. 来！我们又迎来了“戏精”闪耀的时刻：让我们演出这两场至关重要的宴会吧！

文史一锅烩

1. 为什么明明孙权都和刘备联合抗曹了，周瑜还处处提防、甚至要杀掉刘备或诸葛亮呢？请分别站在刘备方和孙权方思考这一问题。

2. 在两场宴会之间的过渡段是什么？为什么要安排它？

3. 曹操也是足智多谋之士，为何会中了周瑜的计谋？谈谈你的看法。

4．虽说是“群英会”，但蒋干实在难以说得上是“英”，还成了周瑜“反间计”病毒的载体。不过这一段也是《三国演义》想象出来的，我们可以看看正史的记载：

初曹公闻瑜年少有美才，谓可游说动也，乃密下扬州，遣九江蒋干往见瑜。干有仪容，以才辩见称，独步江、淮之间，莫与为对。乃布衣葛巾，自托私行诣瑜。瑜出迎之，立谓干曰：“子翼良苦，远涉江湖为曹氏作说客邪？”干曰：“吾与足下州里，中间别隔，遥闻芳烈，故来叙阔，并观雅规，而云说客，无乃逆诈乎？”瑜曰：“吾虽不及夔、旷，闻弦赏音，足知雅曲也。”因延干入，为设酒食。毕，遣之曰：“适吾有密事，且出就馆，事了，别自相请。”后三日，瑜请干与周观营中，行视仓库军资器仗讫，还宴饮，示之侍者服饰珍玩之物，因谓干曰：“丈夫处世，遇知己之主，外托君臣之义，内结骨肉之恩，言行计从，祸福共之，假使苏张更生，郦叟复出，犹抚其背而折其辞，岂足下幼生所能移乎？”干但笑，终无所言。干还，称瑜雅量高致，非言辞所间。

5．一直有人好奇，蒋干的下场是什么。你能根据对三国人物的印象合理想象并写下你的推测吗？

6．请继续在上文空格处留下你对本回的总评，在选文右侧留下你的批注。在这一回里，我们看到了“联合”之下依然存在的钩心斗角，周瑜对刘备的处处防备，合理却也无奈；我们也看到了周瑜利用蒋干诓骗曹操的计谋，以及他“演技”的精湛，从中我们可以赏析一下周瑜的人物形象，他可不仅仅是人们口中的“气量狭窄”，而是东吴主心骨的名将啊！尤其是周瑜诱骗蒋干在自己军帐里自以为是的窃密这一节，描写细腻，令人百看不厌，值得点评。

跟着名著写写写

有个成语叫“渐入佳境”，这也是我们写作时可以运用的策略：通过一层层铺垫，慢慢但坚定地达到故事的最高峰。就比如这一回的“群英会”，蒋干是一步步中计的，每一步又有波折，的确扣人心弦。

家长可加入阅读能力提升群 陪孩子听名师阅读讲解课 读懂经典提升阅读能力
群分类：阅读提升 • 入群指南详见本书扉页

第四十六回

用奇谋孔明借箭　献密计黄盖受刑

批注

却说鲁肃领了周瑜言语，径来舟中相探孔明。孔明接入小舟对坐。肃曰：“连日措办军务，有失听教。”孔明曰：“便是亮亦未与都督贺喜。”肃曰：“何喜？”孔明曰：“公瑾使先生来探亮知也不知，便是这件事可贺喜耳。”諕得鲁肃失色问曰：“先生何由知之？”孔明曰：“这条计只好弄蒋干。曹操虽被一时瞒过，必然便省悟，只是不肯认错耳。今蔡、张两人既死，江东无患矣，如何不贺喜！吾闻曹操换毛玠、于禁为水军都督，则这两个手里，好歹送了水军性命。”鲁肃听了，开口不得，把些言语支吾了半晌，别孔明而回。孔明嘱曰：“望子敬在公瑾面前勿言亮先知此事。恐公瑾心怀妒忌，又要寻事害亮。”鲁肃应诺而去，回见周瑜，把上项事只得实说了。瑜大惊曰：“此人决不可留！吾决意斩之！”肃劝曰：“若杀孔明，却被曹操笑也。”瑜曰：“吾自有公道斩之，教他死而无怨。”肃曰：“何以公道斩之？”瑜曰：“子敬休问，来日便见。”

次日，聚众将于帐下，教请孔明议事。孔明欣然而至。坐定，瑜问孔明曰：“即日将与曹军交战，水路交兵，当以何兵器为先？”孔明曰：“大江之上，以弓箭为先。”

批注

瑜曰："先生之言，甚合愚意。但今军中正缺箭用，敢烦先生监造十万枝箭，以为应敌之具。此系公事，先生幸勿推却。"孔明曰："都督见委，自当效劳。敢问十万枝箭，何时要用？"瑜曰："十日之内，可完办否？"孔明曰："操军即日将至，若候十日，必误大事。"瑜曰："先生料几日可完办？"孔明曰："只消三日，便可拜纳十万枝箭。"瑜曰："军中无戏言。"孔明曰："怎敢戏都督！愿纳军令状：三日不办，甘当重罚。"瑜大喜，唤军政司当面取了文书，置酒相待曰："待军事毕后，自有酬劳。"孔明曰："今日已不及，来日造起。至第三日，可差五百小军到江边搬箭。"饮了数杯，辞去。鲁肃曰："此人莫非诈乎？"瑜曰："他自送死，非我逼他。今明白对众要了文书，他便两胁生翅，也飞不去。我只分付军匠人等，教他故意迟延，凡应用物件，都不与齐备。如此，必然误了日期。那时定罪，有何理说？公今可去探他虚实，却来回报。"

肃领命来见孔明。孔明曰："吾曾告子敬，休对公瑾说，他必要害我。不想子敬不肯为我隐讳，今日果然又弄出事来。三日内如何造得十万箭？子敬只得救我！"肃曰："公自取其祸，我如何救得你？"孔明曰："望子敬借我二十只船，每船要军士三十人，船上皆用青布为幔，各束草千馀个，分布两边。吾别有妙用。第三日包管有十万枝箭。只不可又教公瑾得知。——若彼知之，吾计败矣。"肃允诺，却不解其意。回报周瑜，果然不提起借船之事，只言："孔明并不用箭竹、翎毛、胶漆等物，自有道理。"瑜大疑曰："且看他三日后如何回覆我！"

却说鲁肃私自拨轻快船二十只，各船三十馀人，并布幔束草等物，尽皆齐备，候孔明调用。第一日却不见孔

批注

明动静；第二日亦只不动。至第三日四更时分，孔明密请鲁肃到船中。肃问曰：“公召我来何意？”孔明曰：“特请子敬同往取箭。”肃曰：“何处去取？”孔明曰：“子敬休问，前去便见。”遂命将二十只船，用长索相连，径望北岸进发。是夜大雾漫天，长江之中，雾气更甚，对面不相见。孔明促舟前进，果然是好大雾！前人有篇《大雾垂江赋》曰：

大哉长江！西接岷、峨，南控三吴，北带九河。汇百川而入海，历万古以扬波。至若龙伯、海若，江妃、水母，长鲸千丈，天蜈九首，鬼怪异类，咸集而有。盖夫鬼神之所凭依，英雄之所战守也。

时也阴阳既乱，昧爽不分。讶长空之一色，忽大雾之四屯。虽舆薪而莫睹，惟金鼓之可闻。初若溟濛，才隐南山之豹；渐而充塞，欲迷北海之鲲。然后上接高天，下垂厚地；渺乎苍茫，浩乎无际。鲸鲵出水而腾波，蛟龙潜渊而吐气。又如梅霖收溽，春阴酿寒；溟溟漠漠，浩浩漫漫。东失柴桑之岸，南无夏口之山。战船千艘，俱沉沦于岩壑；渔舟一叶，惊出没于波澜。甚则穹昊无光，朝阳失色；返白昼为昏黄，变丹山为水碧。虽大禹之智，不能测其浅深；离娄之明，焉能辨乎咫尺？

于是冯夷息浪，屏翳收功；鱼鳖遁迹，鸟兽潜踪。隔断蓬莱之岛，暗围阊阖之宫。恍惚奔腾，如骤雨之将至；纷纭杂沓，若寒云之欲同。乃能中隐毒蛇，因之而为瘴疠；内藏妖魅，凭之而为祸害。降疾厄于人间，起风尘于塞外。小民遇之夭伤，大人观之感慨。盖将返元气于洪荒，混天地为大块。

当夜五更时候，船已近曹操水寨。孔明教把船只头西尾东，一带摆开，就船上擂鼓呐喊。鲁肃惊曰：“倘曹兵齐出，如之奈何？”孔明笑曰：“吾料曹操于重雾中必不敢出。吾等只顾酌酒取乐，待雾散便回。”

却说曹寨中，听得擂鼓呐喊，毛玠、于禁二人慌忙飞报曹操。操传令曰：“重雾迷江，彼军忽至，必有埋伏，切不可轻动。可拨水军弓弩手乱箭射之。”又差人往旱寨内唤张辽、徐晃各带弓弩军三千，火速到江边助射。比及号令到来，毛玠、于禁怕南军抢入水寨，已差弓弩手在寨前放箭；少顷，旱寨内弓弩手亦到，约一万馀人，尽皆向江中放箭：箭如雨发。孔明教把船吊回，头东尾西，逼近水寨受箭，一面擂鼓呐喊。待至日高雾散，孔明令收船急回。二十只船两边束草上，排满箭枝。孔明令各船上军士齐声叫曰：“谢丞相箭！”比及曹军寨内报知曹操时，这里船轻水急，已放回二十馀里，追之不及。曹操懊悔不已。

却说孔明回船谓鲁肃曰：“每船上箭约五六千矣。不费江东半分之力，已得十万馀箭。明日即将来射曹军，却不甚便！”肃曰：“先生真神人也！何以知今日如此大雾？”孔明曰：“为将而不通天文，不识地利，不知奇门，不晓阴阳，不看阵图，不明兵势，是庸才也。亮于三日前已算定今日有大雾，因此敢任三日之限。公瑾教我十日完办，工匠料物，都不应手，将这一件风流罪过，明白要杀我。——我命系于天，公瑾焉能害我哉！”鲁肃拜服。

船到岸时，周瑜已差五百军在江边等候搬箭。孔明教于船上取之，可得十馀万枝，都搬入中军帐交纳。鲁肃入见周瑜，备说孔明取箭之事。瑜大惊，慨然叹曰：“孔明神机妙算，吾不如也！”后人有诗赞曰：

批注

批注

一天浓雾满长江，远近难分水渺茫。

骤雨飞蝗来战舰，孔明今日伏周郎。

少顷，孔明入寨见周瑜。瑜下帐迎之，称羡曰：“先生神算，使人敬服。”孔明曰：“诡谲小计，何足为奇。”瑜邀孔明入帐共饮。瑜曰：“昨吾主遣使来催督进军，瑜未有奇计，愿先生教我。”孔明曰：“亮乃碌碌庸才，安有妙计？”瑜曰：“某昨观曹操水寨，极是严整有法，非等闲可攻。思得一计，不知可否。先生幸为我一决之。”孔明曰：“都督且休言。各自写于手内，看同也不同。”瑜大喜，教取笔砚来，先自暗写了，却送与孔明；孔明亦暗写了。两个移近坐榻，各出掌中之字，互相观看，皆大笑。原来周瑜掌中字，乃一“火”字；孔明掌中，亦一“火”字。瑜曰：“既我两人所见相同，更无疑矣。幸勿漏泄。”孔明曰：“两家公事，岂有漏泄之理。吾料曹操虽两番经我这条计，然必不为备。今都督尽行之可也。”饮罢分散，诸将皆不知其事。

却说曹操平白折了十五六万箭，心中气闷。荀攸进计曰：“江东有周瑜、诸葛亮二人用计，急切难破。可差人去东吴诈降，为奸细内应，以通消息，方可图也。”操曰：“此言正合吾意。汝料军中谁可行此计？”攸曰：“蔡瑁被诛，蔡氏宗族，皆在军中。瑁之族弟蔡中、蔡和现为副将。丞相可以恩结之，差往诈降东吴，必不见疑。”操从之，当夜密唤二人入帐嘱付曰：“汝二人可引些少军士，去东吴诈降。但有动静，使人密报，事成之后，重加封赏。休怀二心！”二人曰：“吾等妻子俱在荆州，安敢怀二心，丞相勿疑。某二人必取周瑜、诸葛亮之首，献于麾下。”操厚赏之。次日，二人带五百军士，驾船数只，顺风望着南岸来。

且说周瑜正理会进兵之事，忽报江北有船来到江口，称是蔡瑁之弟蔡和、蔡中，特来投降。瑜唤入。二人哭拜曰："吾兄无罪，被操贼所杀。吾二人欲报兄仇，特来投降。望赐收录，愿为前部。"瑜大喜，重赏二人，即命与甘宁引军为前部。二人拜谢，以为中计。瑜密唤甘宁分付曰："此二人不带家小，非真投降，乃曹操使来为奸细者。吾今欲将计就计，教他通报消息。汝可殷勤相待，就里提防。至出兵之日，先要杀他两个祭旗。汝切须小心，不可有误。"甘宁领命而去。鲁肃入见周瑜曰："蔡中、蔡和之降，多应是诈，不可收用。"瑜叱曰："彼因曹操杀其兄，欲报仇而来降，何诈之有！你若如此多疑，安能容天下之士乎！"肃默然而退，乃往告孔明。孔明笑而不言。肃曰："孔明何故哂笑？"孔明曰："吾笑子敬不识公瑾用计耳。大江隔远，细作极难往来。操使蔡中、蔡和诈降，刺探我军中事，公瑾将计就计，正要他通报消息。'兵不厌诈'，公瑾之谋是也。"肃方才省悟。

却说周瑜夜坐帐中，忽见黄盖潜入中军来见周瑜。瑜问曰："公覆夜至，必有良谋见教？"盖曰："彼众我寡，不宜久持，何不用火攻之？"瑜曰："谁教公献此计？"盖曰："某出自己意，非他人之所教也。"瑜曰："吾正欲如此，故留蔡中、蔡和诈降之人，以通消息；但恨无一人为我行诈降计耳。"盖曰："某愿行此计。"瑜曰："不受些苦，彼如何肯信？"盖曰："某受孙氏厚恩，虽肝脑涂地，亦无怨悔。"瑜拜而谢之曰："君若肯行此苦肉计，则江东之万幸也。"盖曰："某死亦无怨。"遂谢而出。

次日，周瑜鸣鼓大会诸将于帐下。孔明亦在座。周瑜

批注

批注

曰："操引百万之众，连络三百馀里，非一日可破。今令诸将各领三个月粮草，准备御敌。"言未讫，黄盖进曰："莫说三个月，便支三十个月粮草，也不济事！若是这个月破的，便破；若是这个月破不的，只可依张子布之言，弃甲倒戈，北面而降之耳！"周瑜勃然变色，大怒曰："吾奉主公之命，督兵破曹，敢有再言降者必斩。今两军相敌之际，汝敢出此言，慢我军心，不斩汝首，难以服众！"喝左右将黄盖斩讫报来。黄盖亦怒曰："吾自随破虏将军，纵横东南，已历三世，那有你来？"瑜大怒，喝令速斩。甘宁进前告曰："公覆乃东吴旧臣，望宽恕之。"瑜喝曰："汝何敢多言，乱吾法度！"先叱左右将甘宁乱棒打出。众官皆跪告曰："黄盖罪固当诛，但于军不利。望都督宽恕，权且记罪。破曹之后，斩亦未迟。"瑜怒未息。众官苦苦告求。瑜曰："若不看众官面皮，决须斩首！今且免死！"命左右："拖翻打一百脊杖，以正其罪！"众官又告免。瑜推翻案桌，叱退众官，喝教行杖。将黄盖剥了衣服，拖翻在地，打了五十脊杖。众官又复苦苦求免。瑜跃起指盖曰："汝敢小觑我耶！且寄下五十棍！再有怠慢，二罪俱罚！"恨声不绝而入帐中。

众官扶起黄盖，打得皮开肉绽，鲜血迸流，扶归本寨，昏绝几次。动问之人，无不下泪。鲁肃也往看问了，来至孔明船中，谓孔明曰："今日公瑾怒责公覆，我等皆是他部下，不敢犯颜苦谏；先生是客，何故袖手旁观，不发一语？"孔明笑曰："子敬欺我。"肃曰："肃与先生渡江以来，未尝一事相欺。今何出此言？"孔明曰："子敬岂不知公瑾今日毒打黄公覆，乃其计耶？如何要我劝他？"肃方悟。孔明曰："不用苦肉计，何能瞒过曹操？今必令黄公覆去诈降，却教蔡中、蔡和报知其事矣。子敬见公瑾时，切勿言亮先知其事，只说亮也埋怨都督便了。”肃辞去，入帐见周瑜。瑜邀入帐后。肃曰：“今日何故痛责黄公覆？”瑜曰：“诸将怨否？”肃曰：“多有心中不安者。”瑜曰：“孔明之意若何？”肃曰：“他也埋怨都督忒情薄。”瑜笑曰：“今番须瞒过他也。”肃曰：“何谓也？”瑜曰：“今日痛打黄盖，乃计也。吾欲令他诈降，先须用苦肉计瞒过曹操，就中用火攻之，可以取胜。”肃乃暗思孔明之高见，却不敢明言。

且说黄盖卧于帐中，诸将皆来动问。盖不言语，但长吁而已。忽报参谋阚泽来问。盖令请入卧内，叱退左右。阚泽曰：“将军莫非与都督有仇？”盖曰：“非也。”泽曰：“然则公之受责，莫非苦肉计乎？”盖曰：“何以知之？”泽曰：“某观公瑾举动，已料着八九分。”盖曰：“某受吴侯三世厚恩，无以为报，故献此计，以破曹操。吾虽受苦，亦无所恨。吾遍观军中，无一人可为心腹者。惟公素有忠义之心，敢以心腹相告。”泽曰：“公之告我，无非要我献诈降书耳。”盖曰：“实有此意。未知肯否？”阚泽欣然领诺。正是：勇将轻身思报主，谋臣为国有同心。未知阚泽所言若何，且看下文分解。

批注

本回我评论：

三国复活赛

1．这一回为我们提供了两个汉语中大名鼎鼎的词语：成语“草船借箭”和歇后语“周瑜打黄盖——一个愿打，一个愿挨”。诸葛亮曹营借箭的潇洒从容、黄盖为国尽忠的忍辱负重，真的非常感人。请任选一个画面，用图画表现。

2．你还知道哪些“苦肉计”的经典案例？请分组把那些案例和本回的“周瑜打黄盖”排成戏剧表演，大家再评价下谁表演得好，谁的剧本改编得棒。

文史一锅烩

1．周瑜这次嫁祸诸葛亮有什么狠毒之处？请分析一下。

2．如果是你，你会不会用“草船借箭”的招数呢？为什么？

3．苦肉计有没有什么破绽？会不会得不偿失？能不能举出反例来？

4. 说起来，黄盖真是忠心耿耿，一把年纪了还主动参与“苦肉计”。不过这也是《三国演义》的发挥，正史里并无这样的情节，请看《三国志·吴书十·黄盖传》：

黄盖字公覆，零陵泉陵人也。初为郡吏，察孝廉，辟公府。孙坚举义兵，盖从之。坚南破山贼，北走董卓，拜盖别部司马。坚薨，盖随策及权，擐甲周旋，蹈刃屠城。

…………

盖姿貌严毅，善于养众，每所征讨，士卒皆争为先。建安中，随周瑜拒曹公于赤壁，建策火攻，语在瑜传。拜武锋中郎将。武陵蛮夷反乱，攻守城邑，乃以盖领太守。时郡兵才五百人，自以不敌，因开城门，贼半入，乃击之，斩首数百，馀皆奔走，尽归邑落。诛讨魁帅，附从者赦之。自春讫夏，寇乱尽平，诸幽邃巴、醴、由、诞邑侯君长，皆改操易节，奉礼请见，郡境遂清。后长沙益阳县为山贼所攻，盖又平讨。加偏将军，病卒于官。

盖当官决断，事无留滞，国人思之。

5. 请继续在上文空格处留下你对本回的总评，在选文右侧留下你的批注。这一回里的“草船借箭”和“苦肉计”都很有名，对于前者，我们可以欣赏周瑜的狠毒和诸葛亮的应对自如，两相对比煞是有趣，两个人的性格都塑造得特别出色；对于后者，我们一来可以体会下黄盖的为人——那真是忠义千秋，难道你不想评论吗？二来打黄盖那一幕，各方的精彩入戏又值得我们从描写的角度细细品味。

跟着名著写写写

既然是“苦肉计”，就一定会有冲突：一个找碴，一个施刑。冲突正是小说、戏剧等叙事文学不可或缺的因素。冲突构成故事，没有冲突就没有故事。那么什么是冲突呢？当两个因素在心理上或物质上发生对立

的时候，冲突就会随之产生。之后伴随着冲突出现对峙的阶段，不管最终的结局如何，冲突一定是表现为两方的对立。但冲突又可以分为许多层次。以本回而言，周瑜和黄盖起了“热”冲突，剑拔弩张；诸葛亮和周瑜则起了“冷”冲突，表面一团和气，实则钩心斗角。但在更高层次上，这些都是同一阵营内部的小冲突，都服务于弱小的孙刘联盟和强大的曹操集团之间为了独立与统一的大冲突。

家长可加入读书心得讨论群 同30位家长一起分享孩子阅读心得
群分类：读书心得 • 入群指南详见本书扉页

第五十回

诸葛亮智算华容　关云长义释曹操

却说当夜张辽一箭射黄盖下水，救得曹操登岸，寻着马匹走时，军已大乱。韩当冒烟突火来攻水寨，忽听得士卒报道："后梢舵上一人，高叫将军表字。"韩当细听，但闻高叫"义公救我？"当曰："此黄公覆也！"急教救起。见黄盖负箭着伤，咬出箭杆，箭头陷在肉内。韩当急为脱去湿衣，用刀剜出箭头，扯旗束之，脱自己战袍与黄盖穿了，先令别船送回大寨医治。原来黄盖深知水性，故大寒之时，和甲堕江，也逃得性命。

却说当日满江火滚，喊声震地。左边是韩当、蒋钦两军从赤壁西边杀来；右边是周泰、陈武两军从赤壁东边杀来；正中是周瑜、程普、徐盛、丁奉大队船只都到。火须兵应，兵仗火威。此正是：三江水战，赤壁鏖兵。曹军着枪中箭、火焚水溺者，不计其数。后人有诗曰：

魏吴争斗决雌雄，赤壁楼船一扫空。
烈火初张照云海，周郎曾此破曹公。

又有一绝云：

山高月小水茫茫，追叹前朝割据忙。
南士无心迎魏武，东风有意使周郎。

批注

批注

不说江中鏖兵。且说甘宁令蔡中引入曹寨深处，宁将蔡中一刀砍于马下，就草上放起火来。吕蒙遥望中军火起，也放十数处火，接应甘宁。潘璋、董袭分头放火呐喊，四下里鼓声大震。曹操与张辽引百馀骑，在火林内走，看前面无一处不着。正走之间，毛玠救得文聘，引十数骑到。操令军寻路。张辽指道："只有乌林地面，空阔可走。"操径奔乌林。正走间，背后一军赶到，大叫："曹贼休走！"火光中现出吕蒙旗号。操催军马向前，留张辽断后，抵敌吕蒙。却见前面火把又起，从山谷中拥出一军，大叫："凌统在此！"曹操肝胆皆裂。忽刺斜里一彪军到，大叫："丞相休慌！徐晃在此！"彼此混战一场，夺路望北而走。忽见一队军马，屯在山坡前。徐晃出问，乃是袁绍手下降将马延、张顗，有三千北地军马，列寨在彼；当夜见满天火起，未敢转动，恰好接着曹操。操教二将引一千军马开路，其馀留着护身。操得这枝生力军马，心中稍安。马延、张顗二将飞骑前行。不到十里，喊声起处，一彪军出。为首一将，大呼曰："吾乃东吴甘兴霸也！"马延正欲交锋，早被甘宁一刀斩于马下；张顗挺枪来迎，宁大喝一声，顗措手不及，被宁手起一刀，翻身落马。后军飞报曹操。操此时指望合淝有兵救应；不想孙权在合淝路口，望见江中火光，知是我军得胜，便教陆逊举火为号，太史慈见了，与陆逊合兵一处，冲杀将来。操只得望彝陵而走。路上撞见张郃，操令断后。

纵马加鞭，走至五更，回望火光渐远，操心方定，问曰："此是何处？"左右曰："此是乌林之西，宜都之北。"操见树木丛杂，山川险峻，乃于马上仰面大笑不止。诸将问曰："丞相何故大笑？"操曰："吾不笑别人，单笑周瑜无谋，诸葛亮少智。若是吾用兵之时，预先在这里伏下一军，如之奈何？”说犹未了，两边鼓声震响，火光竟天而起，惊得曹操几乎坠马。刺斜里一彪军杀出，大叫：“我赵子龙奉军师将令，在此等候多时了！”操教徐晃、张郃双敌赵云，自己冒烟突火而去。子龙不来追赶，只顾抢夺旗帜。曹操得脱。

天色微明，黑云罩地，东南风尚不息。忽然大雨倾盆，湿透衣甲。操与军士冒雨而行，诸军皆有饥色。操令军士往村落中劫掠粮食，寻觅火种。方欲造饭，后面一军赶到。操心甚慌。——原来却是李典、许褚保护着众谋士来到。操大喜，令军马且行，问：“前面是那里地面？”人报：“一边是南彝陵大路，一边是北彝陵山路。”操问：“那里投南郡江陵去近？”军士禀曰：“取南彝陵过葫芦口去最便。”操教走南彝陵。行至葫芦口，军皆饥馁，行走不上，马亦困乏，多有倒于路者。操教前面暂歇。马上有带得锣锅的，也有村中掠得粮米的，便就山边拣干处埋锅造饭，割马肉烧吃。尽皆脱去湿衣，于风头吹晒；马皆摘鞍野放，咽咬草根。操坐于疏林之下，仰面大笑。众官问曰：“适来丞相笑周瑜、诸葛亮，引惹出赵子龙来，又折了许多人马。如今为何又笑？”操曰：“吾笑诸葛亮、周瑜毕竟智谋不足。若是我用兵时，就这个去处，也埋伏一彪军马，以逸待劳；我等纵然脱得性命，也不免重伤矣。彼见不到此，我是以笑之。”正说间，前军后军一齐发喊。操大惊，弃甲上马。众军多有不及收马者。早见四下火烟布合，山口一军摆开，为首乃燕人张翼德，横矛立马，大叫：“操贼走那里去！”诸军众将见了张飞，尽皆胆寒。许褚骑无鞍马来战张飞。张辽、徐晃二将，纵马也来

批注

批注

夹攻。两边军马混战做一团。操先拨马走脱，诸将各自脱身。张飞从后赶来。操迤逦奔逃，追兵渐远，回顾众将多已带伤。

正行间，军士禀曰："前面有两条路，请问丞相从那条路去？"操问："那条路近？"军士曰："大路稍平，却远五十馀里。小路投华容道，却近五十馀里；只是地窄路险，坑坎难行。"操令人上山观望，回报："小路山边有数处烟起；大路并无动静。"操教前军便走华容道小路。诸将曰："烽烟起处，必有军马，何故反走这条路？"操曰："岂不闻兵书有云：'虚则实之，实则虚之。'诸葛亮多谋，故使人于山僻烧烟，使我军不敢从这条山路走，他却伏兵于大路等着。吾料已定，偏不教中他计！"诸将皆曰："丞相妙算，人不可及。"遂勒兵走华容道。此时人皆饥倒，马尽困乏。焦头烂额者扶策而行，中箭着枪者勉强而走。衣甲湿透，个个不全；军器旗幡，纷纷不整：大半皆是彝陵道上被赶得慌，只骑得秃马，鞍辔衣服，尽皆抛弃。正值隆冬严寒之时，其苦何可胜言。

操见前军停马不进，问是何故。回报曰："前面山僻路小，因早晨下雨，坑堑内积水不流，泥陷马蹄，不能前进。"操大怒，叱曰："军旅逢山开路，遇水叠桥，岂有泥泞不堪行之理！"传下号令，教老弱中伤军士在后慢行，强壮者担土束柴，搬草运芦，填塞道路。务要即时行动，如违令者斩。众军只得都下马，就路旁砍伐竹木，填塞山路。操恐后军来赶，令张辽、许褚、徐晃引百骑执刀在手，但迟慢者便斩之。此时军已饿乏，众皆倒地，操喝令人马践踏而行，死者不可胜数。号哭之声，于路不绝。操怒曰："生死有命，何哭之有！如再哭者立斩！"三停人马：一停落后，一停填了沟壑，一停跟随曹操。过了险峻，路稍平坦。操回顾止有三百馀骑随后，并无衣甲袍铠整齐者。操催速行。众将曰："马尽乏矣，只好少歇。"操曰："赶到荆州将息未迟。"又行不到数里，操在马上扬鞭大笑。众将问："丞相何又大笑？"操曰："人皆言周瑜、诸葛亮足智多谋，以吾观之，到底是无能之辈。若使此处伏一旅之师，吾等皆束手受缚矣。"

言未毕，一声炮响，两边五百校刀手摆开，为首大将关云长，提青龙刀，跨赤兔马，截住去路。操军见了，亡魂丧胆，面面相觑。操曰："既到此处，只得决一死战！"众将曰："人纵然不怯，马力已乏，安能复战？"程昱曰："某素知云长傲上而不忍下，欺强而不凌弱；恩怨分明，信义素著。丞相旧日有恩于彼，今只亲自告之，可脱此难。"操从其说，即纵马向前，欠身谓云长曰："将军别来无恙！"云长亦欠身答曰："关某奉军师将令，等候丞相多时。"操曰："曹操兵败势危，到此无路，望将军以昔日之情为重。"云长曰："昔日关某虽蒙丞相厚恩，然已斩颜良，诛文丑，解白马之围，以奉报矣。今日之事，岂敢以私废公？"操曰："五关斩将之时，还能记否？大丈夫以信义为重。将军深明《春秋》，岂不知庾公之斯追子濯孺子之事乎？"云长是个义重如山之人，想起当日曹操许多恩义，与后来五关斩将之事，如何不动心？又见曹军惶惶，皆欲垂泪，一发心中不忍。于是把马头勒回，谓众军曰："四散摆开。"这个分明是放曹操的意思。操见云长回马，便和众将一齐冲将过去。云长回身时，曹操已与众将过去了。云长大喝一声，众军皆下马，哭拜于地。云长愈加不忍。正犹豫间，张辽纵马而至。云长见了，又动故旧之情，长

批注

批注

叹一声，并皆放去。后人有诗曰：

曹瞒兵败走华容，正与关公狭路逢。

只为当初恩义重，放开金锁走蛟龙。

曹操既脱华容之难。行至谷口，回顾所随军兵，止有二十七骑。比及天晚，已近南郡，火把齐明，一簇人马拦路。操大惊曰："吾命休矣！"只见一群哨马冲到，方认得是曹仁军马。操才心安。曹仁接着，言："虽知兵败，不敢远离，只得在附近迎接。"操曰："几与汝不相见也！"于是引众入南郡安歇。随后张辽也到，说云长之德。操点将校，中伤者极多，操皆令将息。曹仁置酒与操解闷。众谋士俱在座。操忽仰天大恸。众谋士曰："丞相于虎窟中逃难之时，全无惧怯；今到城中，人已得食，马已得料，正须整顿军马复仇，何反痛哭？"操曰："吾哭郭奉孝耳！若奉孝在，决不使吾有此大失也！"遂捶胸大哭曰："哀哉，奉孝！痛哉，奉孝！惜哉，奉孝！"众谋士皆默然自惭。次日，操唤曹仁曰："吾今暂回许都，收拾军马，必来报仇。汝可保全南郡。吾有一计，密留在此，非急休开，急则开之。依计而行，使东吴不敢正视南郡。"仁曰："合淝、襄阳，谁可保守？"操曰："荆州托汝管领；襄阳吾已拨夏侯惇守把；合淝最为紧要之地，吾令张辽为主将，乐进、李典为副将，保守此地。但有缓急，飞报将来。"操分拨已定，遂上马引众奔回许昌。荆州原降文武各官，依旧带回许昌调用。曹仁自遣曹洪据守彝陵、南郡，以防周瑜。

却说关云长放了曹操，引军自回。此时诸路军马，皆得马匹、器械、钱粮，已回夏口；独云长不获一人一骑，空身回见玄德。孔明正与玄德作贺，忽报云长至。孔明忙离坐席，执杯相迎曰："且喜将军立此盖世之功，与普天下除大害。合宜远接庆贺！"云长默然。孔明曰："将军莫非因吾等不曾远接，故尔不乐？"回顾左右曰："汝等缘何不先报？"云长曰："关某特来请死。"孔明曰："莫非曹操不曾投华容道上来？"云长曰："是从那里来。关某无能，因此被他走脱。"孔明曰："拿得甚将士来？"云长曰："皆不曾拿。"孔明曰："此是云长想曹操昔日之恩，故意放了。但既有军令状在此，不得不按军法。"遂叱武士推出斩之。正是：拼将一死酬知己，致令千秋仰义名。未知云长性命如何，且看下文分解。

批注

本回我评论：

三国复活赛

1．一部《三国演义》，其实最精华的莫过于官渡之战、火烧赤壁、火烧连营了，到本回，火烧赤壁就结束了，三分天下的格局也奠定了。很多影视作品中都以火烧赤壁为主题，比如电视连续剧《三国演义》，还有吴宇森的电影《赤壁》。建议你观看一下这些影视作品，与小说比较异同。

2．我们有一种民间益智游戏叫作"华容道"，和七巧板、九连环一样曾经非常流行，就是和国外的诸如魔方、独立钻石棋相比也不落下风。你有兴趣了解并玩一玩吗？特别希望你和你的小伙伴能比赛哦！

3．没有什么比华容道义释曹操更体现关羽为人性格特点的了，你和你的小伙伴怎么能错过再现这一幕的机会！

文史一锅烩

1．曹操很有意思，明明遭遇一场大败，为何还“大笑不止”？可能有什么其他原因吗？大笑之后他还痛哭，请看看他哭的原因，想想他的为人特点。

2．关羽放走了曹操，如果错了，那么错在哪里；如果对了，那么又对在那里？请把你的理由一一罗列，和小伙伴们交流、辩论吧！记住辩论的目的不是胜负，而是思想的交流。

3．如果真的想捉住曹操，诸葛亮应该怎么安排才好呢？来，我们替他想想！

4．一部《三国演义》被毛宗岗评为“三绝”，即诸葛亮“智绝”、关羽“义绝”、曹操“奸绝”，其实围绕关羽的戏份真的不少，前面的“千

里走单骑”，这里的“义释曹操”，后面的“单刀会”和“水淹七军”，关羽是《三国演义》里当之无愧的主角之一，不逊刘备。那么，让我们来看看正史中的他又是怎样的吧：

关羽字云长，本字长生，河东解人也。亡命奔涿郡。先主于乡里合徒众，而羽与张飞为之御侮。先主为平原相，以羽、飞为别部司马，分统部曲。先主与二人寝则同床，恩若兄弟。而稠人广坐，侍立终日，随先主周旋，不避艰险。先主之袭杀徐州刺史车胄，使羽守下邳城，行太守事，而身还小沛。

建安五年，曹公东征，先主奔袁绍。曹公禽羽以归，拜为偏将军，礼之甚厚。绍遣大将军颜良攻东郡太守刘延于白马，曹公使张辽及羽为先锋击之。羽望见良麾盖，策马刺良于万众之中，斩其首还，绍诸将莫能当者，遂解白马围。曹公即表封羽为汉寿亭侯。初，曹公壮羽为人，而察其心神无久留之意，谓张辽曰：“卿试以情问之。”既而辽以问羽，羽叹曰：“吾极知曹公待我厚，然吾受刘将军厚恩，誓以共死，不可背之。吾终不留，吾要当立效以报曹公乃去。”辽以羽言报曹公，曹公义之。及羽杀颜良，曹公知其必去，重加赏赐。羽尽封其所赐，拜书告辞，而奔先主于袁军。左右欲追之，曹公曰：“彼各为其主，勿追也。”

从先主就刘表。表卒，曹公定荆州，先主自樊将南渡江，别遣羽乘船数百艘会江陵。曹公追至当阳长阪，先主斜趣汉津，适与羽船相值，共至夏口。孙权遣兵佐先主拒曹公，曹公引军退归。先主收江南诸郡，乃封拜元勋，以羽为襄阳太守、荡寇将军，驻江北。先主西定益州，拜羽董督荆州事。羽闻马超来降，旧非故人，羽书与诸葛亮，问超人才可谁比类。亮知羽护前，乃答之曰：“孟起兼资文武，雄烈过人，一世之杰，黥、彭之徒，当与益德并驱争先，犹未及髯之绝伦逸群也。”羽美须髯，故亮谓之髯。羽省书大悦，以示宾客。

5. 请继续在上文空格处留下你对本回的总评，在选文右侧留下你的批注。在这一回里，我们可以看到曹操在战败后的表现真是出人意料，屡次大笑又大哭，而在这哭哭笑笑中，曹操为人的性格特点值得我们玩味再三，还有他退到安全地方后马上进行的安排部署，真看得出名将风采；关羽义释曹操的内容也十分精彩，曹操软语打动关羽的说话技巧，关羽内心的纠结，这都显得十分生动，值得赏析。

跟着名著写写写

描写按照数量可以分为浓墨重彩的描写和简笔白描，各有长短。浓墨重彩这个词语来源于绘画，原意是用浓重的墨汁和颜色来描绘，指绘画着墨多。用在描写上，就是指通过有分量的着力描写，让描写对象醒目突出，有很强的感染力。那么，怎样才能做到有分量的着力描写呢？一般来说，就是需要运用多种描写手法，尤其是侧面描写、环境描写，正侧结合地渲染背景、突出人物。比如本回中关羽义释曹操的那一幕，罗贯中运用了环境描写和对比，用关羽士卒的兵强马壮突出了曹军战败的凄惨，又用曹操特意从关羽熟读的《春秋》中寻典的语言描写和关羽本人的心理描写，再加上关羽瞥见故人张辽而愈发思念旧情这一细节，为华容道记上了浓墨重彩的一笔。

家长可加入阅读能力提升群 陪孩子听名师阅读讲解课 读懂经典提升阅读能力
群分类：阅读提升 • 入群指南详见本书扉页

第三部分

三国鼎立

第五十三回

关云长义释黄汉升　孙仲谋大战张文远

却说孔明谓张飞曰：“前者子龙取桂阳郡时，责下军令状而去。今日翼德要取武陵，必须也责下军令状，方可领兵去。”张飞遂立军令状，欣然领三千军，星夜投武陵界上来。金旋听得张飞引兵到，乃集将校，整点精兵器械，出城迎敌。从事巩志谏曰：“刘玄德乃大汉皇叔，仁义布于天下；加之张翼德骁勇非常。不可迎敌，不如纳降为上。”金旋大怒曰：“汝欲与贼通连为内变耶？”喝令武士推出斩之。众官皆告曰：“先斩家人，于军不利。”金旋乃喝退巩志，自率兵出。离城二十里，正迎张飞。飞挺矛立马，大喝金旋。旋问部将：“谁敢出战？”众皆畏惧，莫敢向前。旋自骤马舞刀迎之。张飞大喝一声，浑如巨雷，金旋失色，不敢交锋，拨马便走。飞引众军随后掩杀。金旋走至城边，城上乱箭射下。旋惊视之，见巩志立于城上曰：“汝不顺天时，自取败亡，吾与百姓自降刘矣。”言未毕，一箭射中金旋面门，坠于马下，军士割头献张飞。巩志出城纳降，飞就令巩志赍印绶，往桂阳见玄德。玄德大喜，遂令巩志代金旋之职。

玄德亲至武陵安民毕，驰书报云长，言翼德、子龙各

批注

批注

得一郡。云长乃回书上请曰："闻长沙尚未取，如兄长不以弟为不才，教关某干这件功劳甚好。"玄德大喜，遂教张飞星夜去替云长守荆州，令云长来取长沙。云长既至，入见玄德、孔明。孔明曰："子龙取桂阳，翼德取武陵，都是三千军去。今长沙太守韩玄，固不足道。只是他有一员大将，乃南阳人，姓黄，名忠，字汉升；是刘表帐下中郎将，与刘表之侄刘磐共守长沙，后事韩玄；虽今年近六旬却有万夫不当之勇，不可轻敌。云长去，必须多带军马。"云长曰："军师何故长别人锐气，灭自己威风？量一老卒，何足道哉！关某不须用三千军，只消本部下五百名校刀手，决定斩黄忠、韩玄之首，献来麾下。"玄德苦挡。云长不依，只领五百校刀手而去。孔明谓玄德曰："云长轻敌黄忠，只恐有失。主公当往接应。"玄德从之，随后引兵望长沙进发。

却说长沙太守韩玄，平生性急，轻于杀戮，众皆恶之。是时听知云长军到，便唤老将黄忠商议。忠曰："不须主公忧虑。凭某这口刀，这张弓，一千个来，一千个死！"原来黄忠能开二石力之弓，百发百中。言未毕，阶下一人应声而出曰："不须老将军出战，只就某手中定活捉关某。"韩玄视之，乃管军校尉杨龄。韩玄大喜，遂令杨龄引军一千，飞奔出城。约行五十里，望见尘头起处，云长军马早到。杨龄挺枪出马，立于阵前骂战。云长大怒，更不打话，飞马舞刀，直取杨龄。龄挺枪来迎。不三合，云长手起刀落，砍杨龄于马下。追杀败兵，直至城下。韩玄闻之大惊，便教黄忠出马。玄自来城上观看。忠提刀纵马，引五百骑兵飞过吊桥。云长见一老将出马，知是黄忠，把五百校刀手一字摆开，横刀立马而问曰："来将莫非黄忠否？”忠曰：“既知我名，焉敢犯我境！”云长曰：“特来取汝首级！”言罢，两马交锋。斗一百馀合，不分胜负。韩玄恐黄忠有失，鸣金收军。黄忠收军入城。云长也退军，离城十里下寨，心中暗忖：“老将黄忠，名不虚传：斗一百合，全无破绽。来日必用拖刀计，背砍赢之。”

次日早饭毕，又来城下搦战。韩玄坐在城上，教黄忠出马。忠引数百骑杀过吊桥，再与云长交马。又斗五六十合，胜负不分，两军齐声喝采。鼓声正急时，云长拨马便走。黄忠赶来。云长方欲用刀砍去，忽听得脑后一声响；急回头看时，见黄忠被战马前失，掀在地下。云长急回马，双手举刀猛喝曰：“我且饶你性命！快换马来厮杀！”黄忠急提起马蹄，飞身上马，弃入城中。玄惊问之。忠曰：“此马久不上阵，故有此失。”玄曰：“汝箭百发百中，何不射之？”忠曰：“来日再战，必然诈败，诱到吊桥边射之。”玄以自己所乘一匹青马与黄忠。忠拜谢而退，寻思：“难得云长如此义气！他不忍杀害我，我又安忍射他？若不射，又恐违了将令。”是夜踌躇未定。次日天晓，人报云长搦战。忠领兵出城。云长两日战黄忠不下，十分焦躁，抖擞威风，与忠交马。战不到三十馀合，忠诈败，云长赶来。忠想昨日不杀之恩，不忍便射，带住刀，把弓虚拽弦响，云长急闪，却不见箭；云长又赶，忠又虚拽，云长急闪，又无箭；只道黄忠不会射，放心赶来。将近吊桥，黄忠在桥上搭箭开弓，弦响箭到，正射在云长盔缨根上。前面军齐声喊起。云长吃了一惊，带箭回寨，方知黄忠有百步穿杨之能，今日只射盔缨，正是报昨日不杀之恩也。云长领兵而退。

黄忠回到城上来见韩玄，玄便喝左右捉下黄忠。忠叫

批注

批注

曰："无罪！"玄大怒曰："我看了三日，汝敢欺我！汝前日不力战，必有私心；昨日马失，他不杀汝，必有关通；今日两番虚拽弓弦，第三箭却止射他盔缨，如何不是外通内连？若不斩汝，必为后患！"喝令刀斧手推下城门外斩之。众将欲告，玄曰："但告免黄忠者，便是同情！"刚推到门外，恰欲举刀，忽然一将挥刀杀入，砍死刀手，救起黄忠，大叫曰："黄汉升乃长沙之保障，今杀汉升，是杀长沙百姓也！韩玄残暴不仁，轻贤慢士，当众共殛之！愿随我者便来！"众视其人，面如重枣，目若朗星，乃义阳人魏延也。——自襄阳赶刘玄德不着，来投韩玄；玄怪其傲慢少礼，不肯重用，故屈沉于此。当日救下黄忠，教百姓同杀韩玄，袒臂一呼，相从者数百馀人。黄忠拦当不住。魏延直杀上城头，一刀砍韩玄为两段，提头上马，引百姓出城，投拜云长。云长大喜，遂入城。安抚已毕，请黄忠相见；忠托病不出。云长即使人去请玄德、孔明。

却说玄德自云长来取长沙，与孔明随后催促人马接应。正行间，青旗倒卷，一鸦自北南飞，连叫三声而去。玄德曰："此应何祸福？"孔明就马上袖占一课，曰："长沙郡已得，又主得大将。午时后定见分晓。"少顷。见一小校飞报前来，说："关将军已得长沙郡，降将黄忠、魏延。耑等主公到彼。"玄德大喜，遂入长沙。云长接入厅上，具言黄忠之事。玄德乃亲往黄忠家相请，忠方出降，求葬韩玄尸首于长沙之东。后人有诗赞黄忠曰：

将军气概与天参，白发犹然困汉南。
至死甘心无怨望，临降低首尚怀惭。
宝刀灿雪彰神勇，铁骑临风忆战酣。
千古高名应不泯，长随孤月照湘潭。

玄德待黄忠甚厚。云长引魏延来见，孔明喝令刀斧手推下斩之。玄德惊问孔明曰：“魏延乃有功无罪之人，军师何故欲杀之？”孔明曰：“食其禄而杀其主，是不忠也；居其土而献其地，是不义也。吾观魏延脑后有反骨，久后必反，故先斩之，以绝祸根。”玄德曰：“若斩此人，恐降者人人自危。望军师恕之。”孔明指魏延曰：“吾今饶汝性命。汝可尽忠报主，勿生异心，若生异心，我好歹取汝首级。”魏延喏喏连声而退。黄忠荐刘表侄刘磐——现在攸县闲居，玄德取回，教掌长沙郡。四郡已平，玄德班师回荆州，改油江口为公安。自此钱粮广盛，贤士归之；将军马四散屯于隘口。

却说周瑜自回柴桑养病，令甘宁守巴陵郡，令凌统守汉阳郡，二处分布战船，听候调遣。程普引其馀将士投合淝县来。原来孙权自从赤壁鏖兵之后，久在合淝，与曹兵交锋，大小十馀战，未决胜负，不敢逼城下寨，离城五十里屯兵。闻程普兵到，孙权大喜，亲自出营劳军。人报鲁子敬先至，权乃下马立待之。肃慌忙滚鞍下马施礼。众将见权如此待肃，皆大惊异。权请肃上马，并辔而行，密谓曰：“孤下马相迎，足显公否？”肃曰：“未也。”权曰：“然则何如而后为显耶？”肃曰：“愿明公威德加于四海，总括九州，克成帝业，使肃名书竹帛，始为显矣。”权抚掌大笑。同至帐中，大设饮宴，犒劳鏖兵将士，商议破合淝之策。

忽报张辽差人来下战书。权拆书观毕，大怒曰：“张辽欺吾太甚！汝闻程普军来，故意使人搦战！来日吾不用新军赴敌，看我大战一场！”传令当夜五更，三军出寨，望

批注

批注

合淝进发。辰时左右，军马行至半途，曹兵已到。两边布成阵势。孙权金盔金甲，披挂出马；左宋谦，右贾华，二将使方天画戟，两边护卫。三通鼓罢，曹军阵中，门旗两开，三员将全装惯带，立于阵前：中央张辽，左边李典，右边乐进。张辽纵马当先，专搦孙权决战。权绰枪欲自战，阵门中一将挺枪骤马早出，乃太史慈也。张辽挥刀来迎。两将战有七八十合，不分胜负。曹阵上李典谓乐进曰："对面金盔者，孙权也。若捉得孙权，足可与八十三万大军报仇。"说犹未了，乐进一骑马，一口刀，从刺斜里径取孙权，如一道电光，飞至面前，手起刀落。宋谦、贾华急将画戟遮架。刀到处，两枝戟齐断，只将戟杆望马头上打。乐进回马，宋谦绰军士手中枪赶来。李典搭上箭，望宋谦心窝里便射，应弦落马。太史慈见背后有人堕马，弃却张辽，望本阵便回。张辽乘势掩杀过来，吴兵大乱，四散奔走。张辽望见孙权，骤马赶来。看看赶上，刺斜里撞出一军，为首大将，乃程普也；截杀一阵，救了孙权。张辽收军自回合淝。

程普保孙权归大寨，败军陆续回营。孙权因见折了宋谦，放声大哭。长史张纮曰："主公恃盛壮之气，轻视大敌，三军之众，莫不寒心。即使斩将搴旗，威振疆埸，亦偏将之任，非主公所宜也。愿抑贲、育之勇，怀王霸之计。且今日宋谦死于锋镝之下，皆主公轻敌之故。今后切宜保重。"权曰："是孤之过也。从今当改之。"少顷，太史慈入帐，言："某手下有一人，姓戈，名定，与张辽手下养马后槽是弟兄，后槽被责怀怨，今晚使人报来，举火为号，刺杀张辽，以报宋谦之仇。某请引兵为外应。"权曰："戈定何在？"太史慈曰："已混入合淝城中去了。某愿乞五千兵去。”诸葛瑾曰：“张辽多谋，恐有准备，不可造次。”太史慈坚执要行。权因伤感宋谦之死，急要报仇，遂令太史慈引兵五千，去为外应。

却说戈定乃太史慈乡人；当日杂在军中，随入合淝城，寻见养马后槽，两个商议。戈定曰：“我已使人报太史慈将军去了，今夜必来接应。你如何用事？”后槽曰：“此间离中军较远，夜间急不能进，只就草堆上放起一把火，你去前面叫反，城中兵乱，就里刺杀张辽，馀军自走也。”戈定曰：“此计大妙！”是夜张辽得胜回城，赏劳三军，传令不许解甲宿睡。左右曰：“今日全胜，吴兵远遁，将军何不卸甲安息？”辽曰：“非也。为将之道：勿以胜为喜，勿以败为忧。倘吴兵度我无备，乘虚攻击，何以应之？今夜防备，当比每夜更加谨慎。”说犹未了，后寨火起，一片声叫反，报者如麻。张辽出帐上马，唤亲从将校十数人，当道而立。左右曰：“喊声甚急，可往观之。”辽曰：“岂有一城皆反者？此是造反之人，故惊军士耳。如乱者先斩！”无移时，李典擒戈定并后槽至。辽询得其情，立斩于马前。只听得城门外鸣锣击鼓，喊声大震。辽曰：“此是吴兵外应，可就计破之。”便令人于城门内放起一把火，众皆叫反，大开城门，放下吊桥。太史慈见城门大开，只道内变，挺枪纵马先入。城上一声炮响，乱箭射下，太史慈急退，身中数箭。背后李典、乐进杀出，吴兵折其大半，乘势直赶到寨前。陆逊、董袭杀出，救了太史慈。曹兵自回。孙权见太史慈身带重伤，愈加伤感。张昭请权罢兵。权从之，遂收兵下船，回南徐润州。比及屯住军马，太史慈病重；权使张昭等问安，太史慈大叫曰：“大丈夫生于乱世，当带三尺剑立不世之功；今所志未遂，奈

批注

批注

何死乎！”言讫而亡，年四十一岁。后人有诗赞曰：

矢志全忠孝，东莱太史慈：
姓名昭远塞，弓马震雄师；
北海酬恩日，神亭酣战时。
临终言壮志，千古共嗟咨！

孙权闻慈死，伤悼不已，命厚葬于南徐北固山下，养其子太史亨于府中。

却说玄德在荆州整顿军马，闻孙权合淝兵败，已回南徐，与孔明商议。孔明曰：“亮夜观星象，见西北有星坠地，必应折一皇族。”正言间，忽报公子刘琦病亡。玄德闻之，痛哭不已。孔明劝曰：“生死分定，主公勿忧，恐伤贵体。且理大事：可急差人到彼守御城池，并料理葬事。”玄德曰：“谁可去？”孔明曰：“非云长不可。”即时便教云长前去襄阳保守。玄德曰：“今日刘琦已死，东吴必来讨荆州，如何对答？”孔明曰：“若有人来，亮自有言对答。”过了半月，人报东吴鲁肃特来吊丧。正是：先将计策安排定，只等东吴使命来。未知孔明如何对答，且看下文分解。

本回我评论：

三国复活赛

1. 正值壮年的关羽和老将黄忠的对决，是不是想想就很有看头？而且两人都用刀，到底谁会赢呢？这样吧，根据本回的描写，任选一个场景，画出你心中的“关羽黄忠对决图”。

2. 关羽和黄忠真是惺惺相惜，而且这一幕发生在武人之间，特别令人感动。请把这一幕表演出来吧！

文史一锅烩

1. 像关羽、黄忠这样英雄相惜的故事，你还知道多少？来，我们比一比。

2. 像关羽这样心高气傲的名将，为何会对黄忠青睐有加呢？读全文，说说你的看法。

3. 为何诸葛亮对魏延不赏反杀呢？如果现在不能回答，那先存着这个问题，等读完全书，你就知道答案了。

4. 一部《三国演义》，有三位老将最为闪耀：黄忠、黄盖和严颜。其中又以位列蜀汉“五虎上将”之一、为刘备取得汉中的黄忠最为杰出，

由于《三国演义》的生动描写，民间也以“老黄忠”作为对老而弥坚者的肯定。我们来看一看《三国志·蜀书六·黄忠传》的记载：

黄忠字汉升，南阳人也。荆州牧刘表以为中郎将，与表从子磐共守长沙攸县。及曹公克荆州，假行裨将军，仍就故任，统属长沙太守韩玄。先主南定诸郡，忠遂委质，随从入蜀。自葭萌受任，还攻刘璋，忠常先登陷陈，勇毅冠三军。益州既定，拜为讨虏将军。建安二十四年，于汉中定军山击夏侯渊。渊众甚精，忠推锋必进，劝率士卒，金鼓振天，欢声动谷，一战斩渊，渊军大败。迁征西将军。是岁，先主为汉中王，欲用忠为后将军，诸葛亮说先主曰：“忠之名望，素非关、马之伦也。而今便令同列。马、张在近，亲见其功，尚可喻指；关遥闻之，恐必不悦，得无不可乎！”先主曰：“吾自当解之。”遂与羽等齐位，赐爵关内侯。明年卒，追谥刚侯。子叙，早没，无后。

魏延其实也是蜀汉名将，根据正史记载，在诸葛亮死后，他由于和杨仪的争执而造反被杀，《三国演义》据此，刻画了魏延“有反骨”的个性，本回就是一证。我们且来看看《三国志·蜀书十·魏延传》的记载：

魏延字文长，义阳人也。以部曲随先主入蜀，数有战功，迁牙门将军。先主为汉中王，迁治成都，当得重将以镇汉川，众论以为必在张飞，飞亦以心自许。先主乃拔延为督汉中镇远将军，领汉中太守，一军尽惊。先主大会群臣，问延曰：“今委卿以重任，卿居之欲云何？”延对曰：“若曹操举天下而来，请为大王拒之；偏将十万之众至，请为大王吞之。”先主称善，众咸壮其言。先主践尊号，进拜镇北将军。建兴元年，封都亭侯。五年，诸葛亮驻汉中，更以延为督前部，领丞相司马、凉州刺史，八年，使延西入羌中，魏后将军费瑶、雍州刺史郭淮与延战于阳豁，延大破淮等，迁为前军师征西大将军，假节，进封南郑侯。

延每随亮出，辄欲请兵万人，与亮异道会于潼关，如韩信故事，亮制而不许。延常谓亮为怯，叹恨己才用之不尽。延既善养士卒，勇猛

过人，又性矜高，当时皆避下之。唯杨仪不假借延，延以为至忿，有如水火。十二年，亮出北谷口，延为前锋。出亮营十里，延梦头上生角，以问占梦赵直，直诈延曰：“夫麒麟有角而不用，此不战而贼欲自破之象也。”退而告人曰：“角之为字，刀下用也；头上用刀，其凶甚矣。”

5. 请继续在上文空格处留下你对本回的总评，在选文右侧留下你的批注。在这一回里，关羽、黄忠和魏延是当仁不让的主角。纵观全书，关羽的人物形象得到了多次塑造，已经深入人心了；但身为“五虎上将”之一的黄忠则是在此回中才得到充分塑造的。这位老将怎么样？罗贯中写得如何？还有魏延这个鼎鼎大名“反骨仔”，虽然重要戏份要到小说后半才有，但这里的描写是不是有伏笔的用处呢？

跟着名著写写写

像《三国演义》这种线索多、人物众的小说，是很考验作者的布局能力的。虽然《三国演义》的确有尊刘贬曹轻吴的倾向，但总体而言，三个国家的大事均有交代，而且经常是平行出现的，比如这一回，一方面是关羽力战黄忠，一方面则是孙权对阵张辽，这样三方势力都参与进来了，对得起“三国演义”的名头。这样平行安排情节的结构，在全书中还有很多。另外值得称赞的是，这一回中对插叙、伏笔的使用。我们都知道插叙是在叙述中心事件的过程中，为了帮助展开情节或刻画人物，暂时中断叙述的线索，插入一段与主要情节相关的回忆或故事的叙述方法。这一回中太史慈之死就是很好的插叙。而魏延的杀将献城，单就谋反而言，已为后来他被马忠斩杀埋下伏笔。

家长可加入读书心得讨论群 同30位家长一起分享孩子阅读心得
群分类：读书心得 • 入群指南详见本书扉页

第五十五回

玄德智激孙夫人　孔明二气周公瑾

批注

却说玄德见孙夫人房中两边枪刀森列，侍婢皆佩剑，不觉失色。管家婆进曰："贵人休得惊惧：夫人自幼好观武事，居常令侍婢击剑为乐，故尔如此。"玄德曰："非夫人所观之事，吾甚心寒，可命暂去。"管家婆禀覆孙夫人曰："房中摆列兵器，娇客不安，今且去之。"孙夫人笑曰："厮杀半生，尚惧兵器乎！"命尽撤去，令侍婢解剑伏侍。当夜玄德与孙夫人成亲，两情欢洽。玄德又将金帛散给侍婢，以买其心，先教孙乾回荆州报喜。自此连日饮酒。国太十分爱敬。

却说孙权差人来柴桑郡报周瑜，说："我母亲力主，已将吾妹嫁刘备。不想弄假成真。此事还复如何？"瑜闻大惊，行坐不安，乃思一计，修密书付来人持回见孙权。权拆书视之。书略曰：

瑜所谋之事，不想反覆如此。既已弄假成真，又当就此用计。刘备以枭雄之姿，有关、张、赵云之将，更兼诸葛用谋，必非久屈人下者。愚意莫如软困之于吴中：盛为筑宫室，以丧其心志；多送美色玩好，以娱其耳目；使分开关、张之情，隔远诸葛之契：

各置一方，然后以兵击之，大事可定矣。今若纵之，恐蛟龙得云雨，终非池中物也。愿明公熟思之。

孙权看毕，以书示张昭。昭曰："公瑾之谋，正合愚意。刘备起身微末，奔走天下，未尝受享富贵。今若以华堂大厦，子女金帛，令彼享用，自然疏远孔明、关、张等，使彼各生怨望，然后荆州可图也。主公可依公瑾之计而速行之。"权大喜，即日修整东府，广栽花木，盛设器用，请玄德与妹居住；又增女乐数十馀人，并金玉锦绮玩好之物。国太只道孙权好意，喜不自胜。玄德果然被声色所迷，全不想回荆州。

却说赵云与五百军在东府前住，终日无事，只去城外射箭走马。看看年终。云猛省："孔明分付三个锦囊与我，教我一到南徐，开第一个；住到年终，开第二个；临到危急无路之时，开第三个：于内有神出鬼没之计，可保主公回家。此时岁已将终，主公贪恋女色，并不见面，何不拆开第二个锦囊，看计而行？"遂拆开视之。原来如此神策。即日径到府堂，要见玄德。侍婢报曰："赵子龙有紧急事来报贵人。"玄德唤入问之。云佯作失惊之状曰："主公深居画堂，不想荆州耶？"玄德曰："有甚事如此惊怪？"云曰："今早孔明使人来报，说曹操要报赤壁鏖兵之恨，起精兵五十万，杀奔荆州，甚是危急，请主公便回。"玄德曰："必须与夫人商议。"云曰："若和夫人商议，必不肯教主公回。不如休说，今晚便好起程。——迟则误事！"玄德曰："你且暂退，我自有道理。"云故意催逼数番而出。玄德入见孙夫人，暗暗垂泪。孙夫人曰："丈夫何故烦恼？"玄德曰："念备一身飘荡异乡，生不能侍奉二

批注

批注

亲，又不能祭祀宗祖，乃大逆不孝也。今岁旦在迩，使备悒怏不已。”孙夫人曰：“你休瞒我，我已听知了也！方才赵子龙报说荆州危急，你欲还乡，故推此意。”玄德跪而告曰：“夫人既知，备安敢相瞒。备欲不去，使荆州有失，被天下人耻笑；欲去，又舍不得夫人：因此烦恼。”夫人曰：“妾已事君，任君所之，妾当相随。”玄德曰：“夫人之心，虽则如此，争奈国太与吴侯安肯容夫人去？夫人若可怜刘备，暂时辞别。”言毕，泪如雨下。孙夫人劝曰：“丈夫休得烦恼。妾当苦告母亲，必放妾与君同去。”玄德曰：“纵然国太肯时，吴侯必然阻挡。”孙夫人沉吟良久，乃曰：“妾与君正旦拜贺时，推称江边祭祖，不告而去，若何？”玄德又跪而谢曰：“若如此，生死难忘！——切勿漏泄。”两个商议已定。玄德密唤赵云分付：“正旦日，你先引军士出城，于官道等候。吾推祭祖，与夫人同走。”云领诺。建安十五年春正月元旦，吴侯大会文武于堂上。玄德与孙夫人入拜国太。孙夫人曰：“夫主想父母宗祖坟墓，俱在涿郡，昼夜伤感不已。今日欲往江边，望北遥祭，须告母亲得知。”国太曰：“此孝道也，岂有不从？汝虽不识舅姑，可同汝夫前去祭拜，亦见为妇之礼。”孙夫人同玄德拜谢而出。

此时只瞒着孙权。夫人乘车，止带随身一应细软。玄德上马，引数骑跟随出城，与赵云相会。五百军士前遮后拥，离了南徐，趱程而行。当日，孙权大醉，左右近侍扶入后堂，文武皆散。比及众官探得玄德、夫人逃遁之时，天色已晚。要报孙权，权醉不醒。及至睡觉，已是五更。次日，孙权闻知走了玄德，急唤文武商议。张昭曰：“今日走了此人，早晚必生祸乱。可急追之。”孙权令陈武、潘

批注

璋选五百精兵，无分昼夜，务要赶上拿回。二将领命去了。孙权深恨玄德，将案上玉砚摔为粉碎。程普曰："主公空有冲天之怒，某料陈武、潘璋必擒此人不得。"权曰："焉敢违我令！"普曰："郡主自幼好观武事，严毅刚正，诸将皆惧。既然肯顺刘备，必同心而去。所追之将，若见郡主，岂肯下手？"权大怒，掣所佩之剑，唤蒋钦、周泰听令，曰："汝二人将这口剑去取吾妹并刘备头来！违令者立斩！"蒋钦、周泰领命，随后引一千军赶来。

却说玄德加鞭纵辔，趱程而行；当夜于路暂歇两个更次，慌忙起行。看看来到柴桑界首，望见后面尘头大起，人报："追兵至矣！"玄德慌问赵云曰："追兵既至，如之奈何？"赵云曰："主公先行，某愿当后。"转过前面山脚，一彪军马拦住去路。当先两员大将，厉声高叫曰："刘备早早下马受缚！吾奉周都督将令，守候多时！"原来周瑜恐玄德走脱，先使徐盛、丁奉引三千军马于冲要之处扎营等候，时常令人登高遥望，料得玄德若投旱路，必经此道而过。当日徐盛、丁奉了望得玄德一行人到，各绰兵器截住去路。玄德惊慌勒回马问赵云曰："前有拦截之兵，后有追赶之兵：前后无路，如之奈何？"云曰："主公休慌。军师有三条妙计，多在锦囊之中。已拆了两个，并皆应验。今尚有第三个在此，分付遇危难之时，方可拆看。今日危急，当拆观之。"便将锦囊拆开，献与玄德。玄德看了，急来车前泣告孙夫人曰："备有心腹之言，至此尽当实诉。"夫人曰："丈夫有何言语，实对我说。"玄德曰："昔日吴侯与周瑜同谋，将夫人招嫁刘备，实非为夫人计，乃欲幽困刘备而夺荆州耳。夺了荆州，必将杀备。是以夫人为香饵而钓备也。备不惧万死而来，盖知夫人有男子之胸襟，必

批注

能怜备。昨闻吴侯将欲加害，故托荆州有难，以图归计。幸得夫人不弃，同至于此。今吴侯又令人在后追赶，周瑜又使人于前截住，非夫人莫解此祸。如夫人不允，备请死于车前，以报夫人之德。”夫人怒曰：“吾兄既不以我为亲骨肉，我有何面目重相见乎！今日之危，我当自解。”于是叱从人推车直出，卷起车帘，亲喝徐盛、丁奉曰：“你二人欲造反耶？”徐、丁二将慌忙下马，弃了兵器，声喏于车前曰：“安敢造反。为奉周都督将令，屯兵在此专候刘备。”孙夫人大怒曰：“周瑜逆贼！我东吴不曾亏负你！玄德乃大汉皇叔，是我丈夫。我已对母亲、哥哥说知回荆州去。今你两个于山脚去处，引着军马拦截道路，意欲劫掠我夫妻财物耶？”徐盛、丁奉喏喏连声，口称：“不敢。请夫人息怒。这不干我等之事，乃是周都督的将令。”孙夫人叱曰：“你只怕周瑜，独不怕我？周瑜杀得你，我岂杀不得周瑜？”把周瑜大骂一场，喝令推车前进。徐盛、丁奉自思：“我等是下人。安敢与夫人违拗？”又见赵云十分怒气，只得把军喝住，放条大路教过去。

恰才行不得五六里，背后陈武、潘璋赶到。徐盛、丁奉备言其事。陈、潘二将曰：“你放他过去差了也。我二人奉吴侯旨意，特来追捉他回去。”于是四将合兵一处，趱程赶来。玄德正行间，忽听得背后喊声大起。玄德又告孙夫人曰：“后面追兵又到，如之奈何？”夫人曰：“丈夫先行，我与子龙当后。”玄德先引三百军，望江岸去了。子龙勒马于车傍，将士卒摆开，专候来将。四员将见了孙夫人，只得下马，叉手而立。夫人曰：“陈武、潘璋，来此何干？”二将答曰：“奉主公之命，请夫人、玄德回。”夫人正色叱曰：“都是你这伙匹夫，离间我兄妹不睦！我已嫁他人，今日归去，须不是与人私奔。我奉母亲慈旨，令我夫妇回荆州。便是我哥哥来，也须依礼而行。你二人倚仗兵威，欲待杀害我耶？”骂得四人面面相觑，各自寻思：“他一万年也只是兄妹。更兼国太作主；吴侯乃大孝之人，怎敢违逆母言？明日翻过脸来，只是我等不是。不如做个人情。”军中又不见玄德；但见赵云怒目睁眉，只待厮杀。——因此四将喏喏连声而退。孙夫人令推车便行。徐盛曰：“我四人同去见周都督，告禀此事。”四人犹豫未定。忽见一军如旋风而来，视之，乃蒋钦、周泰。二将问曰：“你等曾见刘备否？”四人曰：“早晨过去，已半日矣。”蒋钦曰：“何不拿下？”四人各言孙夫人发话之事。蒋钦曰：“便是吴侯怕道如此，封一口剑在此，教先杀他妹，后斩刘备。违者立斩！”四将曰：“去之已远，怎生奈何？”蒋钦曰：“他终是些步军，急行不上。徐、丁二将军可飞报都督，教水路棹快船追赶；我四人在岸上追赶：无问水旱之路，赶上杀了，休听他言语。”于是徐盛、丁奉飞报周瑜；蒋钦、周泰、陈武、潘璋四个领兵沿江赶来。

却说玄德一行人马，离柴桑较远，来到刘郎浦，心才稍宽。沿着江岸寻渡，一望江水弥漫，并无船只。玄德俯首沉吟。赵云曰：“主公在虎口中逃出，今已近本界，吾料军师必有调度，何用犹疑？”玄德听罢，蓦然想起在吴繁华之事，不觉凄然泪下。后人有诗叹曰：

吴蜀成婚此水浔，明珠步障屋黄金。
谁知一女轻天下，欲易刘郎鼎峙心。

玄德令赵云望前哨探船只，忽报后面尘土冲天而起。玄德登高望之，但见军马盖地而来，叹曰：“连日奔走，人

批注

批注

困马乏，追兵又到，死无地矣！”看看喊声渐近。正慌急间，忽见江岸边一字儿抛着拖篷船二十馀只。赵云曰：“天幸有船在此！何不速下，棹过对岸，再作区处！”玄德与孙夫人便奔上船。子龙引五百军亦都上船。只见船舱中一人纶巾道服，大笑而出，曰：“主公且喜！诸葛亮在此等候多时。”船中扮作客人的，皆是荆州水军。玄德大喜。不移时，四将赶到。孔明笑指岸上人言曰：“吾已算定多时矣。汝等回去传示周郎，教休再使美人局手段。”岸上乱箭射来，船已开的远了。蒋钦等四将，只好呆看。

玄德与孔明正行间，忽然江声大震。回头视之，只见战船无数。帅字旗下，周瑜自领惯战水军，左有黄盖，右有韩当，势如飞马，疾似流星。看看赶上。孔明教棹船投北岸，弃了船，尽皆上岸而走，车马登程。周瑜赶到江边，亦皆上岸追袭。大小水军，尽是步行；止有为首官军骑马。周瑜当先，黄盖、韩当、徐盛、丁奉紧随。周瑜曰：“此处是那里？军士答曰：“前面是黄州界首。”望见玄德车马不远，瑜令并力追袭。正赶之间，一声鼓响，山崦内一彪刀手拥出，为首一员大将，乃关云长也。周瑜举止失措，急拨马便走；云长赶来，周瑜纵马逃命。正奔走间，左边黄忠，右边魏延，两军杀出。吴兵大败。周瑜急急下得船时，岸上军士齐声大叫曰：“周郎妙计安天下，陪了夫人又折兵！”瑜怒曰：“可再登岸决一死战！”黄盖、韩当力阻。瑜自思曰：“吾计不成，有何面目去见吴侯！”大叫一声，金疮迸裂，倒于船上。众将急救，却早不省人事。正是：两番弄巧翻成拙，此日含嗔却带羞。未知周郎性命如何，且看下文分解。

本回我评论：

三国复活赛

1．一部《三国演义》，多是男儿们的故事，虽有女子的传奇，但分量不多。孙尚香是为数不多的女性角色之一。请根据本回内容，画出你心目中的孙尚香吧！

2．我们的刘皇叔从一开始的“织席贩履之徒”到现在占有了荆州之地，应该也在精气神上有所不同了，你能够用画笔表现出来吗？

3．本回也挺适合改编成戏剧哦：刘备和赵云商议回到荆州，刘备说动孙尚香一起离开东吴，孙尚香斥责东吴部将的阻挠，诸葛亮故意气周瑜，请和你的小伙伴们认领角色、开始表演吧！

文史一锅烩

1．诸葛亮给了赵云三个锦囊，但实际上在整部小说中，还有不少这样的事儿哦！你能找出来吗？

2. 刘备帐下大将甚多，为什么诸葛亮偏偏选用赵云陪伴刘备呢？结合之前他的表现，说说可能的理由吧！

3. 你觉得孙尚香是位怎样的女子呢？来咱们交流一下！

4. 孙尚香的确是传奇女子，但是很可惜，在正史中，关于她的记载很少，《三国志》中也只是引用《汉晋春秋》的记载：“先主入益州，吴遣迎孙夫人。夫人欲将太子归吴，诸葛亮使赵云勒兵断江留太子，乃得止。”在正史里，刘备还是只有两位夫人，即刘备称帝后追封的甘皇后和穆皇后：

先主甘皇后，沛人也。先主临豫州，住小沛，纳以为妾。先主数丧嫡室，常摄内事。随先主于荆州，产后主。值曹公军至，追及先主于当阳长阪，于时困逼，弃后及后主，赖赵云保护，得免于难。后卒，葬于南郡。章武二年，追谥皇思夫人，迁葬于蜀，未至而先主殂陨。丞相亮上言：“皇思夫人履行修仁，淑慎其身。大行皇帝昔在上将，嫔妃作合，载育圣躬，大命不融。大行皇帝存时，笃义垂恩，念皇思夫人神柩在远飘飖，特遣使者奉迎。会大行皇帝崩，今皇思夫人神柩以到，又梓宫在道，园陵将成，安厝有期。臣辄与太常臣赖恭等议：礼记曰：‘立爱自亲始，教民孝也；立敬自长始，教民顺也。’不忘其亲，所由生也。春秋之义，母以子贵。昔高皇帝追尊太上昭灵夫人为昭灵皇后，孝和皇帝改葬其母梁贵人，尊号曰恭

怀皇后，孝愍皇帝亦改葬其母王夫人，尊号曰灵怀皇后。今皇思夫人宜有尊号，以慰寒泉之思，辄与恭等案谥法，宜曰昭烈皇后。诗曰：‘谷则异室，死则同穴。’故昭烈皇后宜与大行皇帝合葬，臣请太尉告宗庙，布露天下，具礼仪别奏。”制曰可。

先主穆皇后，陈留人也。兄吴壹，少孤，壹父素与刘焉有旧，是以举家随焉入蜀。焉有异志，而闻善相者相后当大贵。焉时将子瑁自随，遂为瑁纳后。瑁死，后寡居。先主既定益州，而孙夫人还吴，群下劝先主聘后。先主疑与瑁同族，法正进曰：“论其亲疏，何与晋文之于子圉乎？”于是纳后为夫人。建安二十四年，立为汉中王后。章武元年夏五月，策曰：“朕承天命，奉至尊，临万国。今以后为皇后，遣使持节丞相亮授玺绶，承宗庙，母天下，皇后其敬之哉！”建兴元年五月，后主即位，尊后为皇太后，称长乐宫。壹官至车骑将军，封县侯。延熙八年，后薨，合葬惠陵。

5. 请继续在上文空格处留下你对本回的总评，在选文右侧留下你的批注。在这这一回里，我们可以看到赵云的形象再一次得到了有力塑造，因为要让刘备从东吴全身而退真是太不容易了，我们可以分析围绕赵云的描写来体会这种艰难；然后一开始刘备居然迷失在温柔乡中，这样的情节安排有什么用意？在这样的情形下，诸葛亮的三个锦囊是不是就很重要了？这些都值得细细思考。

跟着名著写写写

不知道你有没有注意到，在刘备逃回荆州的路上，孙权派出了一拨又一拨的将领追赶：先是徐盛、丁奉，再是陈武、潘璋，又是蒋钦、周泰，最后则是周瑜。不知道你有没有想起关羽的“过五关斩六将”和诸葛亮的“舌战群儒”？因为它们似乎拥有一个类似的“打怪升级”的模式。实际上，这在中国古典小说中是很常见的，四大名著中的另一部

《西游记》是由“九九八十一难”组成的。这样安排，就有了一点铺陈的意味，而这正是写作技巧之一。铺陈，用来强调，汉儒云：“赋之言铺，直铺陈今之政教善恶。”所谓铺陈，即“六义”所说的“赋”，因为古代“赋”和“铺”同音，具体说来就是直书其事并且反复叙说，明明一句话可以说完，却反复强调。其极致是发展成了一种富丽堂皇的文体，并在汉代达到顶峰，这就是“汉赋”。但我们平时写作中依然可以借鉴这个思路。

家长可加入阅读能力提升群 陪孩子听名师阅读讲解课 读懂经典提升阅读能力
群分类：阅读提升 • 入群指南详见本书扉页

第五十七回

柴桑口卧龙吊丧　耒阳县凤雏理事

批注

却说周瑜怒气填胸，坠于马下，左右急救归船。军士传说：“玄德、孔明在前山顶上饮酒取乐。”瑜大怒，咬牙切齿曰：“你道我取不得西川，吾誓取之！”正恨间，人报吴侯遣弟孙瑜到。周瑜接入。具言其事。孙瑜曰：“吾奉兄命来助都督。”遂令催军前行。行至巴丘，人报上流有刘封、关平二人领军截住水路。周瑜愈怒。忽又报孔明遣人送书至。周瑜拆封视之。书曰：

> 汉军师中郎将诸葛亮，致书于东吴大都督公瑾先生麾下：亮自柴桑一别，至今恋恋不忘。闻足下欲取西川，亮窃以为不可。益州民强地险，刘璋虽暗弱，足以自守。今劳师远征，转运万里，欲收全功，虽吴起不能定其规，孙武不能善其后也。曹操失利于赤壁，志岂须臾忘报仇哉？今足下兴兵远征，倘操乘虚而至，江南齑粉矣！亮不忍坐视，特此告知。幸垂照鉴。

周瑜览毕，长叹一声，唤左右取纸笔作书上吴侯。乃聚众将曰：“吾非不欲尽忠报国，奈天命已绝矣。汝等善事吴侯，共成大业。”言讫，昏绝。徐徐又醒，仰天长叹曰：“既生瑜，何生亮！”连叫数声而亡。寿三十六岁。后人

批注

有诗叹曰：

赤壁遗雄烈，青年有俊声。
弦歌知雅意，杯酒谢良朋。
曾谒三千斛，常驱十万兵。
巴丘终命处，凭吊欲伤情。

周瑜停丧于巴丘。众将将所遗书缄，遣人飞报孙权。权闻瑜死，放声大哭。拆视其书，乃荐鲁肃以自代也。书略曰：

瑜以凡才，荷蒙殊遇，委任腹心，统御兵马，敢不竭股肱之力，以图报效。奈死生不测，修短有命；愚志未展，微躯已殒，遗恨何极！方今曹操在北，疆场未静；刘备寄寓，有似养虎；天下之事，尚未可知。此正朝士旰食之秋，至尊垂虑之日也。鲁肃忠烈，临事不苟，可以代瑜之任。“人之将死，其言也善。”倘蒙垂鉴，瑜死不朽矣。

孙权览毕，哭曰：“公瑾有王佐之才，今忽短命而死，孤何赖哉？既遗书特荐子敬，孤敢不从之。”即日便命鲁肃为都督，总统兵马；一面教发周瑜灵柩回葬。

却说孔明在荆州，夜观天文，见将星坠地，乃笑曰：“周瑜死矣。”至晓，告于玄德。玄德使人探之，果然死了。玄德问孔明曰：“周瑜既死，还当如何？”孔明曰：“代瑜领兵者，必鲁肃也。亮观天象，将星聚于东方。亮当以吊丧为由，往江东走一遭，就寻贤士佐助主公。”玄德曰：“只恐吴中将士加害于先生。”孔明曰：“瑜在之日，亮犹不惧；今瑜已死，又何患乎？”乃与赵云引五百军，具祭礼，下船赴巴丘吊丧。于路探听得孙权已令鲁肃为都督，周瑜灵柩已回柴桑。孔明径至柴桑，鲁肃以礼迎接。

批注

周瑜部将皆欲杀孔明，因见赵云带剑相随，不敢下手。孔明教设祭物于灵前，亲自奠酒，跪于地下，读祭文曰：

呜呼公瑾，不幸夭亡！修短故天，人岂不伤？我心实痛，酹酒一觞；君其有灵，享我烝尝！吊君幼学，以交伯符；仗义疏财，让舍以居。吊君弱冠，万里鹏抟；定建霸业，割据江南。吊君壮力，远镇巴丘；景升怀虑，讨逆无忧。吊君丰度，佳配小乔；汉臣之婿，不愧当朝，吊君气概，谏阻纳质；始不垂翅，终能奋翼。吊君鄱阳，蒋干来说；挥洒自如，雅量高志。吊君弘才，文武筹略；火攻破敌，挽强为弱。想君当年，雄姿英发；哭君早逝，俯地流血。忠义之心，英灵之气；命终三纪，名垂百世，哀君情切，愁肠千结；惟我肝胆，悲无断绝。昊天昏暗，三军怆然；主为哀泣；友为泪涟。

亮也不才，丐计求谋；助吴拒曹，辅汉安刘；犄角之援，首尾相俦，若存若亡，何虑何忧？呜呼公瑾！生死永别！朴守其贞，冥冥灭灭。魂如有灵，以鉴我心：从此天下，更无知音！呜呼痛哉！伏惟尚飨。

孔明祭毕，伏地大哭，泪如涌泉，哀恸不已。众将相谓曰："人尽道公瑾与孔明不睦，今观其祭奠之情，人皆虚言也。"鲁肃见孔明如此悲切，亦为感伤，自思曰："孔明自是多情，乃公瑾量窄，自取死耳。"后人有诗叹曰：

卧龙南阳睡未醒，又添列曜下舒城。
苍天既已生公瑾，尘世何须出孔明！

鲁肃设宴款待孔明。宴罢，孔明辞回。方欲下船，只见江边一人道袍竹冠，皂绦素履，一手揪住孔明大笑曰："汝气死周郎，却又来吊孝，明欺东吴无人耶！"孔明急

批注

视其人，乃凤雏先生庞统也。孔明亦大笑。两人携手登舟，各诉心事。孔明乃留书一封与统，嘱曰："吾料孙仲谋必不能重用足下。稍有不如意，可来荆州共扶玄德。此人宽仁厚德，必不负公平生之所学。"统允诺而别，孔明自回荆州。

却说鲁肃送周瑜灵柩至芜湖，孙权接着，哭祭于前，命厚葬于本乡。瑜有两男一女，长男循，次男胤，权皆厚恤之。鲁肃曰："肃碌碌庸才，误蒙公瑾重荐，其实不称所职，愿举一人以助主公。此人上通天文，下晓地理；谋略不减于管、乐，枢机可并于孙、吴。往日周公瑾多用其言，孔明亦深服其智，现在江南，何不重用？"权闻言大喜，便问此人姓名。肃曰："此人乃襄阳人，姓庞，名统，字士元，道号凤雏先生。"权曰："孤亦闻其名久矣。今既在此，可即请来相见。"于是鲁肃邀请庞统入见孙权。施礼毕。权见其人浓眉掀鼻，黑面短髯，形容古怪，心中不喜。乃问曰："公平生所学，以何为主？"统曰："不必拘执，随机应变。"权曰："公之才学，比公瑾如何？"统笑曰："某之所学，与公瑾大不相同。"权平生最喜周瑜，见统轻之，心中愈不乐，乃谓统曰："公且退。待有用公之时，却来相请。"统长叹一声而出。鲁肃曰："主公何不用庞士元？"权曰："狂士也，用之何益！"肃曰："赤壁鏖兵之时，此人曾献连环策，成第一功。——主公想必知之。"权曰："此时乃曹操自欲钉船，未必此人之功也，吾誓不用之。"鲁肃出谓庞统曰："非肃不荐足下，奈吴侯不肯用公。公且耐心。"统低头长叹不语。肃曰："公莫非无意于吴中乎？"统不答。肃曰："公抱匡济之才，何往不利？可实对肃言，将欲何往？”统曰：“吾欲投曹操去也。”肃曰：“此明珠暗投矣，可往荆州投刘皇叔，必然重用。”统曰：“统意实欲如此，前言戏耳。”肃曰：“某当作书奉荐，公辅玄德，必令孙、刘两家，无相攻击，同力破曹。”统曰：“此某平生之素志也。”乃求肃书。径往荆州来见玄德。

此时孔明按察四郡未回，门吏传报：“江南名士庞统，特来相投。”玄德久闻统名，便教请入相见。统见玄德，长揖不拜。玄德见统貌陋，心中亦不悦，乃问统曰：“足下远来不易？”统不拿出鲁肃、孔明书投呈，但答曰：“闻皇叔招贤纳士，特来相投。”玄德曰：“荆楚稍定，苦无闲职。此去东北一百三十里，有一县名耒阳县，缺一县宰，屈公任之，如后有缺，却当重用。”统思：“玄德待我何薄！”欲以才学动之，见孔明不在，只得勉强相辞而去。统到耒阳县，不理政事，终日饮酒为乐；一应钱粮词讼，并不理会。有人报知玄德，言庞统将耒阳县事尽废。玄德怒曰：“竖儒焉敢乱吾法度！”遂唤张飞分付，引从人去荆南诸县巡视：“如有不公不法者，就便究问。恐于事有不明处，可与孙乾同去。”

张飞领了言语，与孙乾前至耒阳县。军民官吏，皆出郭迎接，独不见县令。飞问曰：“县令何在？”同僚覆曰：“庞县令自到任及今将百馀日，县中之事，并不理问，每日饮酒，自旦及夜，只在醉乡。今日宿酒未醒，犹卧不起。”张飞大怒，欲擒之。孙乾曰：“庞士元乃高明之人，未可轻忽，且到县问之。如果于理不当，治罪未晚。”飞乃入县正厅上坐定，教县令来见。统衣冠不整，扶醉而出。飞怒曰：“吾兄以汝为人，令作县宰，汝焉敢尽废县事！”统笑曰：“将军以吾废了县中何事？”飞曰：“汝到

批注

批注

任百馀日，终日在醉乡，安得不废政事？”统曰：“量百里小县，些小公事，何难决断！将军少坐，待我发落。”随即唤公吏，将百馀日所积公务都取来剖断。吏皆纷然赍抱案卷上厅，诉词被告人等，环跪阶下。统手中批判，口中发落，耳内听词，曲直分明，并无分毫差错。民皆叩首拜伏。不到半日，将百馀日之事，尽断毕了，投笔于地而对张飞曰：“所废之事何在？曹操、孙权，吾视之若掌上观文，量此小县，何足介意！”飞大惊，下席谢曰：“先生大才，小子失敬，吾当于兄长处极力举荐。”统乃将出鲁肃荐书。飞曰：“先生初见吾兄，何不将出？”统曰：“若便将出，似乎专藉荐书来干谒矣。”飞顾谓孙乾曰：“非公则失一大贤也。”遂辞统回荆州见玄德，具说庞统之才。玄德大惊曰：“屈待大贤，吾之过也！”飞将鲁肃荐书呈上，玄德拆视之。书略曰：

庞士元非百里之才，使处治中、别驾之任，始当展其骥足。如以貌取之，恐负所学，终为他人所用，实可惜也！

玄德看毕，正在嗟叹，忽报孔明回。玄德接入，礼毕，孔明先明曰：“庞军师近日无恙否？”玄德曰：“近治耒阳县，好酒废事。”孔明笑曰：“士元非百里之才，胸中之学，胜亮十倍。亮曾有荐书在士元处，曾达主公否？”玄德曰：“今日方得子敬书，却未见先生之书。”孔明曰：“大贤若处小任，往往以酒糊涂，倦于视事。”玄德曰：“若非吾弟所言，险失大贤。”随即令张飞往耒阳县敬请庞统到荆州。玄德下阶请罪。统方将出孔明所荐之书。玄德看书中之意，言凤雏到日，宜即重用。玄德喜曰：“昔司马德操言：‘伏龙、凤雏，两人得一，可安天下。’今吾二人皆得，汉室可兴矣。”遂拜庞统为副军师中郎将，与孔明共赞方略，教练军士，听候征伐。

批注

早有人报到许昌，言刘备有诸葛亮、庞统为谋士，招军买马，积草屯粮，连结东吴，早晚必兴兵北伐。曹操闻之，遂聚众谋士商议南征。荀攸进曰：“周瑜新死，可先取孙权，次攻刘备。”操曰：“我若远征，恐马腾来袭许都。前在赤壁之时，军中有讹言，亦传西凉入寇之事，今不可不防也。”荀攸曰：“以愚所见，不若降诏加马腾为征南将军，使讨孙权，诱入京师，先除此人，则南征无患矣。”操大喜，即日遣人赍诏至西凉召马腾。

却说腾字寿成，汉伏波将军马援之后，父名肃，字子硕，桓帝时为天水兰干县尉；后失官流落陇西，与羌人杂处，遂娶羌女生腾。腾身长八尺，体貌雄异，禀性温良，人多敬之。灵帝末年，羌人多叛，腾招募民兵破之。初平中年，因讨贼有功，拜征西将军，与镇西将军韩遂为弟兄。当日奉诏，乃与长子马超商议曰：“吾自与董承受衣带诏以来，与刘玄德约共讨贼，不幸董承已死，玄德屡败。我又僻处西凉，未能协助玄德。今闻玄德已得荆州，我正欲展昔日之志，而曹操反来召我，当是如何？”马超曰：“操奉天子之命以召父亲。今若不往，彼必以‘逆命’责我矣。当乘其来召，竟往京师，于中取事，则昔日之志可展也。”马腾兄子马岱谏曰：“曹操心怀叵测，叔父若往，恐遭其害。”超曰：“儿愿尽起西凉之兵，随父亲杀入许昌，为天下除害，有何不可？”腾曰：“汝自统羌兵保守西凉，只教次子马休、马铁并侄马岱随我同往。曹操见有汝在西凉，又有韩遂相助，谅不敢加害于我也。”超曰：“父亲欲

批注

往，切不可轻入京师。当随机应变，观其动静。”腾曰：“吾自有处，不必多虑。”于是马腾乃引西凉兵五千，先教马休、马铁为前部，留马岱在后接应，迤逦望许昌而来。离许昌二十里屯住军马。

曹操听知马腾已到，唤门下侍郎黄奎分付曰：“目今马腾南征，吾命汝为行军参谋，先至马腾寨中劳军，可对马腾说：西凉路远，运粮甚难，不能多带人马。我当更遣大兵，协同前进。来日教他入城面君，吾就应付粮草与之。”奎领命，来见马腾。腾置酒相待。奎酒半酣而言曰：“吾父黄琬死于李傕、郭汜之难，尝怀痛恨。不想今日又遇欺君之贼！”腾曰：“谁为欺君之贼？”奎曰：“欺君者操贼也。公岂不知之，而问我耶？”腾恐是操使来相探，急止之曰：“耳目较近，休得乱言。”奎叱曰：“公竟忘却衣带诏乎！”腾见他说出心事，乃密以实情告之。奎曰：“操欲公入城面君，必非好意。公不可轻入。来日当勒兵城下。待曹操出城点军，就点军处杀之，大事济矣。”二人商议已定。黄奎回家，恨气未息。其妻再三问之，奎不肯言。不料其妾李春香，与奎妻弟苗泽私通。泽欲得春香，正无计可施。妾见黄奎愤恨，遂对泽曰：“黄侍郎今日商议军情回，意甚愤恨，不知为谁？”泽曰：“汝可以言挑之曰：‘人皆说刘皇叔仁德，曹操奸雄，何也？’看他说甚言语。”是夜黄奎果到春香房中。妾以言挑之。奎乘醉言曰：“汝乃妇人，尚知邪正，何况我乎？吾所恨者，欲杀曹操也！”妾曰：“若欲杀之，如何下手？”奎曰：“吾已约定马将军，明日在城外点兵时杀之。”妾告于苗泽，泽报知曹操。操便密唤曹洪、许褚分付如此如此；又唤夏侯渊、徐晃分付如此如此。各人领命去了，一面先将黄奎一家老小拿下。

次日，马腾领着西凉兵马，将次近城，只见前面一簇红旗，打着丞相旗号。马腾只道曹操自来点军，拍马向前。忽听得一声炮响，红旗开处，弓弩齐发。一将当先，乃曹洪也。马腾急拨马回时，两下喊声又起：左边许褚杀来，右边夏侯渊杀来，后面又是徐晃领兵杀至，截断西凉军马，将马腾父子三人困在垓心。马腾见不是头，奋力冲杀。马铁早被乱箭射死。马休随着马腾，左冲右突，不能得出。二人身带重伤，坐下马又被箭射倒。父子二人俱被执。曹操教将黄奎与马腾父子，一齐绑至。黄奎大叫：“无罪！”操教苗泽对证。马腾大骂曰：“竖儒误我大事！我不能为国杀贼，是乃天也！”操命牵出。马腾骂不绝口，与其子马休及黄奎，一同遇害。后人有诗叹马腾曰：

父子齐芳烈，忠贞著一门。
捐生图国难，誓死答君恩。
嚼血盟言在，诛奸义状存。
西凉推世胄，不愧伏波孙！

苗泽告操曰：“不愿加赏，只求李春香为妻。”操笑曰：“你为了一妇人，害了你姐夫一家，留此不义之人何用！”便教将苗泽、李春香与黄奎一家老小并斩于市。观者无不叹息。后人有诗叹曰：

苗泽因私害荩臣，春香未得反伤身。
奸雄亦不相容恕，枉自图谋作小人。

曹操教招安西凉兵马，谕之曰：“马腾父子谋反，不干众人之事。”一面使人分付把住关隘，休教走了马岱。

且说马岱自引一千兵在后。早有许昌城外逃回军士，报知马岱。岱大惊，只得弃了兵马，扮作客商，连夜逃遁去了。曹操杀了马腾等，便决意南征。忽人报曰：“刘备调

批注

批注

练军马，收拾器械，将欲取川。”操惊曰：“若刘备收川，则羽翼成矣。将何以图之？”言未毕，阶下一人进言曰：“某有一计，使刘备、孙权不能相顾，江南、西川皆归丞相。”正是：西州豪杰方遭戮，南国英雄又受殃。未知献计者是谁，且看下文分解。

本回我评论：

三国复活赛

1. 周瑜和庞统也是和诸葛亮齐名的智将，有意思的是，一位容貌英俊，又娶得美女小乔为妻，另一位则容貌丑陋，还为此受气。尽管如此，两人都是不可多得的奇才，所以还是让我们为他俩也各画一幅画像吧！

2. 庞统理事耒阳县的经历可以说是他一生遭遇的缩影：因为长得丑，和“名士”身份不相符，纵使怀有奇才也被孙权、刘备轻视。所幸他遇到的张飞“粗中有细”。让我们通过想象，把他理事耒阳县的经历表演出来吧！

文史一锅烩

1. 诸葛亮到底应不应该去吊周瑜的丧？为什么？让我们辩论一下吧！

2. 也许周瑜气量狭小，但他处理身后之事让人非常感动，你能说出原因吗？

3. 你怎么看待庞统先后被孙权、刘备轻视的经历？

4. 周瑜是非常传奇的人物。《三国演义》把他塑造成了一个智慧超群、英明果敢，但气量狭窄的人，这一形象通过小说的传播而深入人心，但很遗憾，这并非事实。我们来看看《三国志·吴书九·周瑜传》的记载吧：

瑜时年二十四，吴中皆呼为周郎。以瑜恩信著于庐江，出备牛渚，后领春穀长。顷之，策欲取荆州，以瑜为中护军，领江夏太守，从攻皖，拔之。时得桥公两女，皆国色也。策自纳大桥，瑜纳小桥。复进寻阳，破刘勋，讨江夏，还定豫章、庐陵，留镇巴丘。

五年，策薨，权统事。瑜将兵赴丧，遂留吴，以中护军与长史张昭共掌众事。十一年，督孙瑜等讨麻、保二屯，枭其渠帅，囚俘万馀口，还备宫亭。江夏太守黄祖遣将邓龙将兵数千人入柴桑，瑜追讨击，生虏龙送吴。十三年春，权讨江夏，瑜为前部大督。

其年九月，曹公入荆州，刘琮举众降，曹公得其水军，船步兵数十万，将士闻之皆恐。权延见群下，问以计策。议者咸曰：“曹公豺虎也，然托名汉相，挟天子以征四方，动以朝廷为辞，今日拒之，事更不顺。且将军大势，可以拒操者，长江也。今操得荆州，奄有其地，刘表治水军，蒙冲斗舰，乃以千数，操悉浮以沿江，兼有步

兵，水陆俱下，此为长江之险，已与我共之矣。而势力众寡，又不可论。愚谓大计不如迎之。”瑜曰：“不然。操虽托名汉相，其实汉贼也。将军以神武雄才，兼仗父兄之烈，割据江东，地方数千里，兵精足用，英雄乐业，尚当横行天下，为汉家除残去秽。况操自送死，而可迎之邪？请为将军筹之：今使北土已安，操无内忧，能旷日持久，来争疆埸，又能与我校胜负于船楫间乎？今北土既未平安，加马超、韩遂尚在关西，为操后患。且舍鞍马，仗舟楫，与吴越争衡，本非中国所长。又今盛寒，马无藁草，驱中国士众远涉江湖之间，不习水土，必生疾病。此数四者，用兵之患也，而操皆冒行之。将军禽操，宜在今日。瑜请得精兵三万人，进住夏口，保为将军破之。”权曰：“老贼欲废汉自立久矣，徒忌二袁、吕布、刘表与孤耳。今数雄已灭，惟孤尚存，孤与老贼，势不两立。君言当击，甚与孤合，此天以君授孤也。”

时刘备为曹公所破，欲引南渡江，与鲁肃遇于当阳，遂共图计，因进住夏口，遣诸葛亮诣权。权遂遣瑜及程普等与备并力逆曹公，遇于赤壁。时曹公军众已有疾病，初一交战，公军败退，引次江北。瑜等在南岸。瑜部将黄盖曰：“今寇众我寡，难与持久。然观操军船舰首尾相接，可烧而走也。”乃取蒙冲斗舰数十艘，实以薪草，膏油灌其中，裹以帷幕，上建牙旗，先书报曹公，欺以欲降。又豫备走舸，各系大船后，因引次俱前。曹公军吏士皆延颈观望，指言盖降。盖放诸船，同时发火。时风盛猛，悉延烧岸上营落。顷之，烟炎张天，人马烧溺死者甚众，军遂败退，还保南郡。备与瑜等复共追。曹公留曹仁等守江陵城，径自北归。

…………

权拜瑜偏将军，领南郡太守。以下隽、汉昌、刘阳、州陵为奉邑，屯据江陵。刘备以左将军领荆州牧，治公安。备诣京见权，瑜上疏曰：“刘备以枭雄之姿，而有关羽、张飞熊虎之将，必非久屈为人用者。愚谓大计宜徙备置吴，盛为筑宫室，多其美女玩好，以娱其耳目，分此二人，各置一方，使如瑜者得挟与攻战，大事可定也。今猥割土地以资业之，聚此三人，俱在疆埸，恐蛟龙得云雨，终非池中物也。”权以曹公在北方，当广揽英雄，又恐备难卒制，故不纳。

是时刘璋为益州牧，外有张鲁寇侵，瑜乃诣京见权曰：“今曹操新折衄，方忧在腹心，未能与将军连兵相事也。乞与奋威俱进取蜀，得蜀而并张鲁，因留奋威固守其地，好与马超结援。瑜还与将军据襄阳以蹙操，北方可图也。”权许之。瑜还江陵，为行装，而道于巴丘病卒，时年三十六。

5. 请继续在上文空格处留下你对本回的总评，在选文右侧留下你的批注。在这一回里，周瑜去世了，而他在去世前依然惦念着江东，不能不让人对他肃然起敬；而诸葛亮放下矛盾，毅然前往吊丧，这就让两人的关系变得复杂而真实了，小说也就变得好看起来。小说写出来人之间复杂的关系，这还不值得你评价一二吗？终于，和诸葛亮齐名的凤雏出现了，可是他的“求职经历”却是一团糟。曹操已经不欣赏他了，孙权也因为长相而看轻他，刘备竟然也是如此！而且刘备居然还让张飞去督查他——想想张三爷那火暴脾气，你是不是会捏一把汗？可结果如何？是什么让张飞服服帖帖呢？张飞前后的变化意味着什么？张三爷是不是也很可爱啊——对了，到这里，总算是有专门写张三爷的章节了，这些都值得你点评啊！

跟着名著写写写

庞统最后成了刘备的副军师，虽然在刘备攻取西川的征途上被射死在落凤坡，但人生总算也曾有过精彩。但是庞统的这份精彩也是通过克服一步一步的挫折才实现的。正因为这些挫折的存在，才让庞统“越挫越强”。这就像我们写作中对波折的处理：一波未平一波又起。在无数波涛的尽头，一个丰满的人物形象就立在那里了。

家长可加入读书心得讨论群 同30位家长一起分享孩子阅读心得
群分类：读书心得 • 入群指南详见本书扉页

第五十九回

许诸裸衣斗马超　曹操抹书间韩遂

却说当夜两兵混战，直到天明，各自收兵。马超屯兵渭口，日夜分兵，前后攻击。曹操在渭河内将船筏锁链作浮桥三条，接连南岸。曹仁引军夹河立寨，将粮草车辆穿连，以为屏障。马超闻之，教军士各挟草一束，带着火种，与韩遂引军并力杀到寨前，堆积草把，放起烈火。操兵抵敌不住，弃寨而走。车乘、浮桥，尽被烧毁。西凉兵大胜，截住渭河。曹操立不起营寨，心中忧惧。荀攸曰："可取渭河沙土筑起土城，可以坚守。"操拨三万军担土筑城。马超又差庞德、马岱各引五百马军，往来冲突；更兼沙土不实，筑起便倒，操无计可施。时当九月尽，天气暴冷，彤云密布，连日不开。曹操在寨中纳闷。忽人报曰："有一老人来见丞相，欲陈说方略。"操请入。见其人鹤骨松姿，形貌苍古。问之，乃京兆人也，隐居终南山，姓娄，名子伯，道号"梦梅居士"。操以客礼待之。子伯曰："丞相欲跨渭安营久矣，今何不乘时筑之？"操曰："沙土之地，筑垒不成。隐士有何良策赐教？"子伯曰："丞相用兵如神，岂不知天时乎？连日阴云布合，朔风一起，必大冻矣。风起之后，驱兵士运土泼水，比及天明，土城已

批注

批注

就。”操大悟，厚赏子伯。子伯不受而去。

是夜北风大作。操尽驱兵士担土泼水；为无盛水之具，作缣囊盛水浇之，随筑随冻。比及天明，沙水冻紧，土城已筑完。细作报知马超。超领兵观之，大惊，疑有神助。次日，集大军鸣鼓而进。操自乘马出营，止有许褚一人随后。操扬鞭大呼曰：“孟德单骑至此，请马超出来答话。”超乘马挺枪而出。操曰：“汝欺我营寨不成，今一夜天已筑就，汝何不早降！”马超大怒，意欲突前擒之，见操背后一人，睁圆怪眼，手提钢刀，勒马而立。超疑是许褚，乃扬鞭问曰：“闻汝军中有虎侯，安在哉？”许褚提刀大叫曰：“吾即谯郡许褚也！”目射神光，威风抖擞。超不敢动，乃勒马回。操亦引许褚回寨。两军观之，无不骇然。操谓诸将曰：“贼亦知仲康乃虎侯也！”自此军中皆称褚为虎侯，许褚曰：“某来日必擒马超。”操曰：“马超英勇，不可轻敌。”褚曰：“某誓与死战！”即使人下战书，说虎侯单搦马超来日决战。超接书大怒曰：“何敢如此相欺耶！”即批次日誓杀“虎痴”。

次日，两军出营布成阵势。超分庞德为左翼，马岱为右翼，韩遂押中军。超挺枪纵马，立于阵前，高叫：“虎痴快出！”曹操在门旗下回顾众将曰：“马超不减吕布之勇！”言未绝，许褚拍马舞刀而出。马超挺枪接战。斗了一百馀合，胜负不分。马匹困乏，各回军中，换了马匹，又出阵前。又斗一百馀合，不分胜负。许褚性起，飞回阵中，卸了盔甲，浑身筋突，赤体提刀，翻身上马，来与马超决战。两军大骇。两个又斗到三十馀合，褚奋威举刀便砍马超。超闪过，一枪望褚心窝刺来。褚弃刀将枪挟住。两个在马上夺枪。许诸力大，一声响，拗断枪杆，各

批注

拿半节在马上乱打。操恐褚有失，遂令夏侯渊、曹洪两将齐出夹攻。庞德、马岱见操将齐出，麾两翼铁骑，横冲直撞，混杀将来。操兵大乱。许褚臂中两箭。诸将慌退入寨。马超直杀到壕边，操兵折伤大半。操令坚闭休出。马超回至渭口，谓韩遂曰："吾见恶战者莫如许褚，真'虎痴'也！"

却说曹操料马超可以计破，乃密令徐晃、朱灵尽渡河西结营，前后夹攻。一日，操于城上见马超引数百骑，直临寨前，往来如飞。操观良久，掷兜鍪于地曰："马儿不死，吾无葬地矣！"夏侯渊听了，心中气忿，厉声曰："吾宁死于此地，誓灭马贼！"遂引本部千馀人，大开寨门，直赶去。操急止不住，恐其有失，慌自上马前来接应。马超见曹兵至，乃将前军作后队，后队作先锋，一字儿摆开。夏侯渊到，马超接住厮杀。超于乱军中遥见曹操，就撇了夏侯渊，直取曹操。操大惊，拨马而走。曹兵大乱。正追之际，忽报操有一军，已在河西下了营寨，超大惊，无心追赶，急收军回寨，与韩遂商议，言："操兵乘虚已渡河西，吾军前后受敌，如之奈何？"部将李堪曰："不如割地请和，两家且各罢兵，捱过冬天，到春暖别作计议。"韩遂曰："李堪之言最善，可从之。"

超犹豫未决。杨秋、侯选皆劝求和，于是韩遂遣杨秋为使，直往操寨下书，言割地请和之事。操曰："汝且回寨，吾来日使人回报。"杨秋辞去。贾诩入见操曰："丞相主意若何？"操曰："公所见若何？"诩曰："兵不厌诈，可伪许之；然后用反间计，令韩、马相疑，则一鼓可破也。"操抚掌大喜曰："天下高见，多有相合。文和之谋，

批注

正吾心中之事也。”于是遣人回书，言：“待我徐徐退兵，还汝河西之地。”一面教搭起浮桥，作退军之意。马超得书，谓韩遂曰：“曹操虽然许和，奸雄难测。倘不准备，反受其制。超与叔父轮流调兵，今日叔向操，超向徐晃；明日超向操，叔向徐晃；分头提备，以防其诈。”韩遂依计而行。

早有人报知曹操。操顾贾诩曰：“吾事济矣！”问：“来日是谁合向我这边？”人报曰：“韩遂。”次日，操引众将出营，左右围绕，操独显一骑于中央。韩遂部卒多有不识操者，出阵观看。操高叫曰：“汝诸军欲观曹公耶？吾亦犹人也，非有四目两口，——但多智谋耳。”诸军皆有惧色。操使人过阵谓韩遂曰：“丞相谨请韩将军会话。”韩遂即出阵；见操并无甲仗，亦弃衣甲，轻服匹马而出。二人马头相交，各按辔对语。操曰：“吾与将军之父，同举孝廉，吾尝以叔事之。吾亦与公同登仕路，不觉有年矣。将军今年妙龄几何？”韩遂答曰：“四十岁矣。”操曰：“往日在京师，皆青春年少，何期又中旬矣！安得天下清平共乐耶！”只把旧事细说，并不提起军情。说罢大笑，相谈有一个时辰，方回马而别，各自归寨。早有人将此事报知马超。超忙来问韩遂曰：“今日曹操阵前所言何事？”遂曰：“只诉京师旧事耳。”超曰：“安得不言军务乎？”遂曰：“曹操不言，吾何独言之？”超心甚疑，不言而退。

却说曹操回寨，谓贾诩曰：“公知吾阵前对语之意否？”诩曰：“此意虽妙，尚未足间二人。某有一策，令韩、马自相仇杀。”操问其计。贾诩曰：“马超乃一勇之夫，不识机密。丞相亲笔作一书，单与韩遂，中间朦胧字样，于要害处，自行涂抹改易，然后封送与韩遂，故意使马超知之。超必索书来看。若看见上面要紧去处，尽皆改抹，只猜是韩遂恐超知甚机密事，自行改抹，正合着单骑会语之疑；疑则必生乱。我更暗结韩遂部下诸将，使互相离间，超可图矣。”操曰：“此计甚妙。”随写书一封，将紧要处尽皆改抹，然后实封，故意多遣从人送过寨去，下了书自回。果然有人报知马超。超心愈疑，径来韩遂处索书看。韩遂将书与超。超见上面有改抹字样，问遂曰：“书上如何都改抹糊涂？”遂曰：“原书如此，不知何故。”超曰：“岂有以草稿送与人耶？必是叔父怕我知了详细，先改抹了。”遂曰：“莫非曹操错将草稿误封来了。”超曰：“吾又不信。曹操是精细之人，岂有差错？吾与叔父并力杀贼，奈何忽生异心？”遂曰：“汝若不信吾心，来日吾在阵前赚操说话，汝从阵内突出，一枪刺杀便了。”超曰：“若如此，方见叔父真心。”

两人约定。次日，韩遂引侯选、李堪、梁兴、马玩、杨秋五将出阵。马超藏在门影里。韩遂使人到操寨前，高叫：“韩将军请丞相攀话。”操乃令曹洪引数十骑径出阵前与韩遂相见。马离数步，洪马上欠身言曰：“夜来丞相拜意将军之言，切莫有误。”言讫便回马。超听得大怒，挺枪骤马，便刺韩遂。五将拦住，劝解回寨。遂曰：“贤侄休疑，我无歹心。”马超那里肯信，恨怨而去。韩遂与五将商议曰：“这事如何解释？”杨秋曰：“马超倚仗武勇，常有欺凌主公之心，便胜得曹操，怎肯相让？以某愚见，不如暗投曹公，他日不失封侯之位。”遂曰：“吾与马腾结为兄弟，安忍背之？”杨秋曰：“事已至此，不得不然。”遂曰：“谁可以通消息？”杨秋曰：“某愿往。”遂乃写密书，遣杨秋径来操寨，说投降之事。操大喜，许封韩遂为西凉

批注

批注

侯、杨秋为西凉太守。其馀皆有官爵。约定放火为号，共谋马超。杨秋拜辞，回见韩遂，备言其事："约定今夜放火，里应外合。"遂大喜，就令军士于中军帐后堆积干柴，五将各悬刀剑听候，韩遂商议，欲设宴赚请马超，就席图之，犹豫未去。

不想马超早已探知备细，便带亲随数人，仗剑先行，令庞德、马岱为后应。超潜步入韩遂帐中，只见五将与韩遂密语，只听得杨秋口中说道："事不宜迟，可速行之！"超大怒，挥剑直入，大喝曰："群贼焉敢谋害我！"众皆大惊。超一剑望韩遂面门剁去，遂慌以手迎之，左手早被砍落。五将挥刀齐出。超纵步出帐外，五将围绕混杀。超独挥宝剑，力敌五将。剑光明处，鲜血溅飞：砍翻马玩，剁倒梁兴，三将各自逃生。超复入帐中来杀韩遂时，已被左右救去。帐后一把火起，各寨兵皆动。超连忙上马，庞德、马岱亦至，互相混战。超领军杀出时，操兵四至：前有许褚，后有徐晃，左有夏侯渊，右有曹洪。西凉之兵，自相并杀。超不见了庞德、马岱，乃引百馀骑，截于渭桥之上。天色微明，只见李堪领一军从桥下过，超挺枪纵马逐之。李堪拖枪而走。恰好于禁从马超背后赶来。禁开弓射马超。超听得背后弦响，急闪过，却射中前面李堪，落马而死。超回马来杀于禁，禁拍马走了。超回桥上住扎。操兵前后大至，虎卫军当先，乱箭夹射马超。超以枪拨之，矢皆纷纷落地。超令从骑往来突杀。争奈曹兵围裹坚厚，不能冲出。超于桥上大喝一声，杀入河北，从骑皆被截断。超独在阵中冲突，却被暗弩射倒坐下马，马超堕于地上，操军逼合。正在危急，忽西北角上一彪军杀来，乃庞德、马岱也。二人救了马超，将军中战马与马超骑了，翻身杀条血路，望西北而走。曹操闻马超走脱，传令诸将：“无分晓夜，务要赶到马儿。如得首级者，千金赏，万户侯；生获者封大将军。”众将得令，各要争功，迤逦追袭。马超顾不得人马困乏，只顾奔走。从骑渐渐皆散。步兵走不上者，多被擒去。止剩得三十馀骑，与庞德、马岱望陇西临洮而去。

曹操亲自追至安定，知马超去远，方收兵回长安。众将毕集。韩遂已无左手，做了残疾之人，操教就于长安歇马，授西凉侯之职。杨秋、侯选皆封列侯，令守渭口。下令班师回许都。凉州参军杨阜，字义山，径来长安见操。操问之，杨阜曰：“马超有吕布之勇，深得羌人之心。今丞相若不乘势剿绝，他日养成气力，陇上诸郡，非复国家之有也。望丞相且休回兵。”操曰：“吾本欲留兵征之，奈中原多事，南方未定，不可久留。君当为孤保之。”阜领诺，又保荐韦康为凉州刺史，同领兵屯冀城，以防马超。阜临行，请于操曰：“长安必留重兵以为后援。”操曰：“吾已定下，汝但放心。”阜辞而去。众将皆问曰：“初贼据潼关，渭北道缺，丞相不从河东击冯翊，而反守潼关，迁延日久，而后北渡，立营固守，何也？”操曰：“初贼守潼关，若吾初到，便取河东，贼必以各寨分守诸渡口，则河西不可渡矣。吾故盛兵皆聚于潼关前，使贼尽南守，而河西不准备，故徐晃、朱灵得渡也。吾然后引兵北渡，连车树栅为甬道，筑冰城，欲贼知吾弱，以骄其心，使不准备。吾乃巧用反间，畜士卒之力，一旦击破之。正所谓‘疾雷不及掩耳’。兵之变化，固非一道也。”众将又请问曰：“丞相每闻贼加兵添众，则有喜色，何也？”操曰：“关中边远，若群贼各依险阻，征之非一二年不可平复；今皆来聚

批注

批注

一处，其众虽多，人心不一，易于离间，一举可灭：吾故喜也。”众将拜曰：“丞相神谋，众不及也！”操曰：“亦赖汝众文武之力。”遂重赏诸军。留夏侯渊屯兵长安，所得降兵，分拨各部。夏侯渊保举冯翊高陵人，姓张，名既，字德容，为京兆尹，与渊同守长安。操班师回都。献帝排銮驾出郭迎接。诏操“赞拜不名，入朝不趋，剑履上殿”：如汉相萧何故事。自此威震中外。

这消息播入汉中，早惊动了汉宁太守张鲁。原来张鲁乃沛国丰人。其祖张陵在西川鹄鸣山中造作道书以惑人，人皆敬之。陵死之后，其子张衡行之。百姓但有学道者，助米五斗。世号“米贼”。张衡死，张鲁行之。鲁在汉中自号为“师君”；其来学道者皆号为“鬼卒”；为首者号为“祭酒”；领众多者号为“治头大祭酒”。务以诚信为主，不许欺诈。如有病者，即设坛使病人居于静室之中，自思己过，当面陈首，然后为之祈祷；主祈祷之事者，号为“奸令祭酒”。祈祷之法，书病人姓名，说服罪之意，作文三通，名为“三官手书”：一通放于山顶以奏天，一通埋于地以奏地，一通沉于水以申水官。如此之后，但病痊可，将米五斗为谢。又盖义舍：舍内饭米、柴火、肉食齐备，许过往人量食多少，自取而食；多取者受天诛。境内有犯法者，必恕三次；不改者，然后施刑。所在并无官长，尽属祭酒所管。如此雄据汉中之地已三十年。国家以为地远不能征伐，就命鲁为镇南中郎将，领汉宁太守，通进贡而已。当年闻操破西凉之众，威震天下，乃聚众商议曰：“西凉马腾遭戮，马超新败，曹操必将侵我汉中。我欲自称汉宁王，督兵拒曹操，诸君以为何如？”阎圃曰：

“汉川之民户出十万馀众，财富粮足，四面险固；今马超新败，西凉之民，从子午谷奔入汉中者，不下数万。愚意益州刘璋昏弱，不如先取西川四十一州为本，然后称王未迟。”张鲁大喜，遂与弟张卫商议起兵。早有细作报入川中。

却说益州刘璋，字季玉，即刘焉之子，汉鲁恭王之后。章帝元和中，徙封竟陵，支庶因居于此。后焉官至益州牧，兴平元年患病疽而死，州大吏赵韪等，共保璋为益州牧。璋曾杀张鲁母及弟，因此有仇。璋使庞羲为巴西太守，以拒张鲁。时庞羲探知张鲁欲兴兵取川，急报知刘璋。璋平生懦弱，闻得此信，心中大忧，急聚众官商议。忽一人昂然而出曰：“主公放心。某虽不才，凭三寸不烂之舌，使张鲁不敢正眼来觑西川。”正是：只因蜀地谋臣进，致引荆州豪杰来。未知此人是谁，且看下文分解。

批注

本回我评论：

三国复活赛

1. 马超是后来位列蜀汉“五虎上将”之一的名将，许褚则是典韦之后护卫曹操的近侍，两人打起来煞是好看！来，把这激动人心的一幕画下来吧！

2. 马超斗许褚，可谓是武戏；曹操离间马超、韩遂，可谓是文戏。但不管文武，都是《三国演义》中精彩的情节。请在这两个场景里任选一个，和你的小伙伴表演出来。

文史一锅烩

1. 你觉得马超和许褚两人之中谁更厉害呢？为什么？

2. 一般认为曹操是“奸雄”，是篡夺汉朝的“坏人”，为什么还会有娄子伯这样的名士来相助？是不是暗示他并非我们想的那样？

3. 曹操为什么能离间马超、韩遂？说说你的看法。

4. 马超斗许褚是《三国演义》中的名篇之一，有趣的是，正史对此也有记载。我们先看看《三国志·蜀书六·马超传》的相关记载：

马超字孟起，扶风茂陵人也。父腾，灵帝末与边章、韩遂等俱起事于西州。初平三年，遂、腾率众诣长安。汉朝以遂为镇西将军，遣还金城，腾为征西将军，遣屯郿。后腾袭长安，败走，退还凉州。司隶校尉钟繇镇关中，移书遂、腾，为陈祸福。腾遣超随繇讨郭援、高干于平阳，超将庞德亲斩援首。后腾与韩遂不和，求还京畿。于是征为卫尉，以超为偏将军，封都亭侯，领腾部曲。

超既统众，遂与韩遂合从，及杨秋、李堪、成宜等相结，进军至潼关。曹公与遂、超单马会语，超负其多力，阴欲突前捉曹公，曹公左右将许褚瞋目盼之，超乃不敢动。曹公用贾诩谋，离间超、遂，更相猜疑，军以大败。

再看看《三国志·魏书十八·许褚传》的记载：

超将步骑万馀人，来奔太祖军，矢下如雨。褚白太祖，贼来多，今兵渡以尽，宜去，乃扶太祖上船。贼战急，军争济，船重欲没。褚斩攀船者，左手举马鞍蔽太祖。船工为流矢所中死，褚右手并溯船，仅乃得渡。是日，微褚几危。其后太祖与遂、超等单马会语，左右皆不得从，唯将褚。超负其力，阴欲前突太祖，素闻褚勇，疑从骑是褚。乃问太祖曰："公有虎侯者安在？"太祖顾指褚，褚瞋目盼之。超不敢动，乃各罢。后数日会战，大破超等，褚身斩首级，迁武卫中郎将。武卫之号，自此始也。军中以褚力如虎而痴，故号曰虎痴；是以超问虎侯，至今天下称焉，皆谓其姓名也。

5．请继续在上文空格处留下你对本回的总评，在选文右侧留下你的批注。在这一回里，前半写马超和许褚的搏斗是《三国演义》中少见的精彩片段，既因为两人旗鼓相当，又因为罗贯中在此处很花了一番笔墨，所以围绕着这场面的各类描写做一番评析吧！后半回写曹操离间马腾、韩遂二人，则再次体现了曹操的过人智慧、老谋深算，这一部分应该特别从曹操故意做出的一番动作和言语上欣赏，看看曹阿瞒的老谋深算！

跟着名著写写写

“两个又斗到三十馀合，褚奋威举刀便砍马超。超闪过，一枪望褚心窝刺来。褚弃刀将枪挟住。两个在马上夺枪。许诸力大，一声响，拗断枪杆，各拿半节在马上乱打。”读到这里是不是有点小激动？觉得气都透不过来了？这就对了。这就是动作描写的魅力。动作描写是又一种很有用的刻画人物的方法。人物的每一行动都受其思想、性格制约，所以若能够有序、具体、细致地描写某一人物在某一情况下所做出的反应，就势必能表现出这一人物的内心活动、处世态度、思想品质。成功的动作描写，不仅仅是写动作，更可以交代人物的身份、地位、心理、性格特征，有时候甚至还能推动情节的发展。

家长可加入阅读能力提升群 陪孩子听名师阅读讲解课 读懂经典提升阅读能力
群分类：阅读提升 • 入群指南详见本书扉页

第六十一回

赵云截江夺阿斗　孙权遗书退老瞒

却说庞统、法正二人，劝玄德就席间杀刘璋，西川唾手可得。玄德曰："吾初入蜀中，恩信未立，此事决不可行。"二人再三说之，玄德只是不从。次日，复与刘璋宴于城中，彼此细叙衷曲，情好甚密。酒至半酣，庞统与法正商议曰："事已至此，由不得主公了。"便教魏延登堂舞剑，乘势杀刘璋。延遂拔剑进曰："筵间无以为乐，愿舞剑为戏。"庞统便唤众武士入，列于堂下，只待魏延下手。刘璋手下诸将，见魏延舞剑筵前，又见阶下武士手按刀靶，直视堂上，从事张任亦掣剑舞曰："舞剑必须有对，某愿与魏将军同舞。"二人对舞于筵前。魏延目视刘封，封亦拔剑助舞。于是刘璝、泠苞、邓贤各掣剑出曰："我等当群舞，以助一笑。"玄德大惊，急掣左右所佩之剑，立于席上曰："吾兄弟相逢痛饮，并无疑忌。又非'鸿门会'上，何用舞剑？不弃剑者立斩！"刘璋亦叱曰："兄弟相聚，何必带刀？"命侍卫者尽去佩剑。众皆纷然下堂。玄德唤诸将士上堂，以酒赐之，曰："吾弟兄同宗骨血，共议大事，并无二心。汝等勿疑。"诸将皆拜谢。刘璋执玄德之手而泣曰："吾兄之恩，誓不敢忘！"二人欢饮至晚而

批注

批注

散。玄德归寨，责庞统曰："公等奈何欲陷备于不义耶？今后断勿为此。"统嗟叹而退。

却说刘璋归寨，刘璝等曰："主公见今日席上光景乎？不如早回，免生后患。刘璋曰："吾兄刘玄德，非比他人。"众将曰："虽玄德无此心，他手下人皆欲吞并西川，以图富贵。"璋曰："汝等无间吾兄弟之情。"遂不听，日与玄德欢叙。忽报张鲁整顿兵马，将犯葭萌关。刘璋便请玄德往拒之。玄德慨然领诺，即日引本部兵望葭萌关去了。众将劝刘璋令大将紧守各处关隘，以防玄德兵变。璋初时不从，后因众人苦劝，乃令白水都督杨怀、高沛二人，守把涪水关。刘璋自回成都。玄德到葭萌关，严禁军士，广施恩惠，以收民心。

早有细作报入东吴。吴侯孙权会文武商议。顾雍进曰："刘备分兵远涉山险而去，未易往还。何不差一军先截川口，断其归路，后尽起东吴之兵，一鼓而下荆襄？此不可失之机会也。"权曰："此计大妙！"正商议间，忽屏风后一人大喝而出曰："进此计者可斩之！——欲害吾女之命耶！"众惊视之，乃吴国太也。国太怒曰："吾一生惟有一女，嫁与刘备。今若动兵，吾女性命如何！"因叱孙权曰："汝掌父兄之业，坐领八十一州，尚自不足，乃顾小利而不念骨肉！"孙权喏喏连声，答曰："老母之训，岂敢有违！"遂叱退众官。国太恨恨而入。孙权立于轩下，自思："此机会一失，荆襄何日可得？"正沉吟间，只见张昭入问曰："主公有何忧疑？"孙权曰："正思适间之事。"张昭曰："此极易也：今差心腹将一人，只带五百军。潜入荆州，下一封密书与郡主，只说国太病危，欲见亲女，取郡主星夜回东吴。玄德平生只有一子，就教带来。那时玄德定把荆州来换阿斗。如其不然，一任动兵，更有何碍？”权曰：“此计大妙！吾有一人，姓周，名善，最有胆量。自幼穿房入户，多随吾兄。今可差他去。”昭曰：“切勿漏泄。只此便令起行。”

于是密遣周善将五百人，扮为商人，分作五船；更诈修国书，以备盘诘；船内暗藏兵器。周善领命，取荆州水路而来。船泊江边，善自入荆州，令门吏报孙夫人。夫人命周善入。善呈上密书。夫人见说国太病危，洒泪动问。周善拜诉曰：“国太好生病重，旦夕只是思念夫人。倘去得迟，恐不能相见。就教夫人带阿斗去见一面。”夫人曰：“皇叔引兵远出，我今欲回，须使人知会军师，方可以行。”周善曰：“若军师回言道：‘须报知皇叔，候了回命，方可下船’，如之奈何？”夫人曰：“若不辞而去，恐有阻当。”周善曰：“大江之中，已准备下船只。只今便请夫人上车出城。”孙夫人听知母病危急，如何不慌？便将七岁孩子阿斗，载在车中；随行带三十馀人，各跨刀剑，上马离荆州城，便来江边上船。府中人欲报时，孙夫人已到沙头镇，下在船中了。

周善方欲开船，只听得岸上有人大叫：“且休开船，容与夫人饯行！”视之，乃赵云也。原来赵云巡哨方回，听得这个消息，吃了一惊，只带四五骑，旋风般沿江赶来。周善手执长戈，大喝曰：“汝何人，敢当主母！”叱令军士一齐开船，各将军器出来，摆列在船上。风顺水急，船皆随流而去。赵云沿江赶叫：“任从夫人去。只有一句话拜禀。”周善不睬，只催船速进。赵云沿江赶到十馀里，忽见江滩斜缆一只渔船在那里。赵云弃马执枪，跳上渔

批注

批注

船。只两人驾船前来，望着夫人所坐大船追赶。周善教军士放箭。赵云以枪拨之，箭皆纷纷落水。离大船悬隔丈馀，吴兵用枪乱刺。赵云弃枪在小船上，掣所佩青釭剑在手，分开枪搠，望吴船涌身一跳，早登大船。吴兵尽皆惊倒。赵云入舱中，见夫人抱阿斗于怀中，喝赵云曰："何故无礼！"云插剑声喏曰："主母欲何往？何故不令军师知会？"夫人曰："我母亲病在危笃，无暇报知。"云曰："主母探病，何故带小主人去？"夫人曰："阿斗是吾子，留在荆州，无人看觑。"云曰："主母差矣。主人一生，只有这点骨血，小将在当阳长坂坡百万军中救出；今日夫人却欲抱将去，是何道理？"夫人怒曰："量汝只是帐下一武夫，安敢管我家事！"云曰："夫人要去便去，只留下小主人。"夫人喝曰："汝半路辄入船中，必有反意！"云曰："若不留下小主人，纵然万死，亦不敢放夫人去。"夫人喝侍婢向前揪捽，被赵云推倒，就怀中夺了阿斗，抱出船头上。——欲要傍岸，又无帮手；欲要行凶，又恐碍于道理：进退不得。夫人喝侍婢夺阿斗，赵云一手抱定阿斗，一手仗剑，人不敢近。周善在后梢挟住舵，只顾放船下水。风顺水急，望中流而去。赵云孤掌难鸣，只护得阿斗，安能移舟傍岸。

正在危急，忽见下流头港内一字儿使出十馀只船来，船上磨旗擂鼓。赵云自思："今番中了东吴之计！"只见当头船上一员大将，手执长矛，高声大叫："嫂嫂留下侄儿去！"原来张飞巡哨，听得这个消息，急来油江夹口，正撞着吴船，急忙截住。当下张飞提剑跳上吴船。周善见张飞上船，提刀来迎，被张飞手起一剑砍倒，提头掷于孙夫人前。夫人大惊曰："叔叔何故无礼？"张飞曰："嫂嫂不以俺哥哥为重，私自归家，这便无礼！”夫人曰：“吾母病重，甚是危急，若等你哥哥回报，须误了我事。若你不放我回去，我情愿投江而死！”

张飞与赵云商议：“若逼死夫人，非为臣下之道。只护着阿斗过船去罢。”乃谓夫人曰：“俺哥哥大汉皇叔，也不辱没嫂嫂。今日相别，若思哥哥恩义，早早回来。”说罢，抱了阿斗，自与赵云回船，放孙夫人五只船去了。后人有诗赞子龙曰：

昔年救主在当阳，今日飞身向大江。
船上吴兵皆胆裂，子龙英勇世无双！

又有诗赞翼德曰：

长坂桥边怒气腾，一声虎啸退曹兵。
今朝江上扶危主，青史应传万载名。

二人欢喜回船。行不数里，孔明引大队船只接来，见阿斗已夺回，大喜。三人并马而归。孔明自申文书往葭萌关，报知玄德。

却说孙夫人回吴，具说张飞、赵云杀了周善，截江夺了阿斗。孙权大怒曰：“今吾妹已归，与彼不亲，杀周善之仇，如何不报！”唤集文武，商议起军攻取荆州。正商议调兵，忽报曹操起军四十万来报赤壁之仇。孙权大惊，且按下荆州，商议拒敌曹操。人报长史张纮辞疾回家，今已病故，有哀书上呈。权拆视之，书中劝孙权迁居秣陵，言秣陵山川有帝王之气，可速迁于此，以为万世之业。孙权览书大哭，谓众官曰：“张子纲劝吾迁居秣陵，吾如何不从！”即命迁治建业，筑石头城。吕蒙进曰：“曹操兵来，可于濡须水口筑坞以拒之。”诸将皆曰：“上岸击贼，跣足

批注

批注

入船，何用筑城？”蒙曰：“兵有利钝，战无必胜。如猝然遇敌，步骑相促，人尚不暇及水，何能入船乎？”权曰：“‘人无远虑，必有近忧’。子明之见甚远。”便差军数万筑濡须坞。晓夜并工，刻期告竣。

却说曹操在许都，威福日甚。长史董昭进曰：“自古以来，人臣未有如丞相之功者，虽周公、吕望，莫可及也：栉风沐雨，三十余年，扫荡群凶，与百姓除害，使汉室复存。岂可与诸臣宰同列乎？合受魏公之位，加‘九锡’以彰功德。”——你道那九锡？

一，车马；二，衣服；三，乐悬；四，朱户；五，纳陛；六，虎贲；七，鈇钺；八，弓矢；九，秬鬯圭瓒。

侍中荀彧曰：“不可。丞相本兴义兵，匡扶汉室，当秉忠贞之志，守谦退之节。君子爱人以德，不宜如此。”曹操闻言，勃然变色。董昭曰：“岂可以一人而阻众望？”遂上表请尊操为魏公，加九锡。荀彧叹曰：“吾不想今日见此事！”操闻，深恨之，以为不助己也。建安十七年冬十月，曹操兴兵下江南，就命荀彧同行。彧已知操有杀己之心，托病止于寿春。忽曹操使人送饮食一盒至。盒上有操亲笔封记。开盒视之，并无一物。彧会其意，遂服毒而亡。年五十岁。后人有诗叹曰：

文若才华天下闻，可怜失足在权门。
后人休把留侯比，临没无颜见汉君。

其子荀恽，发哀书报曹操。操甚懊悔，命厚葬之，谥曰敬侯。

且说曹操大军至濡须，先差曹洪领三万铁甲马军，哨至江边。回报云："遥望沿江一带，旗幡无数，不知兵聚何处。"操放心不下，自领兵前进，就濡须口排开军阵。操领百馀人上山坡，遥望战船，各分队伍，依次摆列。旗分五色，兵器鲜明。当中大船上青罗伞下，坐着孙权。左右文武，侍立两边。操以鞭指曰："生子当如孙仲谋！若刘景升儿子，豚犬耳！"忽一声响动，南船一齐飞奔过来。濡须坞内又一军出，冲动曹兵。曹操军马退后便走，止喝不住。忽有千百骑赶到山边，为首马上一人碧眼紫髯。——众人认得正是孙权。权自引一队马军来击曹操。操大惊，急回马时，东吴大将韩当、周泰，两骑马直冲将上来。操背后许褚纵马舞刀，敌住二将，曹操得脱归寨。许褚与二将战三十合方回。操回寨，重赏许褚，责骂众将："临敌先退，挫吾锐气！后若如此，尽皆斩首！"是夜二更时分，忽寨外喊声大震。操急上马，见四下里火起，却被吴兵劫入大寨。杀至天明，曹兵退五十馀里下寨。操心中郁闷，闲看兵书。程昱曰："丞相既知兵法，岂不知'兵贵神速'乎？丞相起兵，迁延日久，故孙权得以准备，夹濡须水口为坞，难于攻击。不若且退兵还许都，别作良图。"操不应。

程昱出。操伏几而卧，忽闻潮声汹涌，如万马争奔之状。操急视之，见大江中推出一轮红日，光华射目；仰望天上，又有两轮太阳对照。忽见江心那轮红日，直飞起来，坠于寨前山中，其声如雷。猛然惊觉，原来在帐中做了一梦。帐前军报道午时。曹操教备马，引五十馀骑，径奔出寨，至梦中所见落日山边。正看之间，忽见一簇人马，当先一人，金盔金甲。操视之，乃孙权也。权见操至，也不慌忙，在山上勒住马，以鞭指操曰："丞相坐镇

批注

批注

中原，富贵已极，何故贪心不足，又来侵我江南？”操答曰：“汝为臣下，不尊王室。吾奉天子诏，特来讨汝！”孙权笑曰：“此言岂不羞乎？天下岂不知你挟天子令诸侯？吾非不尊汉朝，正欲讨汝以正国家耳。”操大怒，叱诸将上山捉孙权。忽一声鼓响，山背后两彪军出：右边韩当、周泰，左边陈武、潘璋。四员将带三千弓弩手乱射，矢如雨发。操急引众将回走。背后四将赶来甚急。赶到半路，许褚引众虎卫军敌住，救回曹操。吴兵齐奏凯歌，回濡须去了。操还营自思：“孙权非等闲人物。红日之应，久后必为帝王。”于是心中有退兵之意，又恐东吴耻笑，进退未决。两边又相拒了月馀，战了数场，互相胜负。直至来年正月，春雨连绵，水港皆满，军士多在泥水之中，困苦异常。操心甚忧。当日正在寨中，与众谋士商议。或劝操收兵；或云目今春暖，正好相持，不可退归。操犹豫未定。忽报东吴有使赍书到。操启视之。书略曰：

孤与丞相，彼此皆汉朝臣宰。丞相不思报国安民，乃妄动干戈，残虐生灵，岂仁人之所为哉？即日春水方生，公当速去。如其不然，复有赤壁之祸矣。公宜自思焉。”

书背后又批两行云：“足下不死，孤不得安。

曹操看毕，大笑曰：“孙仲谋不欺我也。”重赏来使，遂下令班师，命庐江太守朱光镇守皖城，自引大军回许昌。孙权亦收军回秣陵。权与众将商议：“曹操虽然北去，刘备尚在葭萌关未还。何不引拒曹操之兵，以取荆州？”张昭献计曰：“且未可动兵。某有一计，使刘备不能再还荆州。”正是：孟德雄兵方退北，仲谋壮志又图南。不知张昭说出甚计来，且看下文分解。

本回我评论：

三国复活赛

1．你知道“鸿门宴”是什么吗？这一回里有《三国演义》里的“鸿门宴”，怎么样？画出来或演出来，二选一，开始吧！

2．刘禅还真是和他三叔、四叔缘分不浅！之前长坂坡是靠了两位叔叔，这次又是靠了两位叔叔。我们可以把这回的“赵子龙截江夺阿斗”用剧本形式表演出来，也可以扮演晚年的刘禅回忆这一幕。

文史一锅烩

1．你觉得这个“拐骗阿斗，讨回荆州”的主意如何？

2．根据你对三国人物的了解，为什么不是关羽、张飞去夺阿斗，而偏偏得是赵云呢？

3. 你知道曹操这句“生子当如孙仲谋”被一位著名诗人写进了自己的作品吗？请把这位诗人和这首作品找出来！

4. 刘禅真是《三国演义》里的“唐僧肉”啊！谁都想尝一口，多亏了赵云成为他的“孙悟空”，提供全方位保护。我们先看看《三国志·蜀书三·后主传》的记载：

后主讳禅，字公嗣，先主子也。建安二十四年，先主为汉中王，立为王太子。及即尊号，册曰：“惟章武元年五月辛巳，皇帝若曰：太子禅，朕遭汉运艰难，贼臣篡盗，社稷无主，格人群正，以天明命，朕继大统。今以禅为皇太子，以承宗庙，祗肃社稷。使使持节丞相亮授印绶，敬听师傅，行一物而三善皆得焉，可不勉与！”三年夏四月，先主殂于永安宫。五月，后主袭位于成都，时年十七。尊皇后曰皇太后。大赦，改元。是岁魏黄初四年也。

但是，在裴松之做的注解所引用的《魏略》里，还有一种说法：

初备在小沛，不意曹公卒至，遑遽弃家属，后奔荆州。禅时年数岁，窜匿，随人西入汉中，为人所卖。及建安十六年，关中破乱，扶风人刘括避乱入汉中，买得禅，问知其良家子，遂养为子，与娶妇，生一子。初禅与备相失时，识其父字玄德。比舍人有姓简者，及备得益州而简为将军，备遣简到汉中，舍都邸。禅乃诣简，简相检讯，事皆符验。简喜，以语张鲁，鲁为洗沐送诣益州，备乃立以为太子。初备以诸葛亮为太子太傅，及禅立，以亮为丞相，委以诸事，谓亮曰：“政由葛氏，祭则寡人。”亮亦以禅未闲于政，遂总内外。

5. 请继续在上文空格处留下你对本回的总评，在选文右侧留下你的批注。这一回也可以看成是专写赵云的，是赵云在长坂坡、护送刘备回荆州后又一次“闪亮登场”担纲主角，我们可以紧紧抓住他和孙夫人交涉时的语言、神态、动作来欣赏罗贯中塑造的这员名将——要知道，正史上的赵云并不是重要将领，但在《三国演义》中成了刘备方面最有人气的将军，就凭这个，罗贯中的笔法就很了得，值得我们品味。

跟着名著写写写

你看，同样是要夺回阿斗，赵云和张飞的语言就完全不同。先看赵云的一系列话：“主母探病，何故带小主人去？”“主母差矣。主人一生，只有这点骨血，小将在当阳长坂坡百万军中救出，今日夫人却欲抱将去，是何道理？”“夫人要去便去，只留下小主人。”“若不留下小主人，纵然万死，亦不敢放夫人去。”真正是又客气又坚持，极其符合赵子龙胆大心细、滴水不漏的性格和部将的身份；再看张飞的话：“嫂嫂留下侄儿去！”“嫂嫂不以俺哥哥为重，私自归家，这便无礼！”“俺哥哥大汉皇叔，也不辱没嫂嫂。今日相别，若思哥哥恩义，早早回来。”就显得随便许多了，毕竟张飞是刘备的结拜兄弟嘛！这也是《三国演义》以及其他成功小说共通的一点：语言描写个个不同、贴切、出彩，值得我们学习。

家长可加入读书心得讨论群　同30位家长一起分享孩子阅读心得
群分类：读书心得 · 入群指南详见本书扉页

第六十三回

诸葛亮痛哭庞统　张翼德义释严颜

批注

却说法正与那人相见，各抚掌而笑。庞统问之。正曰："此公乃广汉人，姓彭，名羕，字永言，蜀中豪杰也。因直言触忤刘璋，被璋髡钳为徒隶，因此短发。"统乃以宾礼待之，问羕从何而来。羕曰："吾特来救汝数万人性命，——见刘将军方可说。"法正忙报玄德。玄德亲自谒见，请问其故。羕曰："将军有多少军马在前寨？"玄德实告："有魏延、黄忠在彼。"羕曰："为将之道，岂可不知地理乎？前寨紧靠涪江，若决动江水，前后以兵塞之，一人无可逃也。"玄德大悟。彭羕曰："罡星在西方，太白临于此地，当有不吉之事，切宜慎之。"玄德即拜彭羕为幕宾，使人密报魏延、黄忠，教朝暮用心巡警，以防决水。黄忠、魏延商议：二人各轮一日；如遇敌军到来，互相通报。

却说冷苞见当夜风雨大作，引了五千军，径循江边而进，安排决江。只听得后面喊声乱起，冷苞知有准备，急急回军。前面魏延引军赶来，川兵自相践踏。冷苞正奔走间，撞着魏延。交马不数合，被魏延活捉去了。比及吴兰、雷铜来接应时，又被黄忠一军杀退。魏延解冷苞到涪关。玄德责之曰："吾以仁义相待，放汝回去，何敢背我！今次难饶！"将泠苞推出斩之，重赏魏延。玄德设宴管待彭羕。忽报荆州诸葛亮军师特遣马良奉书至此。玄德召入问之。马良礼毕曰："荆州平安，不劳主公忧念。"遂呈上军师书信。玄德拆书观之，略曰：

亮夜算太乙数，今年岁次癸巳，罡星在西方；又观乾象，太白临于雒城之分：主将帅身上多凶少吉。切宜谨慎。

玄德看了书，便教马良先回。玄德曰："吾将回荆州，去论此事。"庞统暗思："孔明怕我取了西川，成了功，故意将此书相阻耳。"乃对玄德曰："统亦算太乙数，已知罡星在西，应主公合得西川，别不主凶事。统亦占天文，见太白临于雒城，先斩蜀将泠苞，已应凶兆矣。主公不可疑心，可急进兵。"

玄德见庞统再三催促，乃引军前进。黄忠同魏延接入寨去。庞统问法正曰："前至雒城，有多少路？"法正画地作图。玄德取张松所遗图本对之，并无差错。法正言："山北有条大路，正取雒城东门；山南有条小路，却取雒城西门：两条路皆可进兵。"庞统谓玄德曰："统令魏延为先锋，取南小路而进；主公令黄忠作先锋，从山北大路而进：并到雒城取齐。"玄德曰："吾自幼熟于弓马，多行小路。军师可从大路去取东门，吾取西门。"庞统曰："大路必有军邀拦，主公引兵当之。统取小路。"玄德曰："军师不可。吾夜梦一神人，手执铁棒击吾右臂，觉来犹自臂疼。此行莫非不佳。"庞统曰："壮士临阵，不死带伤，理之自然也。何故以梦寐之事疑心乎？"玄德曰："吾所疑者，孔明之书也。军师还守涪关，如何？"庞统大笑曰："主公被孔明所

批注

批注

惑矣：彼不欲令统独成大功，故作此言以疑主公之心。心疑则致梦，何凶之有？统肝脑涂地，方称本心。主公再勿多言，来早准行。”当日传下号令，军士五更造饭，平明上马。黄忠、魏延领军先行。玄德再与庞统约会，忽坐下马眼生前失，把庞统掀将下来。玄德跳下马，自来笼住那马。玄德曰：“军师何故乘此劣马？”庞统曰：“此马乘久，不曾如此。”玄德曰：“临阵眼生，误人性命。吾所骑白马，性极驯熟，军师可骑，万无一失。劣马吾自乘之。”遂与庞统更换所骑之马。庞统谢曰：“深感主公厚恩，虽万死亦不能报也。”遂各上马取路而进。玄德见庞统去了，心中甚觉不快，怏怏而行。

却说雒城中吴懿、刘璝听知折了泠苞，遂与众商议。张任曰：“城东南山僻有一条小路，最为要紧，某自引一军守之。诸公紧守雒城，勿得有失。”忽报汉兵分两路前来攻城。张任急引三千军，先来抄小路埋伏。见魏延兵过，张任教尽放过去，休得惊动。后见庞统军来，张任军士遥指军中大将：“骑白马者必是刘备。”张任大喜，传令教如此如此。

却说庞统迤逦前进，抬头见两山逼窄，树木丛杂；又值夏末秋初，枝叶茂盛。庞统心下甚疑，勒住马问：“此处是何地？”数内有新降军士，指道：“此处地名落凤坡。”庞统惊曰：“吾道号凤雏，此处名落凤坡，不利于吾。”令后军疾退。只听山坡前一声炮响，箭如飞蝗，只望骑白马者射来。可怜庞统竟死于乱箭之下。时年止三十六岁。后人有诗叹曰：

古岘相连紫翠堆，士元有宅傍山隈。

儿童惯识呼鸠曲，闾巷曾闻展骥才。

批注

预计三分平刻削，长驱万里独徘徊。

谁知天狗流星坠，不使将军衣锦回。

先是东南有童谣云：

一凤并一龙，相将到蜀中。才到半路里，凤死落坡东。

风送雨，雨随风，隆汉兴时蜀道通，蜀道通时只有龙。

当日张任射死庞统，汉军拥塞，进退不得，死者大半。前军飞报魏延。魏延忙勒兵欲回，奈山路逼窄，厮杀不得。又被张任截断归路，在高阜处用强弓硬弩射来。魏延心慌。有新降蜀兵曰："不如杀奔雒城下，取大路而进。"延从其言，当先开路，杀奔雒城来。尘埃起处，前面一军杀至，乃雒城守将吴兰、雷铜也；后面张任引兵追来：前后夹攻，把魏延围在垓心。魏延死战不能得脱。但见吴兰、雷铜后军自乱，二将急回马去救。魏延乘势赶去，当先一将，舞刀拍马，大叫："文长，吾特来救汝！"视之，乃老将黄忠也。两下夹攻，杀败吴、雷二将，直冲至雒城之下。刘璝引兵杀出，却得玄德在后当住接应。黄忠、魏延翻身便回。玄德军马比及奔到寨中，张任军马又从小路里截出。刘璝、吴兰、雷铜当先赶来。玄德守不住二寨，且战且走，奔回涪关。蜀兵得胜，迤逦追赶。玄德人困马乏，那里有心厮杀，且只顾奔走。将近涪关，张任一军追赶至紧。幸得左边刘封，右边关平，二将领三万生力军截出，杀退张任；还赶二十里，夺回战马极多。

玄德一行军马，再入涪关，问庞统消息。有落凤坡逃得性命的军士，报说军师连人带马，被乱箭射死于坡前。玄德闻言，望西痛哭不已，遥为招魂设祭。诸将皆哭。黄

批注

忠曰："今番折了庞统军师，张任必然来攻打涪关，如之奈何？不若差人往荆州，请诸葛军师来商议收川之计。"正说之间，人报张任引军直临城下搦战。黄忠、魏延皆要出战。玄德曰："锐气新挫，宜坚守以待军师来到。"黄忠、魏延领命，只谨守城池。玄德写一封书，教关平分付："你与我往荆州请军师去。"关平领了书，星夜往荆州来。玄德自守涪关，并不出战。

却说孔明在荆州，时当七夕佳节，大会众官夜宴，共说收川之事。只见正西上一星，其大如斗，从天坠下，流光四散。孔明失惊，掷杯于地，掩面哭曰："哀哉！痛哉！"众官慌问其故。孔明曰："吾前者算今年罡星在西方，不利于军师；天狗犯于吾军，太白临于雒城，已拜书主公，教谨防之。谁想今夕西方星坠，庞士元命必休矣！"言罢，大哭曰："今吾主丧一臂矣！"众官皆惊，未信其言。孔明曰："数日之内，必有消息。"是夕酒不尽欢而散。

数日之后，孔明与云长等正坐间，人报关平到，众官皆惊。关平入，呈上玄德书信。孔明视之，内言本年七月初七日，庞军师被张任在落凤坡前箭射身故。孔明大哭，众官无不垂泪。孔明曰："既主公在涪关进退两难之际，亮不得不去。"云长曰："军师去，谁人保守荆州？荆州乃重地，干系非轻。"孔明曰："主公书中虽不明言其人，吾已知其意了。"乃将玄德书与众官看曰："主公书中，把荆州托在吾身上，教我自量才委用。虽然如此，今教关平赍书前来，其意欲云长公当此重任。云长想桃园结义之情，可竭力保守此地，责任非轻，公宜勉之。"云长更不推辞，慨然领诺。孔明设宴，交割印绶。云长双手来接。孔明擎着印曰："这干系都在将军身上。"云长曰："大丈夫既领重任，除死方休。"孔明见云长说个"死"字，心中不悦；欲待不与，其言已出。孔明曰："倘曹操引兵来到，当如之何？"云长曰："以力拒之。"孔明又曰："倘曹操、孙权，齐起兵来，如之奈何？"云长曰："分兵拒之。"孔明曰："若如此，荆州危矣。吾有八个字，将军牢记，可保守荆州。"云长问："那八个字？"孔明曰："北拒曹操，东和孙权。"云长曰："军师之言，当铭肺腑。"

孔明遂与了印绶，令文官马良、伊籍、向朗、糜竺，武将糜芳、廖化、关平、周仓，一班儿辅佐云长，同守荆州。一面亲自统兵入川。先拨精兵一万，教张飞部领，取大路杀奔巴州、雒城之西，先到者为头功。又拨一枝兵，教赵云为先锋，溯江而上，会于雒城。孔明随后引简雍、蒋琬等起行。那蒋琬字公琰，零陵湘乡人也，乃荆襄名士，现为书记。

当日孔明引兵一万五千，与张飞同日起行。张飞临行时，孔明嘱付曰："西川豪杰甚多，不可轻敌。于路戒约三军，勿得掳掠百姓，以失民心。所到之处，并宜存恤，勿得恣逞鞭挞士卒。望将军早会雒城，不可有误。"

张飞欣然领诺，上马而去。迤逦前行，所到之处，但降者秋毫无犯。径取汉川路，前至巴郡。细作回报："巴郡太守严颜，乃蜀中名将，年纪虽高，精力未衰，善开硬弓，使大刀，有万夫不当之勇：据住城郭，不竖降旗。"张飞教离城十里下寨，差人入城去："说与老匹夫，早早来降，饶你满城百姓性命；若不归顺，即踏平城郭，老幼不留！"

批注

批注

却说严颜在巴郡，闻刘璋差法正请玄德入川，拊心而叹曰："此所谓独坐穷山，引虎自卫者也！"后闻玄德据住涪关，大怒，屡欲提兵往战，又恐这条路上有兵来。当日闻知张飞兵到，便点起本部五六千人马，准备迎敌。或献计曰："张飞在当阳长坂，一声喝退曹兵百万之众。曹操亦闻风而避之，不可轻敌。今只宜深沟高垒，坚守不出。彼军无粮，不过一月，自然退去。更兼张飞性如烈火，专要鞭挞士卒；如不与战，必怒；怒则必以暴厉之气，待其军士：军心一变，乘势击之，张飞可擒也。"严颜从其言，教军士尽数上城守护。忽见一个军士，大叫："开门！"严颜教放入问之。那军士告说是张将军差来的，把张飞言语依直便说。严颜大怒，骂："匹夫怎敢无礼！吾严将军岂降贼者乎！借你口说与张飞！"唤武士把军人割下耳鼻，却放回寨。

军人回见张飞，哭告严颜如此毁骂。张飞大怒，咬牙睁目，披挂上马，引数百骑来巴郡城下搦战。城上众军百般痛骂。张飞性急，几番杀到吊桥，要过护城河，又被乱箭射回。到晚全无一个人出，张飞忍一肚气还寨。次日早晨，又引军去搦战。那严颜在城敌楼上，一箭射中张飞头盔。飞指而恨曰："若拿住你这老匹夫，我亲自食你肉！"到晚又空回。第三日，张飞引了军，沿城去骂。原来那座城子是个山城，周围都是乱山，张飞自乘马登山，下视城中。见军士尽皆披挂，分列队伍，伏在城中，只是不出；又见民夫来来往往，搬砖运石，相助守城。张飞教马军下马，步军皆坐，引他出敌，——并无动静。又骂了一日，依旧空回。张飞在寨中自思："终日叫骂，彼只不出，如之奈何？"猛然思得一计，教众军不要前去搦战，都结束了在寨中等候；却只教三五十个军士，直去城下叫骂，引严颜军出来，便与厮杀。张飞磨拳擦掌，只等敌军来。小军连骂了三日，全然不出。张飞眉头一纵，又生一计，传令教军士四散砍打柴草，寻觅路径，不来搦战。严颜在城中，连日不见张飞动静，心中疑惑，着十数个小军，扮作张飞砍柴的军，潜地出城，杂在军内，入山中探听。

当日诸军回寨。张飞坐在寨中，顿足大骂："严颜老匹夫！枉气杀我！"只见帐前三四个人说道："将军不须心焦：这几日打探得一条小路，可以偷过巴郡。"张飞故意大叫曰："既有这个去处，何不早来说？"众应曰："这几日却才哨探得出。"张飞曰："事不宜迟，只今二更造饭，趁三更明月，拔寨都起，人衔枚，马去铃，悄悄而行。我自前面开路，汝等依次而行。"传了令便满寨告报。

探细的军听得这个消息，尽回城中来，报与严颜。颜大喜曰："我算定这匹夫忍耐不得。你偷小路过去，须是粮草辎重在后；我截住后路，你如何得过？好无谋匹夫，中我之计！"即时传令：教军士准备赴敌，今夜二更也造饭，三更出城，伏于树木丛杂去处。只等张飞过咽喉小路去了，车仗来时，只听鼓响，一齐杀出。传了号令，看看近夜，严颜全军尽皆饱食，披挂停当，悄悄出城，四散伏住，只听鼓响：严颜自引十数裨将，下马伏于林中。约三更后，遥望见张飞亲自在前，横矛纵马，悄悄引军前进。去不得三四里，背后车仗人马，陆续进发。严颜看得分晓，一齐擂鼓，四下伏兵尽起。正来抢夺车仗，背后一声锣响，一彪军掩到，大喝："老贼休走！我等的你恰好！"严颜猛回头看时，为首一员大将，豹头环眼，燕颔虎须，使丈八矛，骑深乌马：乃是张飞。四下里锣声大震，众军

批注

批注

杀来。严颜见了张飞，举手无措，交马战不十合，张飞卖个破绽，严颜一刀砍来，张飞闪过，撞将入去，扯住严颜勒甲绦，生擒过来，掷于地下；众军向前，用索绑缚住了。原来先过去的是假张飞。料道严颜击鼓为号，张飞却教鸣金为号：金响诸军齐到。川兵大半弃甲倒戈而降。

张飞杀到巴郡城下，后军已自入城。张飞叫休杀百姓，出榜安民。群刀手把严颜推至。飞坐于厅上，严颜不肯下跪。飞怒目咬牙大叱曰："大将到此，何为不降，而敢拒敌？"严颜全无惧色，回叱飞曰："汝等无义，侵我州郡！但有断头将军，无降将军！"飞大怒，喝左右斩来。严颜喝曰："贼匹夫！砍头便砍，何怒也？"张飞见严颜声音雄壮，面不改色，乃回嗔作喜，下阶喝退左右，亲解其缚，取衣衣之，扶在正中高坐，低头便拜曰："适来言语冒渎，幸勿见责。吾素知老将军乃豪杰之士也。"严颜感其恩义，乃降。后人有诗赞严颜曰：

白发居西蜀，清名震大邦。
忠心如皎月，浩气卷长江。
宁可断头死，安能屈膝降？
巴州年老将，天下更无双。

又有赞张飞诗曰：

生获严颜勇绝伦，惟凭义气服军民。
至今庙貌留巴蜀，社酒鸡豚日日春。

张飞请问入川之计。严颜曰："败军之将，荷蒙厚恩，无可以报，愿施犬马之劳，不须张弓只箭，径取成都。"正是：只因一将倾心后，致使连城唾手降。未知其计如何，且看下文分解。

本回我评论：

三国复活赛

1．庞统可是和诸葛亮齐名的，虽然在《三国演义》中出场不多，但是献连环计、理事耒阳县、谋取西川，也算是有不少戏份了。让我们用一幅画像和这位“凤雏”告别吧！

2．张飞义释严颜算得上是一段佳话了，一边是脾气火暴的三将军，一边是须发尽白的老勇士，如此惺惺相惜真令人佩服！你可以用画，也可以用戏剧，把这一幕表现出来。

文史一锅烩

1．其实，庞统的死和他骑的马有一定关系，你知道为什么吗？

2．张飞为什么会义释严颜？他不是脾气火暴吗？你能说说理由吗？

3. 庞统算是正史上赫赫有名，但在《三国演义》里被弱化的角色：在《三国志》里，他的传记被安放在《赵云传》之后，在蜀国的文臣中仅次于在所有大臣中排第一的《诸葛亮传》之后，正史里也没有庞统因为长得丑而被轻视的记载——庞统真的挺招黑的。我们来看看正史里的“凤雏”吧：

庞统字士元，襄阳人也。少时朴钝，未有识者。颍川司马徽清雅有知人鉴，统弱冠往见徽，徽采桑于树上，坐统在树下，共语自昼至夜。徽甚异之，称统当为南州士之冠冕，由是渐显。后郡命为功曹。性好人伦，勤于长养。每所称述，多过其才，时人怪而问之，统答曰：“当今天下大乱，雅道陵迟，善人少而恶人多。方欲兴风俗，长道业，不美其谭即声名不足慕企，不足慕企而为善者少矣。今拔十失五，犹得其半，而可以崇迈世教，使有志者自励，不亦可乎？”吴将周瑜助先主取荆州，因领南郡太守。瑜卒，统送丧至吴，吴人多闻其名。及当西还，并会昌门，陆绩、顾劭、全琮皆往。统曰：“陆子可谓驽马有逸足之力，顾子可谓驽牛能负重致远也。”谓全琮曰：“卿好施慕名，有似汝南樊子昭。虽智力不多，亦一时之佳也。”绩、劭谓统曰：“使天下太平，当与卿共料四海之士。”深与统相结而还。

先主领荆州，统以从事守耒阳令，在县不治，免官。吴将鲁肃遗先主书曰：“庞士元非百里才也，使处治中、别驾之任，始当展其骥足耳。”诸葛亮亦言之于先主，先主见与善谭，大器之，以为治中从事。亲待亚于诸葛亮，遂与亮并为军师中郎将。亮留镇荆州。统随从入蜀。

益州牧刘璋与先主会涪，统进策曰：“今因此会，便可执之，则将军无用兵之劳，而坐定一州也。”先主曰：“初入他国，恩信未著，此不可也。”璋既还成都，先主当为璋北征汉中，统复说曰：“阴选精兵，昼夜兼道，径袭成都；璋既不武，又素无预备，大军卒至，

一举便定，此上计也。杨怀、高沛，璋之名将，各杖强兵，据守关头，闻数有笺谏璋，使发遣将军还荆州。将军未至，遣与相闻，说荆州有急，欲还救之，并使装束，外作归形；此二子既服将军英名，又喜将军之去，计必乘轻骑来见，将军因此执之，进取其兵，乃向成都，此中计也。退还白帝，连引荆州，徐还图之，此下计也。若沈吟不去，将致大困，不可久矣。”先主然其中计，即斩怀、沛，还向成都，所过辄克。于涪大会，置酒作乐，谓统曰：“今日之会，可谓乐矣。”统曰：“伐人之国而以为欢，非仁者之兵也。”先主醉，怒曰：“武王伐纣，前歌后舞，非仁者邪？卿言不当，宜速起出！”于是统逡巡引退。先主寻悔，请还。统复故位，初不顾谢，饮食自若。先主谓曰：“向者之论，阿谁为失？”统对曰：“君臣俱失。”先主大笑，宴乐如初。

进围雒县，统率众攻城，为流矢所中，卒，时年三十六。先主痛惜，言则流涕。拜统父议郎，迁谏议大夫，诸葛亮亲为之拜。追赐统爵关内侯，谥曰靖侯。

4. 请继续在上文空格处留下你对本回的总评，在选文右侧留下你的批注。这一回的重点其实是庞统遇害，因为这样才有了后面诸葛亮入川辅佐刘备，留下关羽一人镇守荆州并最终出事的情节。也就是说，本回对于《三国演义》整篇小说的情节推进是有重要影响的。另外你也可以看到，“卧龙凤雏，得一而安天下”的刘备得到了两人却最后没有得到天下，似乎也预示了什么。但是民间显然更喜欢本回的后半部分，因为火暴脾气的张三爷居然没有砍掉老将严颜的头！这实在出乎人的意料啊！其实张飞这样做并不奇怪，我们从各类描写就看得出张三爷和严颜的为人了，这足够你赏析一二啦！

跟着名著写写写

语言描写是最常见的人物描写手法之一，是塑造人物形象的重要手段之一。语言描写包括了人物独白和对话两种：独白是反映人物心理活动的重要手段；对话则可以是两个人的对话，也可以是几个人的相互交谈。语言描写首先要做到个性化，即每个人讲的话都要能体现其独特的性格、身份，决不千篇一律，其次则要能体现出人物说话的艺术性。比如本回中张飞和严颜的语言就很符合两人耿直的性格。

家长可加入阅读能力提升群 陪孩子听名师阅读讲解课 读懂经典提升阅读能力
群分类：阅读提升 • 入群指南详见本书扉页

第七十六回

徐公明大战沔水　关云长败走麦城

却说糜芳闻荆州有失，正无计可施。忽报公安守将傅士仁至，芳忙接入城，问其事故。士仁曰："吾非不忠。势危力困，不能支持，我今已降东吴。——将军亦不如早降。"芳曰："吾等受汉中王厚恩，安忍背之？"士仁曰："关公去日，痛恨吾二人；倘一日得胜而回，必无轻恕：公细察之。"芳曰："吾兄弟久事汉中王，岂可一朝相背？"正犹豫间，忽报关公遣使至，接入厅上。使者曰："关公军中缺粮，特来南郡、公安二处取白米十万石，令二将军星夜解去军前交割。如迟立斩。"芳大惊，顾谓傅士仁曰："今荆州已被东吴所取，此粮怎得过去？"士仁厉声曰："不必多疑！"遂拔剑斩来使于堂上。芳惊曰："公如何斩之？"士仁曰："关公此意，正要斩我二人。我等安可束手受死？公今不早降东吴，必被关公所杀。"正说间，忽报吕蒙引兵杀至城下。芳大惊，乃同傅士仁出城投降。蒙大喜，引见孙权。权重赏二人。安民已毕，大犒三军。

时曹操在许都，正与众谋士议荆州之事，忽报东吴遣使奉书至。操召入，使者呈上书信。操拆视之，书中具言

批注

批注

吴兵将袭荆州，求操夹攻云长；且嘱：“勿泄漏，使云长有备也。”操与众谋士商议，主簿董昭曰：“今樊城被困，引颈望救，不如令人将书射入樊城，以宽军心；且使关公知东吴将袭荆州。彼恐荆州有失，必速退兵，却令徐晃乘势掩杀，可获全功。”操从其谋，一面差人催徐晃急战；一面亲统大兵，径往洛阳之南阳陵坡驻扎，以救曹仁。

却说徐晃正坐帐中，忽报魏王使至。晃接入问之，使曰：“今魏王引兵，已过洛阳；令将军急战关公，以解樊城之困。”正说间，探马报说：“关平屯兵在偃城，廖化屯兵在四冢：前后一十二个寨栅，连络不绝。”晃即差副将徐商、吕建假着徐晃旗号，前赴偃城与关平交战。晃却自引精兵五百，循沔水去袭偃城之后。

且说关平闻徐晃自引兵至，遂提本部兵迎敌。两阵对圆，关平出马，与徐商交锋，只三合，商大败而走；吕建出战，五六合亦败走。平乘胜追杀二十馀里，忽报城中火起。平知中计，急勒兵回救偃城。正遇一彪军摆开，徐晃立马在门旗下，高叫曰：“关平贤侄，好不知死！汝荆州已被东吴夺了，犹然在此狂为！”平大怒，纵马轮刀，直取徐晃；不三四合，三军喊叫，偃城中火光大起。平不敢恋战，杀条大路，径奔四冢寨来。廖化接着。化曰：“人言荆州已被吕蒙袭了，军心惊慌，如之奈何？”平曰：“此必讹言也。军士再言者斩之。”忽流星马到，报说正北第一屯被徐晃领兵攻打。平曰：“若第一屯有失，诸营岂得安宁？此间皆靠沔水，贼兵不敢到此。吾与汝同去救第一屯。”廖化唤部将分付曰：“汝等坚守营寨，如有贼到，即便举火。”部将曰：“四冢寨鹿角十重，虽飞鸟亦不能入，何虑贼兵！”于是关平、廖化尽起四冢寨精兵，奔至第一屯住扎。关平看见魏兵屯于浅山之上，谓廖化曰："徐晃屯兵，不得地利，今夜可引兵劫寨。"化曰："将军可分兵一半前去，某当谨守本寨。"

是夜，关平引一枝兵杀入魏寨，不见一人。平知是计，火速退时，左边徐商，右边吕建，两下夹攻。平大败回营，魏兵乘势追杀前来，四面围住。关平、廖化支持不住，弃了第一屯，径投四冢寨来。早望见寨中火起。急到寨前，只见皆是魏兵旗号。关平等退兵，忙奔樊城大路而走。前面一军拦住，为首大将，乃是徐晃也。平、化二人奋力死战，夺路而走，回到大寨，来见关公曰："今徐晃夺了偃城等处；又兼曹操自引大军，分三路来救樊城；多有人言荆州已被吕蒙袭了。"关公喝曰："此敌人讹言，以乱我军心耳！东吴吕蒙病危，孺子陆逊代之，不足为虑！"

言未毕，忽报徐晃兵至。公令备马。平谏曰："父体未痊，不可与敌。"公曰："徐晃与吾有旧，深知其能；若彼不退，吾先斩之，以警魏将。"遂披挂提刀上马，奋然而出。魏军见之，无不惊惧。公勒马问曰："徐公明安在？"魏营门旗开处，徐晃出马，欠身而言曰："自别君侯，倏忽数载，不想君侯须发已苍白矣！忆昔壮年相从，多蒙教诲，感谢不忘。今君侯英风震于华夏，使故人闻之，不胜叹羡！兹幸得一见，深慰渴怀。"公曰："吾与公明交契深厚，非比他人；今何故数穷吾儿耶？"晃回顾众将，厉声大叫曰："若取得云长首级者，重赏千金！"公惊曰："公明何出此言？"晃曰："今日乃国家之事，某不敢以私废公。"言讫，挥大斧直取关公。公大怒，亦挥刀迎之。战八十馀合，公虽武艺绝伦，终是右臂少力。关平恐公有失，火急鸣金，公拨马回寨。忽闻四下里喊声大震。原来

批注

批注

是樊城曹仁闻曹操救兵至，引军杀出城来，与徐晃会合，两下夹攻，荆州兵大乱。关公上马，引众将急奔襄江上流头。背后魏兵追至。关公急渡过襄江，望襄阳而奔。忽流星马到，报说："荆州已被吕蒙所夺，家眷被陷。"关公大惊。不敢奔襄阳，提兵投公安来。探马又报："公安傅士仁已降东吴了。"关公大怒。忽催粮人到，报说："公安傅士仁往南郡，杀了使命，招糜芳都降东吴去了。"

关公闻言，怒气冲塞，疮口迸裂，昏绝于地。众将救醒，公顾谓司马王甫曰："悔不听足下之言，今日果有此事！"因问："沿江上下，何不举火？"探马答曰："吕蒙使水手尽穿白衣，扮作客商渡江，将精兵伏于艨艟之中，先擒了守台士卒，因此不得举火。"公跌足叹曰："吾中奸贼之谋矣！有何面目见兄长耶！"管粮都督赵累曰："今事急矣，可一面差人往成都求救，一面从旱路去取荆州。"关公依言，差马良、伊籍赍文三道，星夜赴成都求救；一面引兵来取荆州，自领前队先行，留廖化、关平断后。

却说樊城围解，曹仁引众将来见曹操，泣拜请罪。操曰："此乃天数，非汝等之罪也。"操重赏三军，亲至四冢寨周围阅视，顾谓众将曰："荆州兵围堑鹿角数重，徐公明深入其中，竟获全功。孤用兵三十馀年，未敢长驱径入敌围。公明真胆识兼优者也！"众皆叹服。操班师还于摩陂驻扎。徐晃兵至，操亲出寨迎之，见晃军皆按队伍而行，并无差乱。操大喜曰："徐将军真有周亚夫之风矣！"遂封徐晃为平南将军，同夏侯尚守襄阳，以遏关公之师。操因荆州未定，就屯兵于摩陂，以候消息。

批注

却说关公在荆州路上，进退无路，谓赵累曰："目今前有吴兵，后有魏兵，吾在其中，救兵不至，如之奈何？"累曰："昔吕蒙在陆口时，尝致书君侯，两家约好，共诛操贼，今却助操而袭我，是背盟也。君侯暂驻军于此，可差人遗书吕蒙责之，看彼如何对答。"关公从其言，遂修书遣使赴荆州来。

却说吕蒙在荆州，传下号令：凡荆州诸郡，有随关公出征将士之家，不许吴兵搅扰，按月给与粮米；有患病者，遣医治疗。将士之家，感其恩惠，安堵不动。忽报关公使至，吕蒙出郭迎接入城，以宾礼相待。使者呈书与蒙。蒙看毕，谓来使曰："蒙昔日与关将军结好，乃一己之私见；今日之事，乃上命差遣，不得自主。烦使者回报将军，善言致意。"遂设宴款待，送归馆驿安歇。于是随征将士之家，皆来问信；有附家书者，有口传音信者，皆言家门无恙，衣食不缺。

使者辞别吕蒙，蒙亲送出城。使者回见关公，具道吕蒙之语，并说："荆州城中，君侯宝眷并诸将家属，俱各无恙，供给不缺。"公大怒曰："此奸贼之计也！我生不能杀此贼，死必杀之，以雪吾恨！"喝退使者。使者出寨，众将皆来探问家中之事；使者具言各家安好，吕蒙极其恩恤，并将书信传送各将。各将欣喜，皆无战心。

关公率兵取荆州，军行之次，将士多有逃回荆州者。关公愈加恨怒，遂催军前进。忽然喊声大震，一彪军拦住，为首大将，乃蒋钦也，勒马挺枪大叫曰："云长何不早降！"关公骂曰："吾乃汉将，岂降贼乎！"拍马舞刀，直取蒋钦。不三合，钦败走。关公提刀追杀二十馀里，喊声忽起，左边山谷中韩当领军冲出，右边山谷中周泰引军

批注

冲出，蒋钦回马复战，三路夹攻。关公急撤军回走。行无数里，只见南山冈上人烟聚集，一面白旗招飐，上写“荆州土人”四字，众人都叫本处人速速投降。关公大怒，欲上冈杀之。山崦内又有两军撞出：左边丁奉，右边徐盛；——并合蒋钦等三路军马，喊声震地，鼓角喧天，将关公困在核心。手下将士，渐渐消疏。比及杀到黄昏，关公遥望四山之上，皆是荆州土兵，呼兄唤弟，觅子寻爷，喊声不住。军心尽变，皆应声而去。关公止喝不住，部从止有三百馀人。杀至三更，正东上喊声连天，乃是关平、廖化分两路兵杀入重围，救出关公。关平告曰：“军心乱矣，必得城池暂屯，以待援兵。麦城虽小，足可屯扎。”关公从之，催促残军前至麦城，分兵紧守四门，聚将士商议。赵累曰：“此处相近上庸，现有刘封、孟达在彼把守，可速差人往求救兵。若得这枝军马接济，以待川兵大至，军心自安矣。”

正议间，忽报吴兵已至，将城四面围定。公问曰：“谁敢突围而出，往上庸求救？”廖化曰：“某愿往。”关平曰：“我护送汝出重围。”关公即修书付廖化藏于身畔。饱食上马，开门出城。正遇吴将丁奉截住。被关平奋力冲杀，奉败走，廖化乘势杀出重围。投上庸去了。关平入城，坚守不出。

且说刘封、孟达自取上庸，太守申耽率众归降，因此汉中王加刘封为副将军，与孟达同守上庸。当日探知关公兵败，二人正议间，忽报廖化至。封令请入问之。化曰：“关公兵败，现困于麦城，被围至急。蜀中援兵，不能旦夕即至。特命某突围而出，来此求救。望二将军速起上庸之兵，以救此危。倘稍迟延，公必陷矣。”封曰：“将军且歇，容某计议。”

化乃至馆驿安歇，耑候发兵。刘封谓孟达曰：“叔父被困，如之奈何？”达曰：“东吴兵精将勇；且荆州九郡，俱已属彼，止有麦城，乃弹丸之地；又闻曹操亲督大军四五十万，屯于摩陂：量我等山城之众，安能敌得两家之强兵？不可轻敌。”封曰：“吾亦知之。奈关公是吾叔父，安忍坐视而不救乎？”达笑曰：“将军以关公为叔，恐关公未必以将军为侄也。某闻汉中王初嗣将军之时，关公即不悦。后汉中王登位之后，欲立后嗣，问于孔明，孔明曰：‘此家事也，问关、张可矣。’汉中王遂遣人至荆州问关公，关公以将军乃螟蛉之子，不可僭立，劝汉中王远置将军于上庸山城之地，以杜后患。此事人人知之，将军岂反不知耶？何今日犹沾沾以叔侄之义，而欲冒险轻动乎？”封曰：“君言虽是，但以何词却之？”达曰：“但言山城初附，民心未定，不敢造次兴兵，恐失所守。”封从其言。次日，请廖化至，言此山城初附之所，未能分兵相救。化大惊，以头叩地曰：“若如此，则关公休矣！”达曰：“我今即往，一杯之水，安能救一车薪之火乎？将军速回，静候蜀兵至可也。”化大恸告求，刘封、孟达皆拂袖而入。廖化知事不谐，寻思须告汉中王求救，遂上马大骂出城，望成都而去。

却说关公在麦城盼望上庸兵到，却不见动静；手下止有五六百人，多半带伤；城中无粮，甚是苦楚。忽报城下一人教休放箭，有话来见君侯。公令放入，问之，乃诸葛瑾也。礼毕茶罢，瑾曰：“今奉吴侯命，特来劝谕将军。自古道：‘识时务者为俊杰。’今将军所统汉上九郡，皆已属他人矣；止有孤城一区，内无粮草，外无救兵，危在旦

批注

批注

夕。将军何不从瑾之言：归顺吴侯，复镇荆襄，可以保全家眷。幸君侯熟思之。”关公正色而言曰：“吾乃解良一武夫，蒙吾主以手足相待，安肯背义投敌国乎？城若破，有死而已。玉可碎而不可改其白，竹可焚而不可毁其节：身虽殒，名可垂于竹帛也。汝勿多言，速请出城，吾欲与孙权决一死战！”瑾曰：“吴侯欲与君侯结秦、晋之好，同力破曹，共扶汉室，别无他意。君侯何执迷如是？”言未毕，关平拔剑而前，欲斩诸葛瑾。公止之曰：“彼弟孔明在蜀，佐汝伯父，今若杀彼，伤其兄弟之情也。”遂令左右逐出诸葛瑾。瑾满面羞惭，上马出城，回见吴侯曰：“关公心如铁石，不可说也。”孙权曰：“真忠臣也！似此如之奈何？”吕范曰：“某请卜其休咎。”权即令卜之。范揲蓍成象，乃“地水师卦”，更有玄武临应，主敌人远奔。权问吕蒙曰：“卦主敌人远奔，卿以何策擒之？”蒙笑曰：“卦象正合某之机也。关公虽有冲天之翼，飞不出吾罗网矣！”正是：龙游沟壑遭虾戏，凤入牢笼被鸟欺。毕竟吕蒙之计若何，且看下文分解。

本回我评论：

三国复活赛

1．即使英武如关羽，也会马失前蹄——我们民族代代相传的“大意失荆州”和“走麦城”就来自他的经历。关羽在败走麦城时会是什么样的呢？来，结合你对关羽的了解和想象，把这画面呈现出来。

2．本回真可谓处处有戏：糜芳和傅士仁密谋投降东吴、徐晃和关羽对话的“先礼后兵”、孟达教唆刘封不救关羽、诸葛瑾劝降关二爷，都很适合改编成短剧——那还等什么，动手吧！

文史一锅烩

1．关羽最后败走麦城是哪些因素造成的？

2．你对徐晃“不敢以私废公”有何看法？当年华容道，关羽可是“以私废公”啊！

3．为什么关羽当年“屯土山关公约三事”，现在却不肯投降孙权？

4．自古以来，造成关羽失败的原因大多归结到糜芳、刘封两人身上。这倒不是《三国演义》的杜撰，而是有事实支撑的。请看《三国志》的记载：

竺弟芳为彭城相，皆去官，随先主周旋。先主将适荆州，遣竺先与刘表相闻，以竺为左将军从事中郎。益州既平，拜为安汉将军，班在军师将军之右。竺雍容敦雅，而干翮非所长。是以待之以上宾之礼，未尝有所统御。然赏赐优宠，无与为比。

芳为南郡太守，与关羽共事，而私好携贰，叛迎孙权，羽因覆败。竺面缚请罪，先主慰谕以兄弟罪不相及，崇待如初。竺惭恚发病，岁馀卒。

和糜芳附录于《糜竺传》后不同，刘封是有单独传记的——不过孟达在其传中占据不少份额：

刘封者，本罗侯寇氏之子，长沙刘氏之甥也。先主至荆州，以未有继嗣，养封为子。及先主入蜀，自葭萌还攻刘璋，时封年二十馀，有武艺，气力过人，将兵俱与诸葛亮、张飞等溯流西上，所在战克。益州既定，以封为副军中郎将。

…………

自关羽围樊城、襄阳，连呼封、达，令发兵自助。封、达辞以山郡初附，未可动摇，不承羽命。会羽覆败，先主恨之。

…………

先主责封之侵陵达，又不救羽。诸葛亮虑封刚猛，易世之后终难制御，劝先主因此除之。于是赐封死，使自裁。封叹曰：“恨不用孟子度之言！”先主为之流涕。

5. 请继续在上文空格处留下你对本回的总评，在选文右侧留下你的批注。在这一回里，一代武圣关羽战败了，这是很令人惊讶的事情，但是细看过程，我们又得承认这其中存在着合理性，没办法，都说“性格即命运”啊！围绕着关羽最后的命运，比如他力斥诸葛亮之兄诸葛瑾的劝降，你可以有很多点评；然后刘封、孟达两人的私心与徐晃的公心又形成鲜明对照，你也可以评价一下哟！

跟着名著写写写

毕竟关羽是后来被封圣的传奇人物——关公不仅仅是“武圣”，还被儒佛道三教普遍尊崇，而他的一生也的确波澜壮阔。想来关羽在斥走诸葛瑾，回忆自己与刘备、张飞“桃园三结义”以来的点点滴滴时，一定百感交集吧！请运用我们之前学过的写作技巧，代关羽为刘备、张飞写一封“没有寄出去”的信吧！

家长可加入读书心得讨论群 同30位家长一起分享孩子阅读心得
群分类：读书心得 · 入群指南详见本书扉页

第七十九回

兄逼弟曹植赋诗　侄陷叔刘封伏法

批注

却说曹丕闻曹彰提兵而来，惊问众官；一人挺身而出，愿往折服之。众视其人，乃谏议大夫贾逵也。曹丕大喜，即命贾逵前往。逵领命出城，迎见曹彰。彰问曰：“先王玺绶安在？”逵正色而言曰：“家有长子，国有储君。先王玺绶，非君侯之所宜问也。”彰默然无语，乃与贾逵同入城。至宫门前，逵问曰：“君侯此来，欲奔丧耶？欲争位耶？”彰曰：“吾来奔丧，别无异心。”逵曰：“既无异心，何故带兵入城？”彰即时叱退左右将士，只身入内，拜见曹丕。兄弟二人，相抱大哭。曹彰将本部军马尽交与曹丕。丕令彰回鄢陵自守，彰拜辞而去。

于是曹丕安居王位，改建安二十五年为延康元年；封贾诩为太尉，华歆为相国，王朗为御史大夫；大小官僚，尽皆升赏。谥曹操曰武王，葬于邺郡高陵，令于禁董治陵事。禁奉命到彼，只见陵屋中白粉壁上，图画关云长水淹七军擒获于禁之事：画云长俨然上坐，庞德愤怒不屈，于禁拜伏于地，哀求乞命之状。原来曹丕以于禁兵败被擒，不能死节，既降敌而复归，心鄙其为人，故先令人图画陵屋粉壁，故意使之往见以愧之。当下于禁见此画像，又羞又恼，气愤成病，不久而死。后人有诗叹曰：

三十年来说旧交，可怜临难不忠曹。

知人未向心中识，画虎今从骨里描。

却说华歆奏曹丕曰："鄢陵侯已交割军马，赴本国去了；临淄侯植，萧怀侯熊，二人竟不来奔丧，理当问罪。"丕从之，即分遣二使往二处问罪。不一日，萧怀使者回报："萧怀侯曹熊惧罪，自缢身死。"丕令厚葬之，追赠萧怀王。又过了一日，临淄使者回报，说："临淄侯日与丁仪、丁廙兄弟二人酣饮，悖慢无礼：闻使命至，临淄侯端坐不动；丁仪骂曰：'昔者先王本欲立吾主为世子，被谗臣所阻；今王丧未远，便问罪于骨肉，何也？'丁廙又曰：'据吾主聪明冠世，自当承嗣大位，今反不得立。汝那庙堂之臣，何不识人才若此！'临淄侯因怒，叱武士将臣乱棒打出。"

丕闻之，大怒，即令许褚领虎卫军三千，火速至临淄擒曹植等一干人来。褚奉命，引军至临淄城。守将拦阻，褚立斩之，直入城中，无一人敢当锋锐，径到府堂。只见曹植与丁仪、丁廙等尽皆醉倒。褚皆缚之，载于车上，并将府下大小属官，尽行拿解邺郡，听候曹丕发落。丕下令，先将丁仪、丁廙等尽行诛以戮。丁仪字正礼，丁廙字敬礼，沛郡人，乃一时文士；及其被杀，人多惜之。

却说曹丕之母卞氏，听得曹熊缢死，心甚悲伤；忽又闻曹植被擒，其党丁仪等已杀，大惊。急出殿，召曹丕相见。丕见母出殿，慌来拜谒。卞氏哭谓丕曰："汝弟植平生嗜酒疏狂，盖因自恃胸中之才，故尔放纵。汝可念同胞之情，存其性命。吾至九泉亦瞑目也。"丕曰："儿亦深爱其才，安肯害他？今正欲戒其性耳。母亲勿忧。"

批注

批注

卞氏洒泪而入，丕出偏殿，召曹植入见。华歆问曰："适来莫非太后劝殿下勿杀子建乎？"丕曰："然。"歆曰："子建怀才抱智，终非池中物；若不早除，必为后患。"丕曰："母命不可违。"歆曰："人皆言子建出口成章，臣未深信。主上可召入，以才试之。若不能，即杀之；若果能，则贬之，以绝天下文人之口。"丕从之。须臾，曹植入见，惶恐伏拜请罪。丕曰："吾与汝情虽兄弟，义属君臣，汝安敢恃才蔑礼？昔先君在日，汝常以文章夸示于人，吾深疑汝必用他人代笔。吾今限汝行七步吟诗一首。若果能，则免一死；若不能，则从重治罪，决不姑恕！"植曰："愿乞题目。"时殿上悬一水墨画，画着两只牛，斗于土墙之下，一牛坠井而亡。丕指画曰："即以此画为题。诗中不许犯着'二牛斗墙下，一牛坠井死'字样。"植行七步，其诗已成。诗曰：

两肉齐道行，头上带凹骨。
相遇块山下，郯起相搪突。
二敌不俱刚，一肉卧土窟。
非是力不如，盛气不泄毕。

曹丕及群臣皆惊。丕又曰："七步成章，吾犹以为迟。汝能应声而作诗一首否？"植曰："愿即命题。"丕曰："吾与汝乃兄弟也。以此为题。亦不许犯着'兄弟'字样。"植略不思索，即口占一首曰：

煮豆燃豆萁，豆在釜中泣。
本是同根生，相煎何太急！

曹丕闻之，潸然泪下。其母卞氏，从殿后出曰："兄何逼弟之甚耶？"丕慌忙离坐告曰："国法不可废耳。"于是贬曹植为安乡侯。植拜辞上马而去。

曹丕自继位之后，法令一新，威逼汉帝，甚于其父。早有细作报入成都。汉中王闻之，大惊，即与文武商议曰："曹操已死，曹丕继位，威逼天子，更甚于操。东吴孙权，拱手称臣。孤欲先伐东吴，以报云长之仇；次讨中原，以除乱贼。"言未毕，廖化出班，哭拜于地曰："关公父子遇害，实刘封、孟达之罪。乞诛此二贼。"玄德便欲遣人擒之。孔明谏曰："不可。且宜缓图之，急则生变矣。可升此二人为郡守，分调开去，然后可擒。"

玄德从之，遂遣使升刘封去守绵竹。原来彭羕与孟达甚厚，听知此事，急回家作书，遣心腹人驰报孟达。使者方出南门外，被马超巡视军捉获，解见马超。超审知此事，即往见彭羕。羕接入，置酒相待。酒至数巡，超以言挑之曰："昔汉中王待公甚厚，今何渐薄也？"羕因酒醉，恨骂曰："老革荒悖，吾必有以报之！"超又探曰："某亦怀怨心久矣。"羕曰："公起本部军，结连孟达为外合，某领川兵为内应，大事可图也。"超曰："先生之言甚当。来日再议。"超辞了彭羕，即将人与书解见汉中王，细言其事。玄德大怒，即令擒彭羕下狱，拷问其情。羕在狱中，悔之无及。玄德问孔明曰："彭羕有谋反之意，当何以治之？"孔明曰："羕虽狂士，然留之久必生祸。"于是玄德赐彭羕死于狱。

彭羕既死，有人报知孟达。达大惊，举止失措。忽使命至，调刘封回守绵竹去讫。孟达慌请上庸、房陵都尉申耽、申仪弟兄二人商议曰："我与法孝直同有功于汉中王；今孝直已死，而汉中王忘我前功，乃欲见害，为之奈何？"耽曰："某有一计，使汉中王不能加害于公。"达大喜，急问何计。耽曰："吾弟兄欲投魏久矣；公可作一表，

批注

批注

辞了汉中王，投魏王曹丕，丕必重用。吾二人亦随后来降也。”达猛然省悟，即写表一通，付与来使；当晚引五十馀骑投魏去了。使命持表回成都，奏汉中王，言孟达投魏之事。先主大怒。览其表曰：

臣达伏惟殿下将建伊、吕之业，追桓、文之功，大事草创，假势吴、楚，是以有为之士，望风归顺。臣委质以来，愆戾山积；臣犹自知，况于君乎？今王朝英俊鳞集，臣内无辅佐之器，外无将领之才，列次功臣，诚足自愧！

臣闻范蠡识微，浮于五湖；舅犯谢罪，逡巡河上。夫际会之间，请命乞身，何哉？欲洁去就之分也。况臣卑鄙，无元功巨勋，自系于时，窃慕前贤，早思远耻。昔申生至孝，见疑于亲；子胥至忠，见诛于君；蒙恬拓境而被大刑，乐毅破齐而遭谗佞。臣每读其书，未尝不感慨流涕；而亲当其事，益用伤悼！

迩者，荆州覆败，大臣失节，百无一还；惟臣寻事，自致房陵、上庸，而复乞身，自放于外。伏想殿下圣恩感悟，愍臣之心，悼臣之举。臣诚小人，不能始终。知而为之，敢谓非罪？臣每闻“交绝无恶声，去臣无怨辞”。臣过奉教于君子，愿君王勉之，臣不胜惶恐之至！

玄德看毕，大怒曰：“匹夫叛吾，安敢以文辞相戏耶！”即欲起兵擒之。孔明曰：“可就遣刘封进兵，令二虎相并；刘封或有功，或败绩，必归成都，就而除之，可绝两害。”玄德从之，遂遣使到绵竹，传谕刘封。封受命，率兵来擒孟达。

却说曹丕正聚文武议事，忽近臣奏曰：“蜀将孟达来降。”丕召入问曰：“汝此来，莫非诈降乎？”达曰：“臣为不救关公之危，汉中王欲杀臣，因此惧罪来降，别无他意。”曹丕尚未准信，忽报刘封引五万兵来取襄阳，单搦孟达厮杀。丕曰：“汝既是真心，便可去襄阳取刘封首级来，孤方准信。”达曰：“臣以利害说之，不必动兵，令刘封亦来降也。”丕大喜，遂加孟达为散骑常侍、建武将军、平阳亭侯，领新城太守，去守襄阳、樊城。原来夏侯尚、徐晃已先在襄阳，正将收取上庸诸部。孟达到了襄阳，与二将礼毕，探得刘封离城五十里下寨。达即修书一封，使人赍赴蜀寨招降刘封。刘封览书大怒曰：“此贼误吾叔侄之义，又间吾父子之亲，使吾为不忠不孝之人也！”遂扯碎来书，斩其使。次日，引军前来搦战。

孟达知刘封扯书斩使，勃然大怒，亦领兵出迎。两阵对圆，封立马于门旗下。以刀指骂曰：“背国反贼，安敢乱言！”孟达曰：“汝死已临头上，还自执迷不省！”封大怒，拍马轮刀，直奔孟达。战不三合，达败走，封乘虚追杀二十馀里，一声喊起，伏兵尽出，左边夏侯尚杀来，右边徐晃杀来，孟达回身复战。三军夹攻，刘封大败而走，连夜奔回上庸，背后魏兵赶来。刘封到城下叫门，城上乱箭射下。申耽在敌楼上叫曰：“吾已降了魏也！”封大怒，欲要攻城，背后追军将至，封立脚不住，只得望房陵而奔，见城上已尽插魏旗。申仪在敌楼上将旗一飐，城后一彪军出，旗上大书“右将军徐晃”。封抵敌不住，急望西川而走。晃乘势追杀。刘封部下只剩得百馀骑，到了成都，入见汉中王，哭拜于地，细奏前事。玄德怒曰：“辱子有何面目复来见吾！”封曰：“叔父之难，非儿不救，因孟达谏阻故耳。”玄德转怒曰：“汝须食人食、穿人衣，非土

批注

批注

木偶人！安可听谗贼所阻！”命左右推出斩之。汉中王既斩刘封，后闻孟达招之，毁书斩使之事，心中颇悔；又哀痛关公，以致染病。因此按兵不动。

且说魏王曹丕，自即王位，将文武官僚，尽皆升赏；遂统甲兵三十万，南巡沛国谯县，大飨先茔。乡中父老，扬尘遮道，奉觞进酒，效汉高祖还沛之事。人报大将军夏侯惇病危，丕即还邺郡。时惇已卒，丕为挂孝，以厚礼殡葬。

是岁八月间，报称石邑县凤凰来仪，临淄城麒麟出现，黄龙现于邺郡。于是中郎将李伏、太史丞许芝商议：种种瑞徵，乃魏当代汉之兆，可安排受禅之礼，令汉帝将天下让于魏王。遂同华歆、王朗、辛毗、贾诩、刘廙、刘晔、陈矫、陈群、桓阶等一班文武官僚，四十馀人，直入内殿，来奏汉献帝，请禅位于魏王曹丕。正是：魏家社稷今将建，汉代江山忽已移。未知献帝如何回答，且看下文分解。

本回我评论：

三国复活赛

1. 曹植“七步成诗”的故事你一定听说过吧？如今又读了《三国演义》的原文，还不快把这一幕画下来或者演出来！

2. 你知道为什么孟达会背蜀投魏吗？刘封又为什么要杀孟达？请运用你的聪明才智调查清楚前因后果，然后把这一幕结合你查到的来龙去脉一起表演出来。

文史一锅烩

1. 曹丕为什么要除掉自己的亲兄弟呢？这是不是很违背人之常情？曹丕最终不杀曹植的原因可能有哪些？

2. 历史上的曹丕、曹植都是著名文学家，不但和他们的父亲曹操并称“三曹”，更在文学史上各有建树。你有兴趣研究一下这段时期的文坛吗？

3. 刘备为什么要杀刘封呢？除了因为关羽，是不是还有其他隐情？

4. 曹植可是大名鼎鼎的“三曹”之一，而且在“三曹”中名声最为显赫：中国第一部专门研究诗歌的理论论著、南朝梁代钟嵘所写的《诗品》将其列为“上品”，而曹丕的则列为“中品”，曹操的却列为“下品”。不仅如此，曹植还和“建安七子”关系不错。因为身世可悲，更因为才华横溢，曹植一直被视为天才，以后谢灵运的“才高八斗”和李白的“陈王昔时宴平乐”指的都是他。好了，让我们看看《三国志》对曹植的记载：

陈思王植字子建。年十岁馀，诵读诗、论及辞赋数十万言，善属文。太祖尝视其文，谓植曰：“汝倩人邪？”植跪曰：“言出为论，下笔成章，顾当面试，奈何倩人？”时邺铜爵台新成，太祖悉将诸子登台，使各为赋。植援笔立成，可观，太祖甚异之。性简易，不治威仪。舆马服饰，不尚华丽。每进见难问，应声而对，特见宠爱。建安十六年，封平原侯。十九年，徙封临淄侯。太祖征孙权，使植留守邺，戒之曰：“吾昔为顿邱令，年二十三。思此时所行，无悔于今。今汝年亦二十三矣，可不勉与！”植既以才见异，而丁仪、丁廙、杨修等为之羽翼。太祖狐疑，几为太子者数矣。而植任性而行，不自雕励，饮酒不节。文帝御之以术，矫情自饰，宫人左右，并为之说，故遂定为嗣。二十二年，增植邑五千，并前万户。植尝乘车行驰道中，开司马门出。太祖大怒，公车令坐死。由是重诸侯科禁，而植宠日衰。太祖既虑终始之变，以杨修颇有才策，而又袁氏之甥也，于是以罪诛修。植益内不自安。二十四年，曹仁为关羽所围。太祖以植为南中郎将，行征虏将军，欲遣救仁，呼有所敕戒。植醉不能受命，于是悔而罢之。

文帝即王位，诛丁仪、丁廙并其男口。植与诸侯并就国。黄初二年，监国谒者灌均希指，奏“植醉酒悖慢，劫胁使者”。有司请治罪，帝以太后故，贬爵安乡侯。其年改封鄄城侯。三年，立为鄄城王，邑二千五百户。四年，徙封雍丘王。

5. 请继续在上文空格处留下你对本回的总评，在选文右侧留下你的批注。在这一回里里，我们看到了刘封的下场，这也很符合“善有善报，恶有恶报”的中国古训，但刘封虽然陷害了关羽，却依然和两面三刀的孟达抗争过，真是“早知如此，何必当初”？如此纠葛的刘封作为一个配角倒也写得很是丰富，值得点评！另一个看点则是曹植写作《七步诗》，这是中国人耳熟能详的故事了，我们可以从前因后果、人物形象塑造等多个角度予以评价。

跟着名著写写写

其实遍查历代诗选，并不存在这首所谓的《七步诗》，但是它就是那么脍炙人口，为什么呢？一方面，这和《三国演义》的流行密不可分，《三国演义》的读者都会牢牢记下这首简单易懂的诗；另一方面，这又和这首诗运用了恰到好处的象征有关。曹植巧妙地用豆萁作为烧料来煮豆子设喻，象征了自己被同胞哥哥逼迫的现实。论修辞，是比喻，但是在修辞的背后则是象征这种思维——它同样是人类认识这个世界的重要方式：通过已知领域来类比其他领域，从而平稳地扩大自己的认知范围。

家长可加入阅读能力提升群 陪孩子听名师阅读讲解课 读懂经典提升阅读能力
群分类：阅读提升 • 入群指南详见本书扉页

第八十一回

急兄仇张飞遇害　雪弟恨先主兴兵

批注

却说先主欲起兵东征，赵云谏曰："国贼乃曹操，非孙权也。今曹丕篡汉，神人共怒。陛下可早图关中，屯兵渭河上流，以讨凶逆，则关东义士，必裹粮策马以迎王师；若舍魏以伐吴，兵势一交，岂能骤解。愿陛下察之。"先主曰："孙权害了朕弟；又兼傅士仁、糜芳、潘璋、马忠皆有切齿之仇：啖其肉而灭其族，方雪朕恨！卿何阻耶？"云曰："汉贼之仇，公也；兄弟之仇，私也。愿以天下为重。"先主答曰："朕不为弟报仇，虽有万里江山，何足为贵？"遂不听赵云之谏，下令起兵伐吴；且发使往五溪，借番兵五万，共相策应；一面差使往阆中，迁张飞为车骑将军，领司隶校尉，封西乡侯，兼阆中牧。使命赍诏而去。

却说张飞在阆中，闻知关公被东吴所害，旦夕号泣，血湿衣襟。诸将以酒解劝，酒醉，怒气愈加。帐上帐下，但有犯者即鞭挞之；多有鞭死者。每日望南切齿睁目怒恨，放声痛哭不已。忽报使至，慌忙接入，开读诏旨。飞受爵望北拜毕，设酒款待来使。飞曰："吾兄被害，仇深似海；庙堂之臣，何不早奏兴兵？"使者曰："多有劝先灭魏而后伐吴者。”飞怒曰：“是何言也！昔我三人桃园结义，誓同生死；今不幸二兄半途而逝，吾安得独享富贵耶！吾当面见天子，愿为前部先锋，挂孝伐吴，生擒逆贼，祭告二兄，以践前盟！”言讫，就同使命望成都而来。

却说先主每日自下教场操演军马，克日兴师，御驾亲征。于是公卿都至丞相府中见孔明，曰：“今天子初临大位，亲统军伍，非所以重社稷也。丞相秉钧衡之职，何不规谏？”孔明曰：“吾苦谏数次，只是不听。今日公等随我入教场谏去。”当下孔明引百官来奏先主曰：“陛下初登宝位，若欲北讨汉贼，以伸大义于天下，方可亲统六师；若只欲伐吴，命一上将统军伐之可也，何必亲劳圣驾？”先主见孔明苦谏，心中稍回。忽报张飞到来，先主急召入。飞至演武厅拜伏于地，抱先主足而哭。先主亦哭。飞曰：“陛下今日为君，早忘了桃园之誓！二兄之仇，如何不报？”先主曰：“多官谏阻，未敢轻举。”飞曰：“他人岂知昔日之盟？若陛下不去，臣舍此躯与二兄报仇！若不能报时，臣宁死不见陛下也！”先主曰：“朕与卿同往：卿提本部兵自阆州而出，朕统精兵会于江州，共伐东吴，以雪此恨！”飞临行，先主嘱曰：“朕素知卿酒后暴怒，鞭挞健儿，而复令在左右：此取祸之道也。今后务宜宽容，不可如前。”飞拜辞而去。

次日，先主整兵要行。学士秦宓奏曰：“陛下舍万乘之躯，而徇小义，古人所不取也。愿陛下思之。”先主曰：“云长与朕，犹一体也。大义尚在，岂可忘耶？”宓伏地不起曰：“陛下不从臣言，诚恐有失。”先主大怒曰：“朕欲兴兵，尔何出此不利之言！”叱武士推出斩之，宓面不改色，回顾先主而笑曰：“臣死无恨，但可惜新创之业，又将

批注

批注

颠覆耳！”众官皆为秦宓告免。先主曰：“暂且囚下，待朕报仇回时发落。”孔明闻知，即上表救秦宓。其略曰：

臣亮等窃以吴贼逞奸诡之计，致荆州有覆亡之祸；陨将星于斗牛，折天柱于楚地：此情哀痛，诚不可忘。但念迁汉鼎者，罪由曹操；移刘祚者，过非孙权。窃谓魏贼若除，则吴自宾服。愿陛下纳秦宓金石之言，以养士卒之力，别作良图，则社稷幸甚！天下幸甚！

先主看毕，掷表于地曰：“朕意已决，无得再谏！”遂命丞相诸葛亮保太子守两川；骠骑将军马超并弟马岱，助镇北将军魏延守汉中，以当魏兵；虎威将军赵云为后应，兼督粮草；黄权、程畿为参谋；马良、陈震掌理文书；黄忠为前部先锋；冯习、张南为副将；傅彤、张翼为中军护尉；赵融、廖淳为合后。川将数百员，并五溪番将等，共兵七十五万，择定章武元年七月丙寅日出师。

却说张飞回到阆中，下令军中；限三日内制办白旗白甲，三军挂孝伐吴。次日，帐下两员末将范疆、张达，入帐告曰：“白旗白甲，一时无措，须宽限方可。”飞大怒曰：“吾急欲报仇，恨不明日便到逆贼之境，汝安敢违我将令！”叱武士缚于树上，各鞭背五十。鞭毕，以手指之曰：“来日俱要完备！若违了限，即杀汝二人示众！”打得二人满口出血。回到营中商议，范疆曰：“今日受了刑责，着我等如何办得？其人性暴如火，倘来日不完，你我皆被杀矣！”张达曰：“比如他杀我，不如我杀他。”疆曰：“怎奈不得近前。”达曰：“我两个若不当死，则他醉于床上；若是当死，则他不醉。”二人商议停当。

批注

却说张飞在帐中，神思昏乱，动止恍惚，乃问部将曰："吾今心惊肉颤，坐卧不安，此何意也？"部将答曰："此是君侯思念关公，以致如此。"飞令人将酒来，与部将同饮，不觉大醉，卧于帐中。范、张二贼，探知消息，初更时分，各藏短刀，密入帐中，诈言欲禀机密重事，直至床前。原来张飞每睡不合眼；当夜寝于帐中，二贼见他须竖目张，本不敢动手。因闻鼻息如雷，方敢近前，以短刀刺入飞腹。飞大叫一声而亡。时年五十五岁。后人有诗叹曰：

安喜曾闻鞭督邮，黄巾扫尽佐炎刘。
虎牢关上声先震，长坂桥边水逆流。
义释严颜安蜀境，智欺张郃定中州。
伐吴未克身先死，秋草长遗阆地愁。

却说二贼当夜割了张飞首级，便引数十人连夜投东吴去了。次日，军中闻知，起兵追之不及。时有张飞部将吴班，向自荆州来见先主，先主用为牙门将，使佐张飞守阆中。当下吴班先发表章，奏知天子；然后令长子张苞具棺椁盛贮，令弟张绍守阆中，苞自来报先主。时先主已择期出师。大小官僚，皆随孔明送十里方回。孔明回至成都，怏怏不乐，顾谓众官曰："法孝直若在，必能制主上东行也。"

却说先主是夜心惊肉颤，寝卧不安。出帐仰观天文，见西北一星，其大如斗，忽然坠地。先主大疑，连夜令人求问孔明。孔明回奏曰："合损一上将。三日之内，必有惊报。"先主因此按兵不动。忽侍臣奏曰："阆中张车骑部将吴班，差人赍表至。"先主顿足曰："噫！三弟休矣！"及

批注

至览表，果报张飞凶信。先主放声大哭，昏绝于地。众官救醒。次日，人报一队军马骤风而至。先主出营观之。良久，见一员小将，白袍银铠，滚鞍下马，伏地而哭，乃张苞也。苞曰："范疆、张达杀了臣父，将首级投吴去了！"先主哀痛至甚，饮食不进。群臣苦谏曰："陛下方欲为二弟报仇，何可先自摧残龙体？"先主方才进膳，遂谓张苞曰："卿与吴班，敢引本部军作先锋，为卿父报仇否？"苞曰："为国为父，万死不辞！"先主正欲遣苞起兵，又报一彪军风拥而至。先主令侍臣探之。须臾，侍臣引一小将军，白袍银铠，入营伏地而哭。先主视之，乃关兴也。先主见了关兴，想起关公，又放声大哭。众官苦劝。先主曰："朕想布衣时，与关、张结义，誓同生死；今朕为天子，正欲与两弟同享富贵，不幸俱死于非命！见此二侄，能不断肠！"言讫又哭。

众官曰："二小将军且退。容圣上将息龙体。"侍臣奏曰："陛下年过六旬，不宜过于哀痛。"先主曰："二弟俱亡，朕安忍独生！"言讫，以头顿地而哭。多官商议曰："今天子如此烦恼，将何解劝？"马良曰："主上亲统大兵伐吴，终日号泣，于军不利。"陈震曰："吾闻成都青城山之西，有一隐者，姓李，名意。世人传说此老已三百馀岁，能知人之生死吉凶，乃当世之神仙也。何不奏知天子，召此老来，问他吉凶，胜如吾等之言。"遂入奏先主。先主从之，即遣陈震赍诏，往青城山宣召。震星夜到了青城，令乡人引入山谷深处，遥望仙庄，清云隐隐，瑞气非凡。忽见一小童来迎曰："来者莫非陈孝起乎？"震大惊曰："仙童如何知我姓字！"童子曰："吾师昨者有言：'今日必有皇帝诏命至；使者必是陈孝起。'"震曰："真神

批注

仙也！人言信不诬矣！”遂与小童同入仙庄，拜见李意，宣天子诏命。李意推老不行。震曰：“天子急欲见仙翁一面，幸勿吝鹤驾。”再三敦请，李意方行。即至御营，入见先主。先主见李意鹤发童颜，碧眼方瞳，灼灼有光，身如古柏之状，知是异人，优礼相待。李意曰：“老夫乃荒山村叟，无学无识。辱陛下宣召，不知有何见谕？”先主曰：“朕与关、张二弟生死之交，三十馀年矣。今二弟被害，亲统大军报仇，未知休咎如何。久闻仙翁通晓玄机，望乞赐教。”李意曰：“此乃天数，非老夫所知也。”先主再三求问，意乃索纸笔画兵马器械四十馀张，画毕便一一扯碎。又画一大人仰卧于地上，傍边一人掘土埋之，上写一大“白”字，遂稽首而去。先主不悦，谓群臣曰：“此狂叟也！不足为信。”即以火焚之，便催军前进。

张苞入奏曰：“吴班军马已至。小臣乞为先锋。”先主壮其志，即取先锋印赐张苞。苞方欲挂印，又一少年将奋然出曰：“留下印与我！”视之，乃关兴也。苞曰：“我已奉诏矣。”兴曰：“汝有何能，敢当此任？”苞曰：“我自幼习学武艺，箭无虚发。”先主曰：“朕正要观贤侄武艺，以定优劣。”苞令军士于百步之外，立一面旗，旗上画一红心。苞拈弓取箭，连射三箭，皆中红心。众皆称善。关兴挽弓在手曰：“射中红心何足为奇？”正言间，忽值头上一行雁过。兴指曰：“吾射这飞雁第三只。”一箭射去，那只雁应弦而落。文武官僚，齐声喝采。苞大怒，飞身上马，手挺父所使丈八点钢矛，大叫曰：“你敢与我比试武艺否？”兴亦上马，绰家传大砍刀纵马而出曰：“偏你能使矛！吾岂不能使刀！”

二将方欲交锋，先主喝曰：“二子休得无礼！”兴、苞

批注

二人慌忙下马，各弃兵器，拜伏请罪。先主曰："朕自涿郡与卿等之父结异姓之交，亲如骨肉；今汝二人亦是昆仲之分，正当同心协力，共报父仇；奈何自相争竞，失其大义！父丧未远而犹如此，况日后乎？"二人再拜伏罪。先主问曰："卿二人谁年长？"苞曰："臣长关兴一岁。"先主即命兴拜苞为兄。二人就帐前折箭为誓，永相救护。先主下诏使吴班为先锋，令张苞、关兴护驾。水陆并进，船骑双行，浩浩荡荡，杀奔吴国来。

却说范疆、张达将张飞首级，投献吴侯，细告前事。孙权听罢，收了二人，乃谓百官曰："今刘玄德即了帝位，统精兵七十馀万，御驾亲征，其势甚大，如之奈何？"百官尽皆失色，面面相觑。诸葛瑾出曰："某食君侯之禄久矣，无可报效，愿舍残生，去见蜀主，以利害说之，使两国相和，共讨曹丕之罪。"权大喜，即遣诸葛瑾为使，来说先主罢兵。正是：两国相争通使命，一言解难赖行人。未知诸葛瑾此去如何，且看下文分解。

本回我评论：

三国复活赛

1. 运用你的想象，把张飞哭着见大哥刘备要为二哥关羽报仇的一幕画出来吧！

2. 你觉得范疆、张达是怎样的人？别急，我们先演一演他俩谋反的一幕，然后再根据你们自己的表演画下心中这两员叛将的形象。

文史一锅烩

1. 为了给二弟关羽报仇，刘备又搭上了三弟张飞的命，在不久的将来还会搭上自己的命，你怎么看刘备一定要兴兵复仇？

2. 你觉得秦宓为臣如何？

3. 张飞之死究竟是被小人所害还是咎由自取？说说你的看法，再和朋友们交流一下。

4. 在关羽之后，张飞也去世了，“桃园三结义”和“三英战吕布”一下子恍如隔世，真令人唏嘘！让我们看看正史里对三将军的记载：

张飞字翼德，涿郡人也，少与关羽俱事先主。羽年长数岁，飞兄事之。先主从曹公破吕布，随还许，曹公拜飞为中郎将。先主背曹公依袁绍、刘表。表卒，曹公入荆州，先主奔江南。曹公追之，一日一夜，及于当阳之长阪。先主闻曹公卒至，弃妻子走，使飞将二十骑拒后。飞据水断桥，瞋目横矛曰：“身是张益德也，可来共决死！”敌皆无敢近者，故遂得免。先主既定江南，以飞为宜都太守、征虏将军，封新亭侯，后转在南郡。先主入益州，还攻刘璋，飞与诸葛亮等溯流而上，分定郡县。至江州，破璋将巴郡太守严颜，生获颜。飞呵颜曰：“大军至，何以不降，而敢拒战？”颜答曰：“卿等无状，侵夺我州，我州但有断头将军，无有降将军也。”飞怒，令左右牵去斫头，颜色不变，曰：“斫头便斫头，何为怒邪！”飞壮而释之，引为宾客。飞所过战克，与先主会于成都。益州既平，先主赐诸葛亮、法正、飞及关羽各五百斤，银千斤，钱五千万，锦千匹，其馀颁赐各有差，以飞领巴西太守。

…………

初，飞雄壮威猛，亚于关羽，魏谋臣程昱等咸称羽、飞万人之敌也。羽善待卒伍而骄于士大夫，飞爱敬君子而不恤小人。先主常戒之曰：“卿刑杀既过差，又日鞭挝健儿，而令在左右，此取祸之道也。”飞犹不悛。先主伐吴，飞当率兵万人，自阆中会江州。临发，其帐下将张达、范疆杀飞，持其首，顺流而奔孙权。飞营都督表报先主，先主闻飞都督之有表也，曰：“噫！飞死矣。”追谥飞曰桓侯。长子苞，早夭。次子绍嗣，官至侍中、尚书仆射。苞子遵为尚书，随诸葛瞻于绵竹与邓艾战，死。

5. 请继续在上文空格处留下你对本回的总评，在选文右侧留下你的批注。在这一回里，刘备又痛失一位异姓手足。从刘备不顾任何人的劝谏把秦宓下狱开始，整回的气氛就很压抑，有一股报仇的冲动蔓延其中。而在这方面，刘备、张飞的一系列语言、动作、神态描写都可圈可点，因为这是凸显两人性格和“桃园结义”的友情的绝好段落，对于两人人物形象的丰满而言，作用不小，很值得细细品味、写下评语。

跟着名著写写写

假设——仅仅是假设啊，关羽和张飞在阴间相遇了，他们会说些什么呢？请结合我们之前学的写作技巧，联系你掌握的史实，再展开你的想象，写一篇《阴曹府关羽遇张飞》的微型小说吧！

家长可加入读书心得讨论群 同30位家长一起分享孩子阅读心得
群分类：读书心得 • 入群指南详见本书扉页

第八十四回

陆逊营烧七百里　孔明巧布八阵图

批注

却说韩当、周泰探知先主移营就凉，急来报知陆逊。逊大喜，遂引兵自来观看动静：只见平地一屯，不满万馀人，大半皆是老弱之众，大书“先锋吴班”旗号。周泰曰：“吾视此等兵如儿戏耳。愿同韩将军分两路击之。如其不胜，甘当军令。”陆逊看了良久，以鞭指曰：“前面山谷中，隐隐有杀气起；其下必有伏兵，故于平地设此弱兵，以诱我耳。诸公切不可出。”众将听了，皆以为懦。

次日，吴班引兵到关前搦战，耀武扬威，辱骂不绝；多有解衣卸甲，赤身裸体，或睡或坐。徐盛、丁奉入帐禀陆逊曰：“蜀兵欺我太甚！某等愿出击之！”逊笑曰：“公等但恃血气之勇，未知孙、吴妙法，此彼诱敌之计也：三日后必见其诈矣。”徐盛曰：“三日后，彼移营已定，安能击之乎？”逊曰：“吾正欲令彼移营也。”诸将哂笑而退。过三日后，会诸将于关上观望，见吴班兵已退去。逊指曰：“杀气起矣。——刘备必从山谷中出也。”言未毕，只见蜀兵皆全装惯束，拥先主而过。吴兵见了，尽皆胆裂。逊曰：“吾之不听诸公击班者，正为此也。今伏兵已出，旬日之内，必破蜀矣。”诸将皆曰：“破蜀当在初时；今连营五六百里，相守经七八月，其诸要害，皆已固守，安能破乎？”逊曰：“诸公不知兵法。备乃世之枭雄，更多智谋，其兵始集，法度精专；今守之久矣，不得我便，兵疲意阻，取之正在今日。”诸将方才叹服。后人有诗赞曰：

虎帐谈兵按《六韬》，安排香饵钓鲸鳌。

三分自是多英俊，又显江南陆逊高。

却说陆逊已定了破蜀之策，遂修笺遣使奏闻孙权，言指日可以破蜀之意。权览毕，大喜曰：“江东复有此异人，孤何忧哉！诸将皆上书言其懦，孤独不信，今观其言，果非懦也。”于是大起吴兵来接应。

却说先主于猇亭尽驱水军，顺流而下，沿江屯扎水寨，深入吴境。黄权谏曰：“水军沿江而下，进则易，退则难。臣愿为前驱。陛下宜在后阵，庶万无一失。”先主曰：“吴贼胆落，朕长驱大进，有何碍乎？”众官苦谏，先主不从。遂分兵两路：命黄权督江北之兵，以防魏寇；先主自督江南诸军，夹江分立营寨，以图进取。细作探知，连夜报知魏主，言“蜀兵伐吴，树栅连营，纵横七百馀里，分四十馀屯，皆傍山林下寨；今黄权督兵在江北岸，每日出哨百馀里，不知何意。”

魏主闻之，仰面笑曰：“刘备将败矣！”群臣请问其故。魏主曰：“刘玄德不晓兵法；岂有连营七百里，而可以拒敌者乎？包原隰险阻屯兵者，此兵法之大忌也。玄德必败于东吴陆逊之手。——旬日之内，消息必至矣。”群臣犹未信，皆请拨兵备之。魏主曰：“陆逊若胜，必尽举吴兵去取西川；吴兵远去，国中空虚，朕虚托以兵助战，令三路一齐进兵，东吴唾手可取也。”众皆拜服。魏主下令，使

批注

批注

曹仁督一军出濡须，曹休督一军出洞口，曹真督一军出南郡："三路军马会合日期，暗袭东吴。朕随后自来接应。"调遣已定。

不说魏兵袭吴。且说马良至川，入见孔明，呈上图本而言曰："今移营夹江，横占七百里，下四十馀屯，皆依溪傍涧，林木茂盛之处。皇上令良将图本来与丞相观之。"孔明看讫，拍案叫苦曰："是何人教主上如此下寨？可斩此人！"马良曰："皆主上自为，非他人之谋。"孔明叹曰："汉朝气数休矣！"良问其故。孔明曰："包原隰险阻而结营，此兵家之大忌。倘彼用火攻，何以解救？又，岂有连营七百里而可拒敌乎？祸不远矣！陆逊拒守不出，正为此也。汝当速去见天子，改屯诸营，不可如此。"良曰："倘今吴兵已胜，如之奈何？"孔明曰："陆逊不敢来追，成都可保无虞。"良曰："逊何故不追？"孔明曰："恐魏兵袭其后也。主上若有失，当投白帝城避之。吾入川时，已伏下十万兵在鱼腹浦矣。"良大惊曰："某于鱼腹浦往来数次，未尝见一卒，丞相何作此诈语？"孔明曰："后来必见，不劳多问。"马良求了表章，火速投御营来。孔明自回成都，调拨军马救应。

却说陆逊见蜀兵懈怠，不复提防，升帐聚大小将士听令曰："吾自受命以来，未尝出战。今观蜀兵，足知动静，故欲先取江南岸一营。谁敢去取？"言未毕，韩当、周泰、凌统等应声而出曰："某等愿往。"逊教皆退不用，独唤阶下末将淳于丹曰："吾与汝五千军，去取江南第四营：蜀将傅彤所守。今晚就要成功。吾自提兵接应。"淳于丹

批注

引兵去了，又唤徐盛、丁奉曰：“汝等各领兵三千，屯于寨外五里，如淳于丹败回，有兵赶来，当出救之，却不可追去。”二将自引军去了。

却说淳于丹于黄昏时分，领兵前进，到蜀寨时，已三更之后。丹令众军鼓噪而入。蜀营内傅彤引军杀出，挺枪直取淳于丹；丹敌不住，拨马便回。忽然喊声大震，一彪军拦住去路：为首大将赵融。丹夺路而走，折兵大半，正走之间，山后一彪蛮兵拦住：为首番将沙摩柯。丹死战得脱，背后三路军赶来。比及离营五里，吴军徐盛、丁奉二人两下杀来，蜀兵退去，救了淳于丹回营。丹带箭入见陆逊请罪。逊曰：“非汝之过也。——吾欲试敌人之虚实耳。破蜀之计，吾已定矣。”徐盛、丁奉曰：“蜀兵势大，难以破之，空自损兵折将耳。”逊笑曰：“吾这条计，但瞒不过诸葛亮耳。天幸此人不在，使我成大功也。”

遂集大小将士听令：使朱然于水路进兵，来日午后东南风大作，用船装载茅草，依计而行；韩当引一军攻江北岸，周泰引一军攻江南岸，每人手执茅草一把，内藏硫黄焰硝，各带火种，各执枪刀，一齐而上，但到蜀营，顺风举火；蜀兵四十屯，只烧二十屯，每间一屯烧一屯。各军预带干粮，不许暂退，昼夜追袭，只擒了刘备方止。众将听了军令，各受计而去。

却说先主正在御营寻思破吴之计，忽见帐前中军旗幡，无风自倒。乃问程畿曰：“此为何兆？”畿曰：“夜今莫非吴兵来劫营？”先主曰：“昨夜杀尽，安敢再来？”畿曰：“倘是陆逊试敌，奈何？”正言间，人报山上远远望见吴兵尽沿山望东去了。先主曰：“此是疑兵。”令众休动，命关兴、张苞各引五百骑出巡。黄昏时分，关兴回奏曰：

批注

"江北营中火起。"先主急令关兴往江北，张苞往江南，探看虚实："倘吴兵到时，可急回报。"

二将领命去了。初更时分，东南风骤起。只见御营左屯火发。方欲救时，御营右屯又火起。风紧火急，树木皆着，喊声大震。两屯军马齐出，奔离御营中，御营军自相践踏，死者不知其数。后面吴兵杀到，又不知多少军马。先主急上马，奔冯习营时，习营中火光连天而起。江南、江北，照耀如同白日。冯习慌上马引数十骑而走，正逢吴将徐盛军到，敌住厮杀。先主见了，拨马投西便走。徐盛舍了冯习，引兵追来。先主正慌，前面又一军拦住，乃是吴将丁奉，两下夹攻。先主大惊，四面无路。忽然喊声大震，一彪军杀入重围，乃是张苞，救了先主，引御林军奔走。正行之间，前面一军又到，乃蜀将傅彤也，合兵一处而行。背后吴兵追至。先主前到一山，名马鞍山。张苞、傅彤请先主上的山时，山下喊声又起：陆逊大队人马，将马鞍山围住。张苞、傅彤死据山口。先主遥望遍野火光不绝，死尸重叠，塞江而下。

次日，吴兵又四下放火烧山，军士乱窜，先主惊慌。忽然火光中一将引数骑杀上山来，视之，乃关兴也。兴伏地请曰："四下火光逼近，不可久停。陛下速奔白帝城，再收军马可也。"先主曰："谁敢断后？"傅彤奏曰："臣愿以死当之！"当日黄昏，关兴在前，张苞在中，留傅彤断后，保着先主，杀下山来。吴兵见先主奔走，皆要争功，各引大军，遮天盖地，往西追赶，先主令军士尽脱袍铠，塞道而焚，以断后军。正奔走间，喊声大震，吴将朱然引一军从江岸边杀来，截住去路。先主叫曰："朕死于此矣！"关兴、张苞纵马冲突，被乱箭射回，各带重伤，不能杀出。背后喊声又起，陆逊引大军从山谷中杀来。

先主正慌急之间，此时天色已微明，只见前面喊声震天，朱然军纷纷落涧，滚滚投岩：一彪军杀人，前来救驾。先主大喜，视之，乃常山赵子龙也。时赵云在川中江州，闻吴、蜀交兵，遂引军出；忽见东南一带火光冲天，云心惊，远远探视，不想先主被困，云奋勇冲杀而来。陆逊闻是赵云，急令军退。云正杀之间，忽遇朱然，便与交锋；不一合，一枪刺朱然于马下，杀散吴兵，救出先主，望白帝城而走。先主曰："朕虽得脱，诸将士将奈何？"云曰："敌军在后，不可久迟。陛下且入白帝城歇息，臣再引兵去救应诸将。"此时先主仅存百馀人入白帝城。后人有诗赞陆逊曰：

持矛举火破连营，玄德穷奔白帝城。

一旦威名惊蜀魏，吴王宁不敬书生。

却说傅彤断后，被吴军八面围住。丁奉大叫曰："川兵死者无数，降者极多，汝主刘备已被擒获，今汝力穷势孤，何不早降！"傅彤叱曰："吾乃汉将，安肯降吴狗乎！"挺枪纵马，率蜀军奋力死战，不下百馀合，往来冲突，不能得脱。彤长叹曰："吾今休矣！"言讫，口中吐血，死于吴军之中。后人赞傅彤诗曰：

彝陵吴蜀大交兵，陆逊施谋用火焚。

至死犹然骂吴狗，傅彤不愧汉将军。

蜀祭酒程畿，匹马奔至江边，招呼水军赴敌，吴兵随后追来，水军四散奔逃。畿部将叫曰："吴兵至矣！程祭酒快走罢！"畿怒曰："吾自从主上出军，未尝赴敌而逃！"言未毕，吴兵骤至，四下无路，畿拔剑自刎。后人有诗赞曰：

批注

批注

慷慨蜀中程祭酒，身留一剑答君王。

临危不改平生志，博得声名万古香。

时吴班、张南久围彝陵城，忽冯习到，言蜀兵败，遂引军来救先主，孙桓方才得脱。张、冯二将正行之间，前面吴兵杀来，背后孙桓从彝陵城杀出，两下夹攻。张南、冯习奋力冲突，不能得脱，死于乱军之中。后人有诗赞曰：

冯习忠无二，张南义少双。

沙场甘战死，史册共流芳。

吴班杀出重围，又遇吴兵追赶；幸得赵云接着，救回白帝城去了。时有蛮王沙摩柯，匹马奔走，正逢周泰，战二十馀合，被泰所杀。蜀将杜路，刘宁尽皆降吴。蜀营一应粮草器仗，尺寸不存。蜀将川兵，降者无数。时孙夫人在吴，闻猇亭兵败，讹传先主死于军中，遂驱车至江边，望西遥哭，投江而死。后人立庙江滨，号曰枭姬祠。尚论者作诗叹之曰：

先主兵归白帝城，夫人闻难独捐生。

至今江畔遗碑在，犹著千秋烈女名。

却说陆逊大获全功，引得胜之兵，往西追袭。前离夔关不远，逊在马上看见前面临山傍江，一阵杀气，冲天而起；遂勒马回顾众将曰："前面必有埋伏，三军不可轻进。"即倒退十馀里，于地势空阔处，排成阵势，以御敌军；即差哨马前去探视。回报并无军屯在此，逊不信，下马登高望之，杀气复起。逊再令人仔细探视，哨马回报，前面并无一人一骑。逊见日将西沉，杀气越加，心中犹豫，令心腹人再往探看。回报江边止有乱石八九十堆，并无人马。

逊大疑，令寻土人问之。须臾，有数人到。逊问曰：“何人将乱石作堆？如何乱石堆中有杀气冲起？”土人曰：“此处地名鱼腹浦。诸葛亮入川之时，驱兵到此，取石排成阵势于沙滩之上。自此常常有气如云，从内而起。”

陆逊听罢，上马引数十骑来看石阵，立马于山坡之上，但见四面八方，皆有门有户。逊笑曰：“此乃惑人之术耳，有何益焉！”遂引数骑下山坡来，直入石阵观看。部将曰：“日暮矣，请都督早回。”逊方欲出阵，忽然狂风大作，一霎时，飞沙走石，遮天盖地。但见怪石嵯峨，槎枒似剑；横沙立土，重叠如山；江声浪涌，有如剑鼓之声。逊大惊曰：“吾中诸葛之计也！”急欲回时，无路可出。正惊疑间，忽见一老人立于马前，笑曰：“将军欲出此阵乎？”逊曰：“愿长者引出。”老人策杖徐徐而行，径出石阵，并无所碍，送至山坡之上。逊问曰：“长者何人？”老人答曰：“老夫乃诸葛孔明之岳父黄承彦也。昔小婿入川之时，于此布下石阵，名‘八阵图’。反复八门，按遁甲休、生、伤、杜、景、死、惊、开。每日每时，变化无端，可比十万精兵。临去之时，曾分付老夫道：‘后有东吴大将迷于阵中，莫要引他出来。’老夫适于山岩之上，见将军从‘死门’而入，料想不识此阵，必为所迷。老夫平生好善，不忍将军陷没于此，故特自生门引出也。”逊曰：“公曾学此阵法否？”黄承彦曰：“变化无穷，不能学也。”逊慌忙下马拜谢而回。后杜工部有诗曰：

功盖三分国，名成八阵图。
江流石不转，遗恨失吞吴。

陆逊回寨，叹曰：“孔明真‘卧龙’也！吾不能及！”于是下令班师。左右曰：“刘备兵败势穷，困守一城，正好

批注

批注

乘势击之；今见石阵而退，何也？”逊曰：“吾非惧石阵而退；吾料魏主曹丕，其奸诈与父无异，今知吾追赶蜀兵，必乘虚来袭。吾若深入西川，急难退矣。”遂令一将断后，逊率大军而回。退兵未及二日，三处人来飞报：“魏兵曹仁出濡须，曹休出洞口，曹真出南郡：三路兵马数十万，星夜至境，未知何意。”逊笑曰：“不出吾之所料。吾已令兵拒之矣。”正是：雄心方欲吞西蜀，胜算还须御北朝。未知如何退兵，且看下文分解。

本回我评论：

三国复活赛

1．说来真是吊诡：刘备起家是靠赤壁一把大火，得了曹操许多降卒，这才奠定了取荆州、西川的资本，岂料又是夷陵一把大火，把刘备的家业全断送了。刚到人生顶点就跌落下来，唉！请结合本文描写，选一个片段，画出刘备的失魂落魄；反过来，陆逊不但洗刷了因为年少而遭受的怀疑，更一战成名，也请选一个片段，画出陆逊的少年英雄；又或者，那些战死的蜀军将领也可圈可点，也可以任意选择一位，画出他们的悲壮来。

2．“八阵图”是什么？是不是觉得很玄妙？请你查阅相关资料，绘制一份说明吧！

3．本回有四个场景：吴军将领对陆逊的不服、曹丕判断局势、诸葛

亮谋划后事、陆逊身陷八阵图，都可以改编成小短剧。快和你的小伙伴们认领表演任务吧！

文史一锅烩

1．刘备为什么会在夷陵之战中被打得大败呢？有哪些原因？请帮他细细梳理一下。

2．为什么在刘备大败之前，要先写魏主和诸葛亮对局势的预先判断呢？这样不是让故事没悬念了吗？

3．你怎么看孙尚香因为刘备兵败而自尽这件事？

4．一场夷陵之战，反映出了魏蜀吴三国间错综复杂的关系：任何两方的交战会牵动第三方。请特别回味诸葛亮的话，对此进行思考。在这基础上，思考诸葛亮为何会请丈人黄承彦带陆逊走出八阵图，而不是困死他呢？

5. 陆逊可谓是少年英雄，一战成名；他还有两位极其出名的孙辈，那就是陆机、陆云兄弟，从东吴到西晋，延续着江东陆氏的辉煌——直至今日，陆姓仍然是江南一带的名门望族。《三国演义》对陆逊的刻画是高度还原了《三国志·吴书十三·陆逊传》的描述的：

陆逊字伯言，吴郡吴人也。本名议，世江东大族。逊少孤，随从祖庐江太守康在官。袁术与康有隙，将攻康，康遣逊及亲戚还吴。逊年长于康子绩数岁，为之纲纪门户。

…………

蒙至都，权问："谁可代卿者？"蒙对曰："陆逊意思深长，才堪负重，观其规虑，终可大任。而未有远名，非羽所忌，无复是过。若用之，当令外自韬隐，内察形便，然后可克。"权乃召逊，拜偏将军右部督代蒙。

…………

黄武元年，刘备率大众来向西界，权命逊为大都督、假节，督朱然、潘璋、宋谦、韩当、徐盛、鲜于丹、孙桓等五万人拒之。备从巫峡、建平连围至夷陵界，立数十屯，以金锦爵赏诱动诸夷，使将军冯习为大督，张南为前部，辅匡、赵融、廖淳、傅肜等各为别督，先遣吴班将数千人于平地立营，欲以挑战。诸将皆欲击之，逊曰："此必有谲，且观之。备知其计不可，乃引伏兵八千，从谷中出。逊曰："所以不听诸君击班者，揣之必有巧故也。"逊上疏曰："夷陵要害，国之关限，虽为易得，亦复易失。失之非徒损一郡之地，荆州可忧。今日争之，当令必谐。备干天常，不守窟穴，而敢自送。臣虽不材，凭奉威灵，以顺讨逆，破坏在近。寻备前后行军，多败少成，推此论之，不足为戚。臣初嫌之，水陆俱进，今反舍船就步，处处结营，察其布置，必无他变。伏愿至尊高枕，不以为念也。"诸将并曰："攻备当在初，今乃令入五六百里，相衔持经七八月，其诸要害皆以固守，击之必无利矣。"逊曰："备是猾虏，更尝

事多，其军始集，思虑精专，未可干也。今住已久，不得我便，兵疲意沮，计不复生，掎角此寇，正在今日。”乃先攻一营，不利。诸将皆曰：“空杀兵耳。”逊曰：“吾已晓破之之术。”乃敕各持一把茅，以火攻拔之。一尔势成，通率诸军同时俱攻，斩张南、冯习及胡王沙摩柯等首，破其四十馀营。备将杜路、刘宁等穷逼请降。备升马鞍山，陈兵自绕。逊督促诸军四面蹙之，土崩瓦解，死者万数。备因夜遁，驿人自担烧铙铠断后，仅得入白帝城。其舟船器械，水步军资，一时略尽，尸骸漂流，塞江而下。备大惭恚，曰：“吾乃为逊所折辱，岂非天邪！”

…………

当御备时，诸将军或是孙策时旧将，或公室贵戚，各自矜恃。不相听从。逊案剑曰：“刘备天下知名，曹操所惮，今在境界，此强对也。诸君并荷国恩，当相辑睦，共翦此虏，上报所受，而不相顺，非所谓也。仆虽书生，受命主上。国家所以屈诸君使相承望者，以仆有尺寸可称，能忍辱负重故也。各在其事，岂复得辞！军令有常，不可犯矣。”及至破备，计多出逊，诸将乃服。权闻之，曰：“君何以初不启诸将违节度者邪？”逊对曰：“受恩深重，任过其才。又此诸将或任腹心，或堪爪牙，或是功臣，皆国家所当与共克定大事者。臣虽驽懦，窃慕相如、寇恂相下之义，以济国事。”权大笑称善，加拜逊辅国将军，领荆州牧，即改封江陵侯。

又备既住白帝，徐盛、潘璋、宋谦等各竞表言备必可禽，乞复攻之。权以问逊，逊与朱然、骆统以为曹丕大合士众，外托助国讨备，内实有奸心，谨决计辄还。无几，魏军果出，三方受敌也。

备寻病亡，子禅袭位，诸葛亮秉政，与权连和。时事所宜，权辄令逊语亮，并刻权印，以置逊所。权每与禅、亮书，常过示逊，轻重可否，有所不安，便令改定，以印封行之。

6. 请继续在上文空格处留下你对本回的总评，在选文右侧留下你的

批注。在这一回里，我们看到了刘备的惨败——如果你有兴趣，可以对比一下刘玄德在小说开始时的落魄、在得到诸葛亮后的喜悦、在为两位弟弟报仇时的执拗、夷陵战败时的颓丧，相信你会对刘备的人物形象理解得更深刻，这就值得你点评一二了；除此之外，本回对陆逊的形象刻画也很成功，他从被误解到被承认，再到知难而返，一回读下来才能体会其性格的多面性，以及罗贯中在刻画其人物形象时的用心；而傅彤为国尽忠也令人伤感，这些都值得你关注哦！

跟着名著写写写

都说小说情节要埋伏笔，要前后照应，但是本回似乎不然：夷陵之战还没打，已经有陆逊、魏主、诸葛亮前后预言刘备将要大败。这样还怎么体现小说的引人入胜呢？虽然刘备大败已经是板上钉钉的事情，但是后面还有承接这次大败的“白帝城托孤”，因此尽管夷陵之战的胜负已经没有悬念，其后事却依然有悬念，而这一回就很好地起到了为下面埋伏笔的作用。

家长可加入阅读能力提升群 陪孩子听名师阅读讲解课 读懂经典提升阅读能力
群分类：阅读提升 · 入群指南详见本书扉页

第八十五回

刘先主遗诏托孤儿　诸葛亮安居平五路

却说章武二年夏六月，东吴陆逊大破蜀兵于猇亭彝陵之地；先主奔回白帝城，赵云引兵据守。忽马良至，见大军已败，懊悔不及，将孔明之言，奏知先主。先主叹曰："朕早听丞相之言，不致今日之败！今有何面目复回成都见群臣乎！"遂传旨就白帝城住扎，将馆驿改为永安宫。人报冯习、张南、傅肜、程畿、沙摩柯等皆殁于王事，先主伤感不已。又近臣奏称："黄权引江北之兵，降魏去了。陛下可将彼家属送有司问罪。"先主曰："黄权被吴兵隔断在江北岸，欲归无路，不得已而降魏：是朕负权，非权负朕也，何必罪其家属？"仍给禄米以养之。

却说黄权降魏，诸将引见曹丕，丕曰："卿今降朕，欲追慕于陈、韩耶？"权泣而奏曰："臣受蜀帝之恩，殊遇甚厚，令臣督诸军于江北，被陆逊绝断。臣归蜀无路，降吴不可，故来投陛下。败军之将，免死为幸，安敢追慕于古人耶！"丕大喜，遂拜黄权为镇南将军。权坚辞不受。忽近臣奏曰："有细作人自蜀中来，说蜀主将黄权家属尽皆诛戮。"权曰："臣与蜀主，推诚相信，知臣本心，必不肯杀臣之家小也。"丕然之。后人有诗责黄权曰：

批注

批注

降吴不可却降曹，忠义安能事两朝？

堪叹黄权惜一死，紫阳书法不轻饶。

曹丕问贾诩曰：“朕欲一统天下，先取蜀乎？先取吴乎？”诩曰：“刘备雄才，更兼诸葛亮善能治国；东吴孙权，能识虚实，陆逊现屯兵于险要，隔江泛湖，皆难卒谋。以臣观之，诸将之中，皆无孙权、刘备敌手。虽以陛下天威临之，亦未见万全之势也。只可持守，以待二国之变。”丕曰：“朕已遣三路大兵伐吴，安有不胜之理？”尚书刘晔曰：“近东吴陆逊，新破蜀兵七十万，上下齐心，更有江湖之阻，不可卒制，陆逊多谋，必有准备。”丕曰：“卿前劝朕伐吴，今又谏阻，何也？”晔曰：“时有不同也。昔东吴累败于蜀，其势顿挫，故可击耳；今既获全胜，锐气百倍，未可攻也。”丕曰：“朕意已决，卿勿复言。”遂引御林军亲往接应三路兵马。早有哨马报说东吴已有准备：令吕范引兵拒住曹休，诸葛瑾引兵在南郡拒住曹真，朱桓引兵当住濡须以拒曹仁。刘晔曰：“既有准备，去恐无益。”丕不从，引兵而去。

却说吴将朱桓，年方二十七岁，极有胆略，孙权甚爱之；时督军于濡须，闻曹仁引大军去取羡溪，桓遂尽拨军守把羡溪去了，止留五千骑守城。忽报曹仁令大将常雕同诸葛虔、王双，引五万精兵飞奔濡须城来。众军皆有惧色。桓按剑而言曰：“胜负在将，不在兵之多寡。兵法云：‘客兵倍而主兵半者，主兵尚能胜于客兵。’今曹仁千里跋涉，人马疲困。吾与汝等，共据高城，南临大江，北背山险，以逸待劳，以主制客：此乃百战百胜之势。虽曹丕自来，尚不足忧，况仁等耶！”于是传令，教众军偃旗息鼓，只作无人守把之状。

批注

且说魏将先锋常雕，领精兵来取濡须城，遥望城上并无军马。雕催军急进，离城不远，一声炮响，旌旗齐竖。朱桓横刀飞马而出，直取常雕。战不三合，被桓一刀斩常雕于马下。吴兵乘势冲杀一阵，魏兵大败，死者无数。朱桓大胜，得了无数旌旗军器战马。曹仁领兵随后到来，却被吴兵从羡溪杀出。曹仁大败而退，回见魏主，细奏大败之事。丕大惊。正议之间，忽探马报："曹真、夏侯尚围了南郡，被陆逊伏兵于内，诸葛瑾伏兵于外，内外夹攻，因此大败。"言未毕，忽探马又报："曹休亦被吕范杀败。"丕听知三路兵败，乃喟然叹曰："朕不听贾诩、刘晔之言，果有此败！"时值夏天，大疫流行，马步军十死六七，遂引军回洛阳。吴、魏自此不和。

却说先主在永安宫，染病不起，渐渐沉重，至章武三年夏四日，先主自知病入四肢，又哭关、张二弟，其病愈深：两目昏花。厌见侍从之人，乃叱退左右，独卧于龙榻之上。忽然阴风骤起，将灯吹摇，灭而复明。只见灯影之下，二人侍立。先主怒曰："朕心绪不宁，教汝等且退，何故又来！"叱之不退。先主起而视之，上首乃云长，下首乃翼德也。先主大惊曰："二弟原来尚在？"云长曰："臣等非人，乃鬼也。上帝以臣二人平生不失信义，皆敕命为神。哥哥与兄弟聚会不远矣。"先主扯定大哭。忽然惊觉，二弟不见。即唤从人问之，时正三更。先主叹曰："朕不久于人世矣！"遂遣使往成都，请丞相诸葛亮、尚书令李严等，星夜来永安宫，听受遗命。孔明等与先主次子鲁王刘永、梁王刘理，来永安宫见帝，留太子刘禅守成都。

且说孔明到永安宫，见先主病危，慌忙拜伏于龙榻之

批注

下。先主传旨，请孔明坐于龙榻之侧。抚其背曰："朕自得丞相，幸成帝业；何期智识浅陋，不纳丞相之言，自取其败。悔恨成疾，死在旦夕。嗣子孱弱，不得不以大事相托。"言讫，泪流满面。孔明亦涕泣曰："愿陛下善保龙体，以副下天之望！"先主以目遍视，只见马良之弟马谡在傍，先主令且退。谡退出，先主谓孔明曰："丞相观马谡之才何如？"孔明曰："此人亦当世之英才也。"先主曰："不然。朕观此人，言过其实，不可大用。丞相宜深察之。"分付毕，传旨召诸臣入殿，取纸笔写了遗诏，递与孔明而叹曰："朕不读书，粗知大略。圣人云：'鸟之将死，其鸣也哀；人之将死，其言也善。'朕本待与卿等同灭曹贼，共扶汉室；不幸中道而别。烦丞相将诏付与太子禅，令勿以为常言。凡事更望丞相教之！"孔明等泣拜于地曰："愿陛下将息龙体！臣等尽施犬马之劳，以报陛下知遇之恩也。"先主命内侍扶起孔明，一手掩泪，一手执其手，曰："朕今死矣，有心腹之言相告！"孔明曰："有何圣谕？"先主泣曰："君才十倍曹丕，必能安邦定国，终定大事。若嗣子可辅，则辅之；如其不才，君可自为成都之主。"孔明听毕，汗流遍体，手足失措，泣拜于地曰："臣安敢不竭股肱之力，尽忠贞之节，继之以死乎！"言讫，叩头流血。先主又请孔明坐于榻上，唤鲁王刘永、梁王刘理近前，分付曰："尔等皆记朕言：朕亡之后，尔兄弟三人，皆以父事丞相，不可怠慢。"言罢，遂命二王同拜孔明。二王拜毕，孔明曰："臣虽肝脑涂地，安能报知遇之恩也！"

先主谓众官曰："朕已托孤于丞相，令嗣子以父事之。卿等俱不可怠慢，以负朕望。"又嘱赵云曰："朕与卿于患难之中，相从到今，不想于此地分别。卿可想朕故交，早晚看觑吾子，勿负朕言。”云泣拜曰：“臣敢不效犬马之劳！”先主又谓众官曰：“卿等众官，朕不能一一分嘱，愿皆自爱。”言毕，驾崩，寿六十三岁。时章武三年夏四月二十四日也。后杜工部有诗叹曰：

蜀主窥吴向三峡，崩年亦在永安宫。
翠华想像空山外，玉殿虚无野寺中。
古庙杉松巢水鹤，岁时伏腊走村翁。
武侯祠屋长邻近，一体君臣祭祀同。

先主驾崩，文武官僚，无不哀痛。孔明率众官奉梓宫还成都。太子刘禅出城迎接灵柩，安于正殿之内。举哀行礼毕，开读遗诏。诏曰：

朕初得疾，但下痢耳；后转生杂病，殆不自济。朕闻“人年五十，不称夭寿”。今朕年六十有馀，死复何恨？——但以卿兄弟为念耳。勉之！勉之！勿以恶小而为之，勿以善小而不为。惟贤惟德，可以服人；卿父德薄，不足效也。卿与丞相从事，事之如父，勿怠！勿忘！卿兄弟更求闻达。至嘱！至嘱！

群臣读诏已毕。孔明曰：“国不可一日无君；请立嗣君，以承汉统。”乃立太子禅即皇帝位，改元建兴。加诸葛亮为武乡侯，领益州牧。葬先主于惠陵，谥曰昭烈皇帝。尊皇后吴氏为皇太后；谥甘夫人为昭烈皇后，糜夫人亦追谥为皇后。升赏群臣，大赦天下。

早有魏军探知此事，报入中原。近臣奏知魏主。曹丕大喜曰：“刘备已亡，朕无忧矣。何不乘其国中无主，起兵伐之？”贾诩谏曰：“刘备虽亡，必托孤于诸葛亮。亮感备知遇之恩，必倾心竭力，扶持嗣主。陛下不可仓卒伐之。”

批注

批注

正言间，忽一人从班部中奋然而出曰："不乘此时进兵，更待何时？"众视之，乃司马懿也。丕大喜，遂问计于懿。懿曰："若只起中国之兵，急难取胜。须用五路大兵，四面夹攻，令诸葛亮首尾不能救应，然后可图。"

丕问何五路，懿曰："可修书一封，差使往辽东鲜卑国，见国王轲比能，赂以金帛，令起辽西羌兵十万，先从旱路取西平关：此一路也。再修书遣使赍官诰赏赐，直入南蛮，见蛮王孟获，令起兵十万，攻打益州、永昌、牂牁、越嶲四郡，以击西川之南：此二路也。再遣使入吴修好，许以割地，令孙权起兵十万，攻两川峡口，径取涪城：此三路也。又可差使至降将孟达处，起上庸兵十万，西攻汉中：此四路也。然后命大将军曹真为大都督，提兵十万，由京兆径出阳平关取西川：此五路也。——共大兵五十万，五路并进，诸葛亮便有吕望之才，安能当此乎？"丕大喜，随即密遣能言官四员为使前去；又命曹真为大都督，领兵十万，径取阳平关。此时张辽等一班旧将，皆封列侯，俱在冀、徐、青及合淝等处，据守关津隘口，故不复调用。

却说蜀汉后主刘禅，自即位以来，旧臣多有病亡者，不能细说。凡一应朝廷选法，钱粮、词讼等事，皆听诸葛丞相裁处。时后主未立皇后，孔明与群臣上言曰："故车骑将军张飞之女甚贤，年十七岁，可纳为正宫皇后。"后主即纳之。

建兴元年秋八月，忽有边报说："魏调五路大兵，来取西川：第一路，曹真为大都督，起兵十万，取阳平关；第二路，乃反将孟达，起上庸兵十万，犯汉中；第三路，乃东吴孙权，起精兵十万，取峡口入川；第四路，乃蛮王孟获，起蛮兵十万，犯益州四郡；第五路，乃番王轲比能，起羌兵十万，犯西平关。——此五路军马，甚是利害。”已先报知丞相，丞相不知为何，数日不出视事。后主听罢大惊，即差近侍赍旨，宣召孔明入朝。使命去了半日，回报：“丞相府下人言，丞相染病不出。”后主转慌；次日，又命黄门侍郎董允、谏议大夫杜琼，去丞相卧榻前，告此大事。董、杜二人到丞相府前，皆不得入。杜琼曰：“先帝托孤于丞相，今主上初登宝位，被曹丕五路兵犯境，军情至急，丞相何故推病不出？”良久，门吏传丞相令，言：“病体稍可，明早出都堂议事。”董、杜二人叹息而回。次日，多官又来丞相府前伺候。从早至晚，又不见出。多官惶惶，只得散去。杜琼入奏后主曰：“请陛下圣驾，亲往丞相府问计。”后主即引多官入宫，启奏皇太后。太后大惊，曰：“丞相何故如此？有负先帝委托之意也！我当自往。”董允奏曰：“娘娘未可轻往。臣料丞相必有高明之见。且待主上先往。如果怠慢，请娘娘于太庙中，召丞相问之未迟。”太后依奏。

次日，后主车驾亲至相府。门吏见驾到，慌忙拜伏于地而迎。后主问曰：“丞相在何处？”门吏曰：“不知在何处。只有丞相钧旨，教挡住百官，勿得辄入。”后主乃下车步行，独进第三重门，见孔明独倚竹杖，在小池边观鱼。后主在后立久，乃徐徐而言曰：“丞相安乐否？”孔明回顾，见是后主，慌忙弃杖，拜伏于地曰：“臣该万死！”后主扶起，问曰：“今曹丕分兵五路，犯境甚急，相父缘何不肯出府视事？”孔明大笑，扶后主入内室坐定，奏曰：“五路兵至，臣安得不知？臣非观鱼，有所思也。”后主曰：“如之奈何？”孔明曰：“羌王轲比能，蛮王孟获，反

批注

批注

将孟达，魏将曹真：此四路兵，臣已皆退去了也。止有孙权这一路兵，臣已有退之之计，但须一能言之人为使。因未得其人，故熟思之。陛下何必忧乎？”

后主听罢，又惊又喜，曰：“相父果有鬼神不测之机也！愿闻退兵之策。”孔明曰：“先帝以陛下付托与臣，臣安敢旦夕怠慢。成都众官，皆不晓兵法之妙——贵在使人不测，岂可泄漏于人？老臣先知西番国王轲比能，引兵犯西平关；臣料马超积祖西川人氏，素得羌人之心，羌人以超为神威天将军，臣已先遣一人，星夜驰檄，令马超紧守西平关，伏四路奇兵，每日交换，以兵拒之：此一路不必忧矣。又南蛮孟获，兵犯四郡，臣亦飞檄遣魏延领一军左出右入，右出左入，为疑兵之计；蛮兵惟凭勇力，其心多疑，若见疑兵，必不敢进：此一路又不足忧矣。又知孟达引兵出汉中；达与李严曾结生死之交；臣回成都时，留李严守永安宫；臣已作一书，只做李严亲笔，令人送与孟达；达必然推病不出，以慢军心：此一路又不足忧矣。又知曹真引兵犯阳平关；此地险峻，可以保守，臣已调赵云引一军守把关隘，并不出战；曹真若见我军不出，不久自退矣。——此四路兵俱不足忧。臣尚恐不能全保，又密调关兴、张苞二将，各引兵三万，屯于紧要之处，为各路救应。此数处调遣之事，皆不曾经由成都，故无人知觉。只有东吴这一路兵，未必便动：如见四路兵胜，川中危急，必来相攻；若四路不济，安肯动乎？臣料孙权想曹丕三路侵吴之怨，必不肯从其言。虽然如此，须用一舌辩之士，径往东吴，以利害说之，则先退东吴；其四路之兵，何足忧乎？但未得说吴之人，臣故踌躇。何劳陛下圣驾来临？”后主曰：“太后亦欲来见相父。今朕闻相父之言，如梦初觉，复何忧哉！”

孔明与后主共饮数杯，送后主出府。众官皆环立于门外，见后主面有喜色。后主别了孔明，上御车回朝。众皆疑惑不定。孔明见众官中，一人仰天而笑，面亦有喜色。孔明视之，乃义阳新野人，姓邓，名芝，字伯苗，现为户部尚书；汉司马邓禹之后。孔明暗令人留住邓芝。多官皆散，孔明请芝到书院中，问芝曰：“今蜀、魏、吴鼎分三国，欲讨二国，一统中兴，当先伐何国？”芝曰：“以愚意论之：魏虽汉贼，其势甚大，急难摇动，当徐徐缓图；今主上初登宝位，民心未安，当与东吴连合，结为唇齿，一洗先帝旧怨，此乃长久之计也。未审丞相钧意若何？”孔明大笑曰：“吾思之久矣，奈未得其人。——今日方得也！”芝曰：“丞相欲其人何为？”孔明曰：“吾欲使人往结东吴。公既能明此意，必能不辱君命。使吴之任，非公不可。”芝曰：“愚才疏智浅，恐不堪当此任。”孔明曰：“吾来日奏知天子，便请伯苗一行，切勿推辞。”芝应允而退。至次日，孔明奏准后主，差邓芝往说东吴。芝拜辞，望东吴而来。正是：吴人方见干戈息，蜀使还将玉帛通。未知邓芝此去若何，且看下文分解。

批注

本回我评论：

三国复活赛

1．刘备“白帝城托孤”是中华民族耳熟能详的著名故事，刘备的悔恨自责、对诸葛亮的期待和信任、诸葛亮的忠诚无二都展现得淋漓尽致。但是语言描写还是有不足的，我们的绘画和戏剧就可以弥补了——所以来和你的小伙伴们一起再现属于你们自己的“白帝城托孤”吧！

文史一锅烩

1．你觉得临终前的刘备会不会后悔自己的伐吴决定？为什么？请你以刘备的视角，用第一人称写下你的内心感受。

2．关于“白帝城托孤”，一直有两种说法。一种是说体现了刘备对诸葛亮的绝对信任，毕竟“若嗣子可辅，则辅之；如其不才，君可自为成都之主”这样的话不是随便说说的；另一种则是说刘备话讲得漂亮，实际上却给诸葛亮戴上了一顶漂亮的道德帽子阻止他夺权。对此你怎么看？我们来辩论一下吧！

3. 魏国为什么要趁着刘备亡故的机会攻打蜀国？诸葛亮的对策如何？

4. 到本回，刘备去世了。纵观刘备的一生，的确很艰难，不容易：一开始，他只不过是贫贱人家之后，沉沦小官；从来没有自己的根据地，就是有又立刻被击败，辗转于各地；好不容易拥有了荆州和西川，可以开始干一番事业，又因为猇亭一把大火而殒命。让我们看看《三国志·蜀书二·先主传》的记载：

章武元年夏四月，大赦，改年。以诸葛亮为丞相，许靖为司徒。置百官，立宗庙，祫祭高皇帝以下。五月，立皇后吴氏，子禅为皇太子。六月，以子永为鲁王，理为梁王。车骑将军张飞为其左右所害。初，先主忿孙权之袭关羽，将东征，秋七月，遂帅诸军伐吴。孙权遣书请和，先主盛怒不许，吴将陆议、李异、刘阿等屯巫、秭归；将军吴班、冯习自巫攻破异等，军次秭归，武陵五谿蛮夷遣使请兵。

二年春正月，先主军还秭归，将军吴班、陈式水军屯夷陵，夹江东西岸。二月，先主自秭归率诸将进军，缘山截岭，于夷道猇亭。驻营，自佷山。通武陵，遣侍中马良安慰五谿蛮夷，咸相率响应。镇北将军黄权督江北诸军，与吴军相拒于夷陵道。夏六月，黄气见自秭归十馀里中，广数十丈。后十馀日，陆议大破先主军于猇亭，将军冯习、张南等皆没。先主自猇亭还秭归，收合离散兵，遂弃船舫，由步道还鱼复，改鱼复县曰永安。吴遣将军李异、刘阿等踵蹑先主军，屯驻南山。秋八月，收兵还巫。司徒许靖卒。冬十月，诏

丞相亮营南北郊于成都。孙权闻先主住白帝，甚惧，遣使请和。先主许之，遣太中大夫宗玮报命。冬十二月，汉嘉太守黄元闻先主疾不豫，举兵拒守。

三年春二月，丞相亮自成都到永安。三月，黄元进兵攻临邛县。遣将军陈曶。讨元，元军败，顺流下江，为其亲兵所缚，生致成都，斩之。先主病笃，托孤于丞相亮，尚书令李严为副。夏四月癸巳，先主殂于永安宫，时年六十三。

亮上言于后主曰："伏惟大行皇帝迈仁树德，覆焘无疆，昊天不吊，寝疾弥留，今月二十四日奄忽升遐，臣妾号咷，若丧考妣。乃顾遗诏，事惟太宗，动容损益；百寮发哀，满三日除服，到葬期复如礼；其郡国太守、相、都尉、县令长，三日便除服。臣亮亲受敕戒，震畏神灵，不敢有违。臣请宣下奉行。"五月，梓宫自永安还成都，谥曰昭烈皇帝。秋，八月，葬惠陵。

评曰：先主之弘毅宽厚，知人待士，盖有高祖之风，英雄之器焉。及其举国托孤于诸葛亮，而心神无贰，诚君臣之至公，古今之盛轨也。机权干略，不逮魏武，是以基宇亦狭。然折而不挠，终不为下者，抑揆彼之量必不容己，非唯竞利，且以避害云尔。

5. 请继续在上文空格处留下你对本回的总评，在选文右侧留下你的批注。在这一回里，刘备带着遗憾去世了，回想《三国演义》塑造的他们兄弟三人桃园结义的佳话，还是有些伤感的，你难道不想说些什么吗？尤其是当黄权被迫降魏之后，刘备终于恢复了一些理智，没有迁怒于其家人，又展现了他的仁心；诸葛亮到了之后，刘备的动作、表情、语言都可圈可点，值得玩味。而当曹魏侵蜀，后主刘禅慌张不已而驾临诸葛亮府上的时候，诸葛亮的观鱼和刘禅等他观鱼，这些都值得你细细品味——他们为何如此？体现了他们怎样的品格？

跟着名著写写写

细节，指人物、景物、事件等表现对象的富有特色的细枝末节。细节描写是指抓住生活中的细微而又具体的典型情节，加以生动细致的描绘。细节描写往往渗透在对人物、景物或场面描写之中，好似附带着写出，篇幅不大甚至微小，却往往充当“传神阿堵”或“点睛之笔”。我们可以说，没有细节描写就没有活生生的、有血有肉、有个性的人物形象。成功的细节描写会让读者印象深刻，大大提高文章的可读性。本回中，刘备去世前的那些细节描写，比如“请孔明坐于龙榻之侧”“抚其背”就很出色。

家长可加入读书心得讨论群 同30位家长一起分享孩子阅读心得
群分类：读书心得 · 入群指南详见本书扉页

第四部分

北伐中原

第九十回

驱巨兽六破蛮兵　烧藤甲七擒孟获

却说孔明放了孟获等一干人，杨锋父子皆封官爵，重赏洞兵。杨锋等拜谢而去。孟获等连夜奔回银坑洞。那洞外有三江：乃是泸水、甘南水、西城水。三路水会合，故为三江。其洞北近平坦三百馀里，多产万物。洞西二百里，有盐井。西南二百里，直抵泸、甘。正南三百里，乃是梁都洞，洞中有山，环抱其洞；山上出银矿，故名为银坑山。山中置宫殿楼台，以为蛮王巢穴。其中建一祖庙，名曰“家鬼”。四时杀牛宰马享祭，名为“卜鬼”。每年常以蜀人并外乡之人祭之。若人患病，不肯服药，只祷师巫，名为“药鬼”。其处无刑法，但犯罪即斩。有女长成，却于溪中沐浴，男女自相混淆，任其自配，父母不禁，名为“学艺”。年岁雨水均调，则种稻谷；倘若不熟，杀蛇为羹，煮象为饭。每方隅之中，上户号曰“洞主”，次曰“酋长”。每月初一、十五两日，皆在三江城中买卖，转易货物。其风俗如此。

却说孟获在洞中，聚集宗党千馀人，谓之曰：“吾屡受辱于蜀兵，立誓欲报之。汝等有何高见？”言未毕，一人应曰：“吾举一人，可破诸葛亮。”众视之，乃孟获妻弟，

批注

批注

现为八番部长，名曰“带来洞主”。获大喜，急问何人。带来洞主曰：“此去西南八纳洞，洞主木鹿大王，深通法术：出则骑象，能呼风唤雨，常有虎豹豺狼、毒蛇恶蝎跟随。手下更有三万神兵，甚是英勇。大王可修书具礼，某亲往求之。此人若允，何惧蜀兵哉！”获忻然，令国舅赍书而去。却令朵思大王守把三江城，以为前面屏障。

却说孔明提兵直至三江城，遥望见此城三面傍江，一面通旱；即遣魏延、赵云同领一军，于旱路打城。军到城下时，城上弓弩齐发：原来洞中之人，多习弓弩，一弩齐发十矢，箭头上皆用毒药；但有中箭者，皮肉皆烂，见五脏而死。赵云、魏延不能取胜，回见孔明，言药箭之事。孔明自乘小车，到军前看了虚实，回到寨中，令军退数里下寨。蛮兵望见蜀兵远退，皆大笑作贺，只疑蜀兵惧怯而退，因此夜间安心稳睡，不去哨探。

却说孔明约军退后，即闭寨不出。一连五日，并无号令。黄昏左侧，忽起微风。孔明传令曰：“每军要衣襟一幅，限一更时分应点。无者立斩。”诸将皆不知其意，众军依令预备。初更时分，又传令曰：“每军衣襟一幅，包土一包。无者立斩。”众军亦不知其意，只得依令预备。孔明又传令曰：“诸军包土，俱在三江城下交割。先到者有赏。”众军闻令，皆包净土，飞奔城下。孔明令积土为蹬道，先上城者为头功。于是蜀兵十余万，并降兵万余，将所包之土，一齐弃于城下。一霎时，积土成山，接连城上。一声暗号，蜀兵皆上城。蛮兵急放弩时，大半早被执下，余者弃城而走。朵思大王死于乱军之中。蜀将督军分路剿杀。孔明取了三江城，所得珍宝，皆赏三军。败残蛮兵逃回见孟获说：“朵思大王身死，失了三江城。”获大惊。

正虑之间，人报蜀兵已渡江，现在本洞前下寨。孟获甚是慌张。忽然屏风后一人大笑而出曰："既为男子，何无智也？我虽是一妇人，愿与你出战。"获视之，乃妻祝融夫人也。夫人世居南蛮，乃祝融氏之后；善使飞刀，百发百中。孟获起身称谢。夫人忻然上马，引宗党猛将数百员、生力洞兵五万，出银坑宫阙，来与蜀兵对敌。方才转过洞口，一彪军拦住：为首蜀将，乃是张嶷。蛮兵见之，却早两路摆开。祝融夫人背插五口飞刀，手挺丈八长标，坐下卷毛赤兔马。张嶷见之，暗暗称奇。二人骤马交锋。战不数合，夫人拨马便走。张嶷赶去，空中一把飞刀落下。嶷急用手隔，正中左臂，翻身落马。蛮兵发一声喊，将张嶷执缚去了。马忠听得张嶷被执，急出救时，早被蛮兵捆住。望见祝融夫人挺标勒马而立，忠忿怒向前去战，坐下马绊倒，亦被擒了。都解入洞中来见孟获。获设席庆贺。夫人叱刀斧手推出张嶷、马忠要斩。获止曰："诸葛亮放吾五次，今番若杀彼将，是不义也。且囚在洞中，待擒住诸葛亮，杀之未迟。"夫人从其言，笑饮作乐。

却说败残兵来见孔明，告知其事。孔明即唤马岱、赵云、魏延三人受计，各自领军前去。次日，蛮兵报入洞中，说赵云搦战。祝融夫人即上马出迎。二人战不数合，云拨马便走。夫人恐有埋伏，勒兵而回。魏延又引军来搦战，夫人纵马相迎。正交锋紧急，延诈败而逃，夫人只不赶。次日，赵云又引军来搦战，夫人领洞兵出迎。二人战不数合，云诈败而走，夫人按标不赶。欲收兵回洞时，魏延引军齐声辱骂，夫人急挺标来取魏延。延拨马便走。夫人忿怒赶来，延骤马奔入山僻小路。忽然背后一声响亮，延回头视之，夫人仰鞍落马：原来马岱埋伏在此，用绊马

批注

批注

索绊倒。就里擒缚，解投大寨而来。蛮将洞兵皆来救时，赵云一阵杀散。孔明端坐于帐上，马岱解祝融夫人到，孔明急令武士去其缚，请在别帐赐酒压惊，遣使往告孟获，欲送夫人换张嶷、马忠二将。

孟获允诺，即放出张嶷、马忠，还了孔明。孔明遂送夫人入洞。孟获接入，又喜又恼。忽报八纳洞主到。孟获出洞迎接，见其人骑着白象，身穿金珠缨络，腰悬两口大刀，领着一班喂养虎豹豺狼之士，簇拥而入。获再拜哀告，诉说前事。木鹿大王许以报仇。获大喜，设宴相待。次日，木鹿大王引本洞兵带猛兽而出。赵云、魏延听知蛮兵出，遂将军马布成阵势。二将并辔立于阵前视之，只见蛮兵旗帜器械皆别：人多不穿衣甲，尽裸身赤体，面目丑陋；身带四把尖刀；军中不鸣鼓角，但筛金为号；木鹿大王腰挂两把宝刀，手执蒂钟，身骑白象，从大旗中而出。赵云见了，谓魏延曰："我等上阵一生，未尝见如此人物。"二人正沉吟之际，只见木鹿大王口中不知念甚咒语，手摇蒂钟。忽然狂风大作，飞砂走石，如同骤雨；一声画角响，虎豹豺狼，毒蛇猛兽，乘风而出，张牙舞爪，冲将过来。蜀兵如何抵当，往后便退。蛮兵随后追杀，直赶到三江界路方回。赵云、魏延收聚败兵，来孔明帐前请罪，细说此事。

孔明笑曰："非汝二人之罪。吾未出茅庐之时，先知南蛮有驱虎豹之法。吾在蜀中已办下破此阵之物也：随军有二十辆车，俱封记在此。今日且用一半；留下一半，后有别用。"遂令左右取了十辆红油柜车到帐下，留十辆黑油柜车在后。众皆不知其意。孔明将柜打开，皆是木刻彩画巨兽，俱用五色绒线为毛衣，钢铁为牙爪，一个可骑坐十人。孔明选了精壮军士一千馀人，领了一百，口内装烟火之物，藏在军中。次日，孔明驱兵大进，布于洞口。蛮兵探知，入洞报与蛮王。木鹿大王自谓无敌，即与孟获引洞兵而出。孔明纶巾羽扇，身衣道袍，端坐于车上。孟获指曰："车上坐的便是诸葛亮！若擒住此人，大事定矣！"木鹿大王口中念咒，手摇蒂钟。顷刻之间，狂风大作，猛兽突出。孔明将羽扇一摇，其风便回吹彼阵中去了，蜀阵中假兽拥出。蛮洞真兽见蜀阵巨兽口吐火焰，鼻出黑烟，身摇铜铃，张牙舞爪而来，诸恶兽不敢前进，皆奔回蛮洞，反将蛮兵冲倒无数。孔明驱兵大进，鼓角齐鸣，望前追杀。木鹿大王死于乱军之中。洞内孟获宗党，皆弃宫阙，扒山越岭而走。孔明大军占了银坑洞。

次日，孔明正要分兵缉擒孟获，忽报："蛮王孟获妻弟带来洞主，因劝孟获归降，获不从，今将孟获并祝融夫人及宗党数百馀尽皆擒来，献与丞相。"孔明听知，即唤张嶷、马忠，分付如此如此。二将受了计，引二千精壮兵，伏于两廊。孔明即令守门将，俱放进来。带来洞主引刀斧手解孟获等数百人，拜于殿下。孔明大喝曰："与吾擒下！"两廊壮兵齐出，二人捉一人，尽被执缚。孔明大笑曰："量汝些小诡计，如何瞒得过我！汝见二次俱是本洞人擒汝来降，吾不加害；汝只道吾深信，故来诈降，欲就洞中杀吾！"喝令武士搜其身畔，果然各带利刀。孔明问孟获曰："汝原说在汝家擒住，方始心服；今日如何？"获曰："此是我等自来送死，非汝之能也。吾心未服。"孔明曰："吾擒住六番，尚然不服，欲待何时耶？"获曰："汝第七次擒住，吾方倾心归服，誓不反矣。"孔明曰："巢穴已破，吾何虑哉！"令武士尽去其缚，叱之曰："这番擒

批注

住，再若支吾，必不轻恕！”孟获等抱头鼠窜而去。

批注

却说败残蛮兵有千馀人，大半中伤而逃，正遇蛮王孟获。获收了败兵，心中稍喜，却与带来洞主商议曰：“吾今洞府已被蜀兵所占，今投何地安身？”带来洞主曰：“止有一国可以破蜀。”获喜曰：“何处可去？”带来洞主曰：“此去东南七百里，有一国，名乌戈国。国主兀突骨，身长丈二，不食五谷，以生蛇恶兽为饭；身有鳞甲，刀箭不能侵。其手下军士，俱穿藤甲；其藤生于山涧之中，盘于石壁之上；国人采取，浸于油中，半年方取出晒之；晒干复浸，凡十馀遍，却才造成铠甲；穿在身上，渡江不沉，经水不湿，刀箭皆不能入：因此号为‘藤甲军’。今大王可往求之。若得彼相助，擒诸葛亮如利刀破竹也。”孟获大喜，遂投乌戈国，来见兀突骨。其洞无宇舍，皆居土穴之内。孟获入洞，再拜哀告前事。兀突骨曰：“吾起本洞之兵，与汝报仇。”获欣然拜谢。于是兀突骨唤两个领兵俘长：一名土安，一名奚泥，起三万兵，皆穿藤甲，离乌戈国望东北而来。行至一江，名桃花水，两岸有桃树，历年落叶于水中，若别国人饮之尽死，惟乌戈国人饮之，倍添精神。兀突骨兵至桃花渡口下寨，以待蜀兵。

却说孔明令蛮人哨探孟获消息，回报曰：“孟获请乌戈国主，引三万藤甲军，现屯于桃花渡口。孟获又在各番聚集蛮兵，并力拒战。”孔明听说，提兵大进，直至桃花渡口。隔岸望见蛮兵，不类人形，甚是丑恶；又问土人，言说即日桃叶正落，水不可饮。孔明退五里下寨，留魏延守寨。

次日，乌戈国主引一彪藤甲军过河来，金鼓大震。魏延引兵出迎。蛮兵卷地而至。蜀兵以弩箭射到藤甲之上，皆不能透，俱落于地；刀砍枪刺，亦不能入。蛮兵皆使利刀钢叉，蜀兵如何抵当，尽皆败走。蛮兵不赶而回。魏延复回，赶到桃花渡口，只见蛮兵带甲渡水而去；内有困乏者，将甲脱下，放在水面，以身坐其上而渡。魏延急回大寨，来禀孔明，细言其事。孔明请吕凯并土人问之。凯曰："某素闻南蛮中有一乌戈国，无人伦者也。更有藤甲护身，急切难伤。又有桃叶恶水，本国人饮之，反添精神；别国人饮之即死：如此蛮方，纵使全胜，有何益焉？不如班师早回。"孔明笑曰："吾非容易到此，岂可便去！吾明日自有平蛮之策。"于是令赵云助魏延守寨，且休轻出。

次日，孔明令土人引路，自乘小车到桃花渡口北岸山僻去处，遍观地理。山险岭峻之处，车不能行，孔明弃车步行。忽到一山，望见一谷，形如长蛇，皆光峭石壁，并无树木，中间一条大路。孔明问土人曰："此谷何名？"土人答曰："此处名为盘蛇谷。出谷则三江城大路，谷前名塔郎甸。"孔明大喜曰："此乃天赐吾成功于此也！"遂回旧路，上车归寨，唤马岱分付曰："与汝黑油柜车十辆，须用竹竿千条，柜内之物，如此如此。可将本部兵去把住盘蛇谷两头，依法而行。与汝半月限，一切完备。至期如此施设。倘有走漏，定按军法。"马岱受计而去。又唤赵云分付曰："汝去盘蛇谷后，三江大路口如此守把。所用之物，克日完备。"赵云受计而去。又唤魏延分付曰："汝可引本部兵去桃花渡口下寨。如蛮兵渡水来敌，汝便弃了寨，望白旗处而走。限半个月内，须要连输十五阵，弃七个寨栅。若输十四阵，也休来见我。"魏延领命，心中不乐，快快而去。孔明又唤张翼另引一军，依所指之处，筑立寨

批注

批注

栅去了；却令张嶷、马忠引本洞所降千人，如此行之。各人都依计而行。

却说孟获与乌戈国主兀突骨曰：“诸葛亮多有巧计，只是埋伏。今后交战，分付三军：但见山谷之中，林木多处，不可轻进。”兀突骨曰：“大王说的有理。吾已知道中国人多行诡计。今后依此言行之。吾在前面厮杀，汝在背后教道。”两人商议已定。忽报蜀兵在桃花渡口北岸立起营寨。兀突骨即差二俘长引藤甲军渡了河，来与蜀兵交战。不数合，魏延败走。蛮兵恐有埋伏，不赶自回。次日，魏延又去立了营寨。蛮兵哨得，又引众军渡过河来战。延出迎之。不数合，延败走。蛮兵追杀十馀里，见四下并无动静，便在蜀寨中屯住。次日，二俘长请兀突骨到寨，说知此事。兀突骨即引兵大进，将魏延追一阵。蜀兵皆弃甲抛戈而走，只见前有白旗。延引败兵，急奔到白旗处，早有一寨，就寨中屯住。兀突骨驱兵追至，魏延引兵弃寨而走。蛮兵得了蜀寨。次日，又望前追杀。魏延回兵交战，不三合又败，只看白旗处而走，又有一寨，延就寨屯住。次日，蛮兵又至。延略战又走。蛮兵占了蜀寨。

话休絮烦，魏延且战且走，已败十五阵，连弃七个营寨。蛮兵大进追杀。兀突骨自在军前破敌，于路但见林木茂盛之处，便不敢进；却使人远望，果见树阴之中，旌旗招飐。兀突骨谓孟获曰：“果不出大王所料。”孟获大笑曰：“诸葛亮今番被吾识破！大王连日胜了他十五阵，夺了七个营寨，蜀兵望风而走。诸葛亮已是计穷；只此一进，大事定矣！”兀突骨大喜，遂不以蜀兵为念。至第十六日，魏延引败残兵，来与藤甲军对敌，兀突骨骑象当先，头戴日月狼须帽，身披金珠缨络，两肋下露出生鳞甲，眼目中

批注

微有光芒，手指魏延大骂。延拨马便走。后面蛮兵大进。魏延引兵转过了盘蛇谷，望白旗而走。兀突骨统引兵众，随后追杀。兀突骨望见山上并无草木，料无埋伏，放心追杀。赶到谷中，见数十辆黑油柜车在当路。蛮兵报曰：“此是蜀兵运粮道路，因大王兵至，撇下粮车而走。”兀突骨大喜，催兵追赶。将出谷口，不见蜀兵，只见横木乱石滚下，垒断谷口。兀突骨令兵开路而进，忽见前面大小车辆，装载干柴，尽皆火起。兀突骨忙教退兵，只闻后军发喊，报说谷口已被干柴垒断，车中原来皆是火药，一齐烧着。兀突骨见无草木，心尚不慌，令寻路而走。只见山上两边乱丢火把，火把到处，地中药线皆着，就地飞起铁炮。满谷中火光乱舞，但逢藤甲，无有不着。将兀突骨并三万藤甲军，烧得互相拥抱，死于盘蛇谷中。孔明在山上往下看时，只见蛮兵被火烧的伸拳舒腿，大半被铁炮打的头脸粉碎，皆死于谷中，臭不可闻。孔明垂泪而叹曰：“吾虽有功于社稷，必损寿矣！”左右将士，无不感叹。

却说孟获在寨中，正望蛮兵回报。忽然千馀人笑拜于寨前，言说：“乌戈国兵与蜀兵大战，将诸葛亮围在盘蛇谷中了。特请大王前去接应。我等皆是本洞之人，不得已而降蜀；今知大王前到，特来助战。”孟获大喜，即引宗党并所聚番人，连夜上马；就令蛮兵引路。方到盘蛇谷时，只见火光甚起，臭气难闻。获知中计，急退兵时，左边张嶷，右边马忠，两路军杀出。获方欲抵敌，一声喊起，蛮兵中大半皆是蜀兵，将蛮王宗党并聚集的番人，尽皆擒了。孟获匹马杀出重围，望山径而走。

正走之间，见山凹里一簇人马，拥出一辆小车；车中端坐一人，纶巾羽扇，身衣道袍，乃孔明也。孔明大喝

批注

曰:“反贼孟获!今番如何?”获急回马走。旁边闪过一将,拦住去路,乃是马岱。孟获措手不及,被马岱生擒活捉了。此时王平、张翼已引一军赶到蛮寨中,将祝融夫人并一应老小皆活捉而来。

孔明归到寨中,升帐而坐,谓众将曰:“吾今此计,不得已而用之,大损阴德。我料敌人必算吾于林木多处埋伏,吾却空设旌旗,实无兵马,疑其心也。吾令魏文长连输十五阵者,坚其心也。吾见盘蛇谷止一条路,两壁厢皆是光石,并无树木,下面都是沙土,因令马岱将黑油柜安排于谷中,车中油柜内,皆是预先造下的火炮,名曰‘地雷’,一炮中藏九炮,三十步埋之,中用竹竿通节,以引药线;才一发动,山损石裂。吾又令赵子龙预备草车,安排于谷口。又于山上准备大木乱石。却令魏延赚兀突骨并藤甲军入谷,放出魏延,即断其路,随后焚之。吾闻:‘利于水者必不利于火。’藤甲虽刀箭不能入,乃油浸之物,见火必着。蛮兵如此顽皮,非火攻安能取胜?——使乌戈国之人不留种类者,是吾之大罪也!”众将拜伏曰:“丞相天机,鬼神莫测也!”孔明令押过孟获来。孟获跪于帐下。孔明令去其缚,教且在别帐与酒食压惊。孔明唤管酒食官至坐榻前,如此如此,分付而去。

却说孟获与祝融夫人并孟优、带来洞主、一切宗党在别帐饮酒。忽一人入帐谓孟获曰:“丞相面羞,不欲与公相见。特令我来放公回去,再招人马来决胜负。公今可速去。”孟获垂泪言曰:“七擒七纵,自古未尝有也。吾虽化外之人,颇知礼义,直如此无羞耻乎?”遂同兄弟妻子宗党人等,皆匍匐跪于帐下,肉袒谢罪曰:“丞相天威,南人不复反矣!”孔明曰:“公今服乎?”获泣谢曰:“某子子孙孙皆感覆载生成之恩，安得不服！”孔明乃请孟获上帐，设宴庆贺，就令永为洞主。所夺之地，尽皆退还。孟获宗党及诸蛮兵，无不感戴，皆欣然跳跃而去。后人有诗赞孔明曰：

羽扇纶巾拥碧幢，七擒妙策制蛮王。

至今溪洞传威德，为选高原立庙堂。

长史费祎入谏曰：“今丞相亲提士卒，深入不毛，收服蛮方；目今蛮王既已归服，何不置官吏，与孟获一同守之？”孔明曰：“如此有三不易：留外人则当留兵，兵无所食，一不易也；蛮人伤破，父兄死亡，留外人而不留兵，必成祸患，二不易也；蛮人累有废杀之罪，自有嫌疑，留外人终不相信，三不易也。今吾不留人，不运粮，与相安于无事而已。”众人尽服。于是蛮方皆感孔明恩德，乃为孔明立生祠，四时享祭，皆呼之为“慈父”；各送珍珠金宝、丹漆药材、耕牛战马，以资军用，誓不再反。南方已定。

却说孔明犒军已毕，班师回蜀，令魏延引本部兵为前锋。延引兵方至泸水，忽然阴云四合，水面上一阵狂风骤起，飞沙走石，军不能进。延退兵回报孔明。孔明遂请孟获问之。正是：塞外蛮人方帖服，水边鬼卒又猖狂。未知孟获所言若何，且看下文分解。

批注

本回我评论：

三国复活赛

1. 本回可是挺奇幻的：巨兽兵、藤甲兵，还有精通武艺的女中豪杰祝融夫人，这些素材够你画好几幅美美的画作啦！动手吧！

2. 真是不容易啊！孟获终于归顺了诸葛亮。结合他当时西南民族领袖的身份，你能充分查阅服装资料再发挥想象，画下这和睦的“孟获知错归顺图”吗？

文史一锅烩

1. 其实“乌戈国”是确有其国的，你能否查阅资料找到它的原型？

2. 诸葛亮为什么要“七擒七纵”呢？这不是太费事了吗？说说你的看法，然后大家交流一下，看看谁能获得最多支持！

3. 如果想用巨兽兵、藤甲兵战胜诸葛亮，你觉得有什么妙招或安排？

4. 诸葛亮“七擒孟获”是《三国演义》中脍炙人口的经典情节之一。不过，在《三国志》里并无记载，小说是在裴松之做注解所引用的《汉晋春秋》资料里做的发挥：

亮至南中，所在战捷。闻孟获者，为夷、汉所服，募生致之。既得，使观于营阵之间，曰："此军何如？"获对曰："向者不知虚实，故败。今蒙赐观看营阵，若祗如此，即定易胜耳。"亮笑，纵使更战，七纵七禽，而亮犹遣获。获止不去，曰："公，天威也，南人不复反矣。"遂至滇池。南中平，皆即其渠率而用之。或以谏亮，亮曰："若留外人，则当留兵，兵留则无所食，一不易也；加夷新伤破，父兄死丧，留外人而无兵者，必成祸患，二不易也；又夷累有废杀之罪，自嫌衅重，若留外人，终不相信，三不易也；今吾欲使不留兵，不运粮，而纲纪粗定，夷、汉粗安故耳。"

5. 请继续在上文空格处留下你对本回的总评，在选文右侧留下你的批注。在这一回里，因为"七擒七纵"而出名的孟获出现了，他真的非常有意思，一次次输给诸葛亮却一次次不服气，而诸葛亮也很有意思，一次次宽容他。每一次孟获对诸葛亮表示不服都好玩，而诸葛亮每一次答应他再来时的语言、表情、动作也很好玩，值得你品味哦！

跟着名著写写写

都说"战争让女人走开"，但也会有巾帼英雄存在。《水浒传》里有扈三娘、顾大嫂、孙二娘、琼英，《三国演义》里则有本回出现的祝融夫人——而且她不仅武艺精湛，还是少数民族，这就更值得称道了。祝融夫人和之前另一位详加描写的女性形象貂蝉又可以形成对比，真亏了罗贯中的用心！

家长可加入阅读能力提升群 陪孩子听名师阅读讲解课 读懂经典提升阅读能力
群分类：阅读提升 • 入群指南详见本书扉页

第九十五回

马谡拒谏失街亭　武侯弹琴退仲达

批注

却说魏主曹睿令张郃为先锋，与司马懿一同征进；一面令辛毗、孙礼二人领兵五万，往助曹真。二人奉诏而去。且说司马懿引二十万军，出关下寨，请先锋张郃至帐下曰："诸葛亮平生谨慎，未敢造次行事。若是吾用兵，先从子午谷径取长安，早得多时矣。他非无谋，但怕有失，不肯弄险。今必出军斜谷，来取郿城。若取郿城，必分兵两路，一军取箕谷矣。吾已发檄文，令子丹拒守郿城，若兵来不可出战；令孙礼、辛毗截住箕谷道口，若兵来则出奇兵击之。"郃曰："今将军当于何处进兵？"懿曰："吾素知秦岭之西，有一条路，地名街亭；傍有一城，名列柳城：此二处皆是汉中咽喉。诸葛亮欺子丹无备，定从此进。吾与汝径取街亭，望阳平关不远矣。亮若知吾断其街亭要路，绝其粮道，则陇西一境，不能安守，必然连夜奔回汉中去也。彼若回动，吾提兵于小路击之，可得全胜；若不归时，吾却将诸处小路，尽皆垒断，俱以兵守之。一月无粮，蜀兵皆饿死，亮必被吾擒矣。"张郃大悟，拜伏于地曰："都督神算也！"懿曰："虽然如此，诸葛亮不比孟达。将军为先锋，不可轻进。当传与诸将：循山西路，远远哨探。如无伏兵，方可前进。若是怠忽，必中诸葛亮之计。”张郃受计引军而行。

却说孔明在祁山寨中，忽报新城探细人来到。孔明急唤入问之，细作告曰：“司马懿倍道而行，八日已到新城，孟达措手不及；又被申耽、申仪、李辅、邓贤为内应：孟达被乱军所杀。今司马懿撤兵到长安，见了魏主，同张郃引兵出关，来拒我师也。”孔明大惊曰：“孟达作事不密，死固当然。今司马懿出关，必取街亭，断吾咽喉之路。”便问：“谁敢引兵去守街亭？”言未毕，参军马谡曰：“某愿往。”孔明曰：“街亭虽小，干系甚重：倘街亭有失，吾大军皆休矣。汝虽深通谋略，此地奈无城郭，又无险阻，守之极难。”谡曰：“某自幼熟读兵书，颇知兵法。岂一街亭不能守耶？”孔明曰：“司马懿非等闲之辈；更有先锋张郃，乃魏之名将：恐汝不能敌之。”谡曰：“休道司马懿、张郃，便是曹睿亲来，有何惧哉！若有差失，乞斩全家。”孔明曰：“军中无戏言。”谡曰：“愿立军令状。”孔明从之，谡遂写了军令状呈上。孔明曰：“吾与汝二万五千精兵，再拨一员上将，相助你去。”即唤王平分付曰：“吾素知汝平生谨慎，故特以此重任相托。汝可小心谨守此地：下寨必当要道之处，使贼兵急切不能偷过。安营既毕，便画四至八道地理形状图本来我看。凡事商议停当而行，不可轻易。如所守无危，则是取长安第一功也。戒之！戒之！”二人拜辞引兵而去。

孔明寻思，恐二人有失，又唤高翔曰：“街亭东北上有一城，名列柳城，乃山僻小路，此可以屯兵扎寨。与汝一万兵，去此城屯扎。但街亭危，可引兵救之。”高翔引兵而去。孔明又思：高翔非张郃对手，必得一员大将，屯

批注

批注

兵于街亭之右，方可防之，遂唤魏延引本部兵去街亭之后屯扎。延曰：“某为前部，理合当先破敌，何故置某于安闲之地？”孔明曰：“前锋破敌，乃偏裨之事耳。今令汝接应街亭，当阳平关冲要道路，总守汉中咽喉：此乃大任也，何为安闲乎？汝勿以等闲视之，失吾大事。切宜小心在意！”魏延大喜，引兵而去。孔明恰才心安，乃唤赵云、邓芝分付曰：“今司马懿出兵，与旧日不同。汝二人各引一军出箕谷，以为疑兵。如逢魏兵，或战、或不战，以惊其心。吾自统大军，由斜谷径取郿城；若得郿城，长安可破矣。”二人受命而去。孔明令姜维作先锋，兵出斜谷。

却说马谡、王平二人兵到街亭，看了地势。马谡笑曰：“丞相何故多心也？量此山僻之处，魏兵如何敢来！”王平曰：“虽然魏兵不敢来，可就此五路总口下寨；却令军士伐木为栅，以图久计。”谡曰：“当道岂是下寨之地？此处侧边一山，四面皆不相连，且树木极广，此乃天赐之险也：可就山上屯军。”平曰：“参军差矣。若屯兵当道，筑起城垣，贼兵总有十万，不能偷过；今若弃此要路，屯兵于山上，倘魏兵骤至，四面围定，将何策保之？”谡大笑曰：“汝真女子之见！兵法云：‘凭高视下，势如劈竹。’若魏兵到来，吾教他片甲不回！”平曰：“吾累随丞相经阵，每到之处，丞相尽意指教。今观此山，乃绝地也：若魏兵断我汲水之道，军士不战自乱矣。”谡曰：“汝莫乱道！孙子云：‘置之死地而后生。’若魏兵绝我汲水之道，蜀兵岂不死战？以一可当百也。吾素读兵书，丞相诸事尚问于我，汝奈何相阻耶！”平曰：“若参军欲在山上下寨，可分兵与我，自于山西下一小寨，为掎角之势。倘魏兵至，可以相应。”马谡不从。忽然山中居民，成群结队，飞奔而来，报说魏兵已到。王平欲辞去。马谡曰："汝既不听吾令，与汝五千兵自去下寨。待吾破了魏兵，到丞相面前须分不得功！"王平引兵离山十里下寨，画成图本，星夜差人去禀孔明，具说马谡自于山上下寨。

批注

却说司马懿在城中，令次子司马昭去探前路：若街亭有兵守御，即当按兵不行。司马昭奉令探了一遍，回见父曰："街亭有兵守把。"懿叹曰："诸葛亮真乃神人，吾不如也！"昭笑曰："父亲何故自堕志气耶？——男料街亭易取。"懿问曰："汝安敢出此大言？"昭曰："男亲自哨见，当道并无寨栅，军皆屯于山上，故知可破也。"懿大喜曰："若兵果在山上，乃天使吾成功矣！"遂更换衣服，引百馀骑亲自来看。是夜天晴月朗，直至山下，周围巡哨了一遍，方回。马谡在山上见之，大笑曰："彼若有命，不来围山！"传令与诸将："倘兵来，只见山顶上红旗招动，即四面皆下。"

却说司马懿回到寨中，使人打听是何将引兵守街亭。回报曰："乃马良之弟马谡也。"懿笑曰："徒有虚名，乃庸才耳！孔明用如此人物，如何不误事！"又问："街亭左右别有军否？"探马报曰："离山十里有王平安营。"懿乃命张郃引一军，当住王平来路。又令申耽、申仪引两路兵围山，先断了汲水道路；待蜀兵自乱，然后乘势击之。当夜调度已定。次日天明，张郃引兵先往背后去了。司马懿大驱军马，一拥而进，把山四面围定。马谡在山上看时，只见魏兵漫山遍野，旌旗队伍，甚是严整。蜀兵见之，尽皆丧胆，不敢下山。马谡将红旗招动，军将你我相推，无一人敢动。谡大怒，自杀二将。众军惊惧，只得努力下山来冲魏兵。魏兵端然不动。蜀兵又退上山去。马谡见事不

批注

谐，教军紧守寨门，只等外应。

却说王平见魏兵到，引军杀来，正遇张郃；战有数十馀合，平力穷势孤，只得退去。魏兵自辰时困至戌时，山上无水，军不得食，寨中大乱。嚷到半夜时分，山南蜀兵大开寨门，下山降魏。马谡禁止不住。司马懿又令人于沿山放火，山上蜀兵愈乱。马谡料守不住，只得驱残兵杀下山西逃奔。司马懿放条大路，让过马谡。背后张郃引兵追来。赶到三十馀里，前面鼓角齐鸣，一彪军出，放过马谡，拦住张郃；视之，乃魏延也。延挥刀纵马，直取张郃。郃回军便走。延驱兵赶来，复夺街亭。赶到五十馀里，一声喊起，两边伏兵齐出：左边司马懿，右边司马昭，却抄在魏延背后，把延困在垓心。张郃复来，三路兵合在一处。魏延左冲右突，不得脱身，折兵大半。正危急间，忽一彪军杀入，乃王平也。延大喜曰："吾得生矣！"二将合兵一处，大杀一阵，魏兵方退。二将慌忙奔回寨时，营中皆是魏兵旌旗。申耽、申仪从营中杀出。王平、魏延径奔列柳城，来投高翔。此时高翔闻知街亭有失，尽起列柳城之兵，前来救应，正遇延、平二人，诉说前事。高翔曰："不如今晚去劫魏寨，再复街亭。"当时三人在山坡下商议已定。待天色将晚，兵分三路。魏延引兵先进，径到街亭，不见一人，心中大疑，未敢轻进，且伏在路口等候，忽见高翔兵到，二人共说魏兵不知在何处。正没理会，又不见王平兵到。忽然一声炮响，火光冲天，鼓起震地：魏兵齐出，把魏延、高翔围在垓心。二人往来冲突，不得脱身。忽听得山坡后喊声若雷，一彪军杀入，乃是王平，救了高、魏二人，径奔列柳城来。比及奔到城下时，城边早有一军杀到，旗上大书"魏都督郭淮"字样。原来郭淮与曹真商议，恐司马懿得了全功，乃分淮来取街亭；闻知司马懿、张郃成了此功，遂引兵径袭列柳城。正遇三将，大杀一阵。蜀兵伤者极多。魏延恐阳平关有失，慌与王平、高翔望阳平关来。

却说郭淮收了军马，乃谓左右曰："吾虽不得街亭，却取了列柳城，亦是大功。"引兵径到城下叫门，只见城上一声炮响，旗帜皆竖，当头一面大旗，上书"平西都督司马懿"。懿撑起悬空板，倚定护心木栏干，大笑曰："郭伯济来何迟也？"淮大惊曰："仲达神机，吾不及也！"遂入城。相见已毕，懿曰："今街亭已失，诸葛亮必走。公可速与子丹星夜追之。"郭淮从其言，出城而去。懿唤张郃曰："子丹、伯济，恐吾全获大功，故来取此城池。吾非独欲成功，乃侥幸而已。吾料魏延、王平、马谡、高翔等辈，必先去据阳平关。吾若去取此关，诸葛亮必随后掩杀，中其计矣。兵法云：'归师勿掩，穷寇莫追。'汝可从小路抄箕谷退兵。吾自引兵当斜谷之兵。若彼败走，不可相拒，只宜中途截住：蜀兵辎重，可尽得也。"张郃受计，引兵一半去了。懿下令："竟取斜谷，由西城而进。——西城虽山僻小县，乃蜀兵屯粮之所，又南安、天水、安定三郡总路。——若得此城，三郡可复矣。"于是司马懿留申耽、申仪守列柳城，自领大军望斜谷进发。

却说孔明自令马谡等守街亭去后，犹豫不定。忽报王平使人送图本至。孔明唤入，左右呈上图本。孔明就文几上拆开视之，拍案大惊曰："马谡无知，坑陷吾军矣！"左右问曰："丞相何故失惊？"孔明曰："吾观此图本，失却要路，占山为寨。倘魏兵大至，四面围合，断汲水道路，

批注

批注

不须二日，军自乱矣。若街亭有失，吾等安归？”长史杨仪进曰：“某虽不才，愿替马幼常回。”孔明将安营之法，一一分付与杨仪。——正待要行，忽报马到来，说：“街亭、列柳城，尽皆失了！”孔明跌足长叹曰：“大事去矣！——此吾之过也！”急唤关兴、张苞分付曰：“汝二人各引三千精兵，投武功山小路而行。如遇魏兵，不可大击，只鼓噪呐喊，为疑兵惊之。彼当自走，亦不可追。待军退尽，便投阳平关去。”又令张冀先引军去修理剑阁，以备归路。又密传号令，教大军暗暗收拾行装，以备起程。又令马岱、姜维断后，先伏于山谷中，待诸军退尽，方始收兵。又差心腹人，分路报与天水、南安、安定三郡官吏军民，皆入汉中。又遣心腹人到冀县搬取姜维老母，送入汉中。

孔明分拨已定，先引五千兵退去西城县搬运粮草。忽然十馀次飞马报到，说：“司马懿引大军十五万，望西城蜂拥而来！”时孔明身边别无大将，只有一班文官，所引五千兵，已分一半先运粮草去了，只剩二千五百军在城中。众官听得这个消息，尽皆失色。孔明登城望之，果然尘土冲天，魏兵分两路望西城县杀来。孔明传令，教“将旌旗尽皆隐匿；诸军各守城铺，如有妄行出入，及高言大语者，斩之！大开四门，每一门用二十军士，扮作百姓，洒扫街道。如魏兵到时，不可擅动，吾自有计。”孔明乃披鹤氅，戴纶巾，引二小童携琴一张，于城上敌楼前，凭栏而坐，焚香操琴。

却说司马懿前军哨到城下，见了如此模样，皆不敢进，急报与司马懿。懿笑而不信，遂止住三军，自飞马远远望之。果见孔明坐于城楼之上，笑容可掬，焚香操琴。左有一童子，手捧宝剑；右有一童子，手执麈尾。城门内

批注

外，有二十馀百姓，低头洒扫，傍若无人，懿看毕大疑，便到中军，教后军作前军，前军作后军，望北山路而退。次子司马昭曰："莫非诸葛亮无军，故作此态？父亲何故便退兵？"懿曰："亮平生谨慎，不曾弄险。今大开城门，必有埋伏。我兵若进，中其计也。汝辈岂知？宜速退。"于是两路兵尽皆退去。孔明见魏军远去，抚掌而笑。众官无不骇然，乃问孔明曰："司马懿乃魏之名将，今统十五万精兵到此，见了丞相，便速退去，何也？"孔明曰："此人料吾生平谨慎，必不弄险；见如此模样，疑有伏兵，所以退去。吾非行险，盖因不得已而用之。此人必引军投山北小路去也。吾已令兴、苞二人在彼等候。"众皆惊服曰："丞相之机，神鬼莫测。若某等之见，必弃城而走矣。"孔明曰："吾兵止有二千五百，若弃城而走，必不能远遁。得不为司马懿所擒乎？"后人有诗赞曰：

瑶琴三尺胜雄师，诸葛西城退敌时。

十五万人回马处，土人指点到今疑。

言讫，拍手大笑，曰："吾若为司马懿，必不便退也。"遂下令，教西城百姓，随军入汉中；司马懿必将复来。于是孔明离西城望汉中而走。天水、安定、南安三郡官吏军民，陆续而来。

却说司马懿望武功山小路而走。忽然山坡后喊杀连天，鼓声震地。懿回顾二子曰："吾若不走，必中诸葛亮之计矣。"只见大路上一军杀来，旗上大书："右护卫使虎翼将军张苞"。魏兵皆弃甲抛戈而走。行不到一程，山谷中喊声震地，鼓角喧天，前面一杆大旗，上书："左护卫使龙骧将军关兴"。山谷应声，不知蜀兵多少；更兼魏军心疑，不敢久停，只得尽弃辎重而去。兴、苞二人皆遵将令，不

批注

敢追袭，多得军器粮草而归。司马懿见山谷中皆有蜀兵，不敢出大路，遂回街亭。此时曹真听知孔明退兵，急引兵追赶。山背后一声炮响，蜀兵漫山遍野而来：为首大将，乃是姜维、马岱。真大惊，急退军时，先锋陈造已被马岱所斩。真引兵鼠窜而还。蜀兵连夜皆奔回汉中。

却说赵云、邓芝伏兵于箕谷道中。闻孔明传令回军，云谓芝曰："魏军知吾兵退，必然来追。吾先引一军伏于其后，公却引兵打吾旗号，徐徐而退。吾一步步自有护送也。"

却说郭淮提兵再回箕谷道中，唤先锋苏颙分付曰："蜀将赵云，英勇无敌。汝可小心提防，彼军若退，必有计也。"苏颙欣然曰："都督若肯接应，某当生擒赵云。"遂引前部三千兵，奔入箕谷。看看赶上蜀兵，只见山坡后闪出红旗白字，上书"赵云"。苏颙急收兵退走。行不到数里，喊声大震，一彪军撞出；为首大将，挺枪跃马，大喝曰："汝识赵子龙否！"苏颙大惊曰："如何这里又有赵云？"措手不及，被云一枪刺死于马下。馀军溃散。云迤逦前进，背后又一军到，乃郭淮部将万政也。云见魏兵追急，乃勒马挺枪，立于路口，待来将交锋。——蜀兵已去三十馀里。——万政认得是赵云，不敢前进，云等得天色黄昏，方才拨回马缓缓而进。郭淮兵到，万政言赵云英勇如旧，因此不敢近前。淮传令教军急赶，政令数百骑壮士赶来。行至一大林，忽听得背后大喝一声曰："赵子龙在此！"惊得魏兵落马者百馀人，馀者皆越岭而去。万政勉强来敌，被云一箭射中盔缨，惊跌于涧中。云以枪指之曰："吾饶汝性命回去！快教郭淮赶来！"万政脱命而回。云护送车仗人马，望汉中而去，沿途并无遗失。曹真、郭淮复夺三郡，以为己功。

却说司马懿分兵而进。此时蜀兵尽回汉中去了，懿引一军复到西城，因问遗下居民及山僻隐者，皆言孔明止有二千五百军在城中，又无武将，只有几个文官，别无埋伏。武功山小民告曰："关兴、张苞，只各有三千军，转山呐喊，鼓噪惊追，又无别军，并不敢厮杀。"懿悔之不及，仰天叹曰："吾不如孔明也！"遂安抚了诸处官民，引兵径还长安，朝见魏主。睿曰："今日复得陇西诸郡，皆卿之功也。"懿奏曰："今蜀兵皆在汉中，未尽剿灭。臣乞大兵并力收川，以报陛下。"睿大喜，令懿即便兴兵。忽班内一人出奏曰："臣有一计，足可定蜀降吴。"正是：蜀中将相方归国，魏地君臣又逞谋。未知献计者是谁，且看下文分解。

批注

本回我评论：

三国复活赛

1. 京剧有一出著名的"失空斩"，即《失街亭》《空城计》《斩马谡》三折戏的合称，充分体现了中国传统戏曲艺术对《三国演义》的看重。你有兴趣去看一看吗？

2. 诸葛亮用"空城计"吓退了司马懿，这可真是大胆，就和当年的"草船借箭"一样。请把这一幕改编成戏剧表演出来吧！或者你也可以用画笔在画布上表现这一幕。

文史一锅烩

1. 马谡为什么会失去街亭？如果你是诸葛亮，你会不会原谅他？为什么？

2. 如果你能在地图上找到街亭，你就可以更直观地了解为何失去街亭对于诸葛亮北伐中原的战略是巨大损失了。要不试试？

3. 从心理学的角度，你能解释诸葛亮冒险施行“空城计”的合理之处吗？其实，这在本回一开头即有照应，你能找到吗？

4. 本回从诸葛亮调兵就可看得出他是何等谨慎的一个人，你能分析一下吗？

5. 如果你是司马懿，会不会冒险闯一闯呢？为什么？

6. 一说到“失街亭”和“空城计”，我们都会想起诸葛亮，然后是马谡，最后才是王平。这王平其实很值得一说。在《三国演义》中，他原是魏国将领徐晃的部下，后来徐晃不听王平劝告渡汉水而被赵云、黄忠打得大败，他迁怒于王平，致使王平投奔了赵云。在正史中则无此记载。但是，王平的确原是魏国方面的将领，《三国演义》只是据此做了发挥而已。王平在《三国志·蜀书十三·王平传》里有记载，我们不妨读一下：

王平字子均，巴西宕渠人也。本养外家何氏，后复姓王。随杜濩、朴胡诣洛阳，假校尉，从曹公征汉中，因降先主，拜牙门将、裨将军。建兴六年，属参军马谡先锋。谡舍水上山，举措烦扰，平连规谏谡，谡不能用，大败于街亭。众尽星散，惟平所领千人，鸣鼓自持，魏将张郃疑其伏兵，不往逼也。于是平徐徐收合诸营遗迸，率将士而还。丞相亮既诛马谡及将军张休、李盛，夺将军黄袭等兵，平特见崇显，加拜参军，统五部兼当营事，进位讨寇将军，封亭侯。九年，亮围祁山，平别守南围。魏大将军司马宣王攻亮，张郃攻平，平坚守不动，郃不能克。十二年，亮卒于武功，军退还，魏延作乱，一战而败，平之功也。迁后典军、安汉将军，副车骑将军吴壹住汉中，又领汉中太守。十五年，进封安汉侯，代壹督汉中。延熙元年，大将军蒋琬住沔阳，平更为前护军，署琬府事。六年，琬还住涪，拜平前监军、镇北大将军，统汉中。

七年春，魏大将军曹爽率步骑十馀万向汉川，前锋已在骆谷。时汉中守兵不满三万，诸将大惊。或曰：“今力不足以拒敌，听当固守汉、乐二城，遇贼令入，比尔间，涪军足得救关。”平曰：“不然。汉中去涪垂千里。贼若得关，便为祸也。今宜先遣刘护军、杜参军据兴势，平为后拒；若贼分向黄金，平率千人下自临之，比尔间，涪军行至，此计之上也。”惟护军刘敏与平意同，即便施行。涪诸军及大将军费祎自成都相继而至，魏军退还，如平本策。是时，邓芝在东，马忠在南，平在北境，咸著名迹。

平生长戎旅，手不能书，而所识不过十字，而口授作书，皆有意理。使人读史、汉诸纪传，听之，备知其大义，往往论说不失其指。遵履法度，言不戏谑，从朝至夕，端坐彻日，惿无武将之体，然性狭侵疑，为人自轻，以此为损焉。十一年卒，子训嗣。

7. 请继续在上文空格处留下你对本回的总评，在选文右侧留下你的批注。在这一回里，我们看到了著名的“失街亭”，这个情节我们其实差不多知道，但小说提供了更丰富的人物塑造：无论是诸葛亮布兵的谨慎、摆空城计的无奈和铤而走险，还是马谡的骄傲大意，都是非常鲜活的塑造人物形象的实例，值得品味。

跟着名著写写写

注意到诸葛亮“空城计”的环境了吗？“左有一童子，手捧宝剑；右有一童子，手执麈尾。城门内外，有二十馀百姓，低头洒扫，傍若无人”。是的，这就是环境描写。环境描写是指对人物所处的具体的社会环境和自然环境的描写。其中的社会环境当然是指能反映社会、时代特征的建筑、场所、陈设等景物以及民俗民风等，而自然环境指的是自然界的景物，如季节变化、风霜雨雪、山川湖海、森林原野等。为什么要进行环境描写？环境是形成人物性格、并限制其活动的特定场所，它决定和影响着人物的性格；与此同时，人物性格有时也能反作用于环境。因此，在写比较看重情节的记叙文的时候，写好两种环境可以起到较好烘托人物，进而充分、明确地表达中心的作用。所以，我们在运用环境描写时要注意以下几点：目标明确——不是为了凑字数，而是为表达中心思想；具体生动——给人身临其境之感；抓住特征——写出景物的特色来。

家长可加入读书心得讨论群 同30位家长一起分享孩子阅读心得
群分类：读书心得 • 入群指南详见本书扉页

第一百〇二回

司马懿占北原渭桥　诸葛亮造木牛流马

却说谯周官居太史，颇明天文；见孔明又欲出师，乃奏后主曰："臣今职掌司天台，但有祸福，不可不奏：近有群鸟数万，自南飞来，投于汉水而死，此不祥之兆；臣又观天象，见奎星躔于太白之分，盛气在北，不利伐魏；又成都人民，皆闻柏树夜哭：有此数般灾异，丞相只宜谨守，不可妄动。"孔明曰："吾受先帝托孤之重，当竭力讨贼，岂可以虚妄之灾氛，而废国家大事耶！"遂命有司设太牢祭于昭烈之庙，涕泣拜告曰："臣亮五出祁山，未得寸土，负罪非轻！今臣复统全师，再出祁山，誓竭力尽心，剿灭汉贼，恢复中原，鞠躬尽瘁，死而后已！"祭毕，拜辞后主，星夜至汉中，聚集诸将，商议出师。忽报关兴病亡。孔明放声大哭，昏倒于地，半晌方苏。众将再三劝解，孔明叹曰："可怜忠义之人，天不与以寿！我今番出师，又少一员大将也！"后人有诗叹曰：

生死人常理，蜉蝣一样空。
但存忠孝节，何必寿乔松。

孔明引蜀兵三十四万，分五路而进，令姜维、魏延为先锋，皆出祁山取齐；令李恢先运粮草于斜谷道口伺候。

批注

批注

却说魏国因旧岁有青龙自摩坡井内而出，改为青龙元年；此时乃青龙二年春二月也。近臣奏曰："边官飞报蜀兵三十馀万，分五路复出祁山。"魏主曹睿大惊，急召司马懿至，谓曰："蜀人三年不曾入寇；今诸葛亮又出祁山，如之奈何？"懿奏曰："臣夜观天象，见中原旺气正盛，奎星犯太白，不利于西川。今孔明自负才智，逆天而行，乃自取败亡也。臣托陛下洪福，当往破之。——但愿保四人同去。"睿曰："卿保何人？"懿曰："夏侯渊有四子：长名霸，字仲权；次名威，字季权；三名惠，字稚权；四名和，字义权。霸、威二人，弓马熟娴；惠、和二人，谙知韬略：此四人常欲为父报仇。臣今保夏侯霸、夏侯威为左右先锋，夏侯惠、夏侯和为行军司马，共赞军机，以退蜀兵。"睿曰："向者夏侯楙驸马违误军机，失陷了许多人马，至今羞惭不回。今此四人，亦与楙同否？"懿曰："此四人非夏侯楙所可比也。"睿乃从其请，即命司马懿为大都督，凡将士悉听量才委用，各处兵马皆听调遣。懿受命，辞朝出城。睿又以手诏赐懿曰：

> 卿到渭滨，宜坚壁固守，勿与交锋。蜀兵不得志，必诈退诱敌，卿慎勿追。待彼粮尽，必将自走，然后乘虚攻之，则取胜不难，亦免军马疲劳之苦：计莫善于此也。

司马懿顿首受诏，即日到长安，聚集各处军马共四十万，皆来渭滨下寨；又拨五万军，于渭水上搭起九座浮桥，令先锋夏侯霸、夏侯威过渭水安营；又于大营之后东原，筑起一城，以防不虞。懿正与众将商议间，忽报郭淮、孙礼来见。懿迎入，礼毕，淮曰："今蜀兵现在祁山，倘跨渭登原，接连北山，阻绝陇道，大可虞也。"懿曰："所言甚善。公可就总督陇西军马，据北原下寨，深沟高垒，按兵休动；只待彼兵粮尽，方可攻之。”郭淮、孙礼领命，引兵下寨去了。

批注

却说孔明复出祁山，下五个大寨，按左、右、中、前、后；自斜谷直至剑阁，一连又下十四个大寨，分屯军马，以为久计。每日令人巡哨。忽报郭淮、孙礼领陇西之兵，于北原下寨。孔明谓诸将曰：“魏兵于北原安营者，惧吾取此路，阻绝陇道也。吾今虚攻北原，却暗取渭滨。令人扎木筏百馀只，上载草把，选惯熟水手五千人驾之。我夤夜只攻北原，司马懿必引兵来救。彼若少败，我把后军先渡过岸去，然后把前军下于筏中。休要上岸，顺水取浮桥放火烧断，以攻其后。吾自引一军去取前营之门。若得渭水之南，则进兵不难矣。”诸将遵令而行。早有巡哨军飞报司马懿。懿唤诸将议曰：“孔明如此设施，其中有计：彼以取北原为名，顺水来烧浮桥，乱吾后，却攻吾前也。”即传令与夏侯霸、夏侯威曰：“若听得北原发喊，便提兵于渭水南山之中，待蜀兵至击之。”又令张虎、乐𬘩，引二千弓弩手伏于渭水浮桥北岸：“若蜀兵乘木筏顺水而来，可一齐射之，休令近桥。”又传令郭淮、孙礼曰：“孔明来北原暗渡渭水，汝新立之营，人马不多，可尽伏于半路。若蜀兵于午后渡水，黄昏时分，必来攻汝。汝诈败而走，蜀兵必追。汝等皆以弓弩射之。吾水陆并进。若蜀兵大至，只看吾指挥而击之。”各处下令已毕，又令二子司马师、司马昭，引兵救应前营。懿自引一军救北原。

却说孔明令魏延、马岱引兵渡渭水攻北原；令吴班、吴懿引木筏兵去烧浮桥；令王平、张嶷为前队，姜维、马

批注

忠为中队，廖化、张翼为后队：兵分三路，去攻渭水旱营。是日午时，人马离大寨，尽渡渭水，列成阵势，缓缓而行。却说魏延、马岱将近北原，天色已昏。孙礼哨见，便弃营而走。魏延知有准备，急退军时，四下喊声大震：左有司马懿，右有郭淮，两路兵杀来。魏延、马岱奋力杀出，蜀兵多半落于水中，馀众奔逃无路。幸得吴懿兵杀来，救了败兵过岸拒住。吴班分一半兵撑筏顺水来烧浮桥，却被张虎、乐綝在岸上乱箭射住。吴班中箭，落水而死。馀军跳水逃命，木筏尽被魏兵夺去。此时王平、张嶷，不知北原兵败，直奔到魏营，已有二更天气，只听得喊声四起。王平谓张嶷曰："军马攻打北原，未知胜负。渭南之寨，现在面前，如何不见一个魏兵？莫非司马懿知道了，先作准备也？我等且看浮桥火起，方可进兵。"二人勒住军马，忽背后一骑马来报，说："丞相教军马急回。北原兵、浮桥兵，俱失了。"王平、张嶷大惊，急退军时，却被魏兵抄在背后，一声炮响，一齐杀来，火光冲天。王平、张嶷引兵相迎，两军混战一场。平、嶷二人奋力杀出，蜀兵折伤大半。孔明回到祁山大寨，收聚败兵，约折了万馀人，心中忧闷。

忽报费祎自成都来见丞相。孔明请入。费祎礼毕，孔明曰："吾有一书，正欲烦公去东吴投递，不知肯去否？"祎曰："丞相之命，岂敢推辞？"孔明即修书付费祎去了。祎持书径到建业，入见吴主孙权，呈上孔明之书。权拆视之，书略曰：

汉室不幸，王纲失纪，曹贼篡逆，蔓延及今。亮受昭烈皇帝寄托之重，敢不竭力尽忠：今大兵已会于祁山，狂寇将亡于渭水。伏望陛下念同盟之义，命将

北征，共取中原，同分天下。书不尽言，万希圣听！

权览毕，大喜，乃谓费祎曰："朕久欲兴兵，未得会合孔明。今既有书到，即日朕自亲征，入居巢门，取魏新城；再令陆逊、诸葛瑾等屯兵于江夏、沔口取襄阳；孙韶、张承等出兵广陵取淮阳等处：三处一齐进军，共三十万，克日兴师。"费祎拜谢曰："诚如此，则中原不日自破矣！"权设宴款待费祎。饮宴间，权问曰："丞相军前，用谁当先破敌？"祎曰："魏延为首。"权笑曰："此人勇有馀，而心不正。若一朝无孔明，彼必为祸。——孔明岂未知耶？"祎曰："陛下之言极当！臣今归去，即当以此言告孔明。"遂拜辞孙权，回到祁山，见了孔明，具言吴主起大兵三十万，御驾亲征，兵分三路而进。孔明又问曰："吴主别有所言否？"费祎将论魏延之语告之。孔明叹曰："真聪明之主也！吾非不知此人。——为惜其勇，故用之耳。"祎曰："丞相早宜区处。"孔明曰："吾自有法。"祎辞别孔明，自回成都。

孔明正与诸将商议征进，忽报有魏将来投降。孔明唤入问之，答曰："某乃魏国偏将军郑文也。近与秦朗同领人马，听司马懿调用，不料懿徇私偏向，加秦朗为前将军，而视文如草芥，因此不平，特来投降丞相。愿赐收录。"言未已，人报秦朗引兵在寨外，单搦郑文交战。孔明曰："此人武艺比汝若何？"郑文曰："某当立斩之。"孔明曰："汝若先杀秦朗，吾方不疑。"郑文欣然上马出营，与秦朗交锋。孔明亲自出营视之。只见秦朗挺枪大骂曰："反贼盗我战马来此，可早早还我！"言讫，直取郑文。文拍马舞刀相迎，只一合，斩秦朗于马下。魏军各自逃走。郑文提首级入营。孔明回到帐中坐定，唤郑文至，勃然大怒，叱

批注

批注

左右:“推出斩之!”郑文曰:“小将无罪!”孔明曰:“吾向识秦朗;汝今斩者,并非秦朗。——安敢欺我!”文拜告曰:“此实秦朗之弟秦明也。”孔明笑曰:“司马懿令汝来诈降,于中取事,却如何瞒得我过!若不实说,必然斩汝!”郑文只得诉告其实是诈降,泣求免死。孔明曰:“汝既求生,可修书一封,教司马懿自来劫营,吾便饶汝性命。若捉住司马懿,便是汝之功,还当重用。”郑文只得写了一书,呈与孔明。孔明令将郑文监下。樊建问曰:“丞相何以知此人诈降?”孔明曰:“司马懿不轻用人。若加秦朗为前将军,必武艺高强;今与郑文交马只一合,便为文所杀,必不是秦朗也。以故知其诈。”众皆拜服。

孔明选一舌辩军士,附耳分付如此如此。军士领命,持书径来魏寨,求见司马懿。懿唤入,拆书看毕,问曰:“汝何人也?”答曰:“某乃中原人,流落蜀中:郑文与某同乡。今孔明因郑文有功,用为先锋。郑文特托某来献书,约于明日晚间,举火为号,望乞都督尽提大军前来劫寨,郑文在内为应。”司马懿反覆诘问,又将来书仔细检看,果然是实;即赐军士酒食,分付曰:“本日二更为期,我自来劫寨。大事若成,必重用汝。”军士拜别,回到本寨告知孔明。孔明仗剑步罡,祷祝已毕,唤王平、张嶷分付如此如此;又唤马忠、马岱分付如此如此;又唤魏延分付如此如此。孔明自引数十人,坐于高山之上,指挥众军。

却说司马懿见了郑文之书,便欲引二子提大兵来劫蜀寨。长子司马师谏曰:“父亲何故据片纸而亲入重地?倘有疏虞,如之奈何?不如令别将先去,父亲为后应可也。”懿从之,遂令秦朗引一万兵,去劫蜀寨,懿自引兵接应。

批注

是夜初更，风清月朗；将及二更时分，忽然阴云四合，黑气漫空，对面不见。懿大喜曰："天使我成功也！"于是人尽衔枚，马皆勒口，长驱大进。秦朗当先，引万兵直杀入蜀寨中，并不见一人。朗知中计，忙叫退兵。四下火把齐明，喊声震地：左有王平、张嶷，右有马岱、马忠，两路兵杀来。秦朗死战，不能得出。背后司马懿见蜀寨火光冲天，喊声不绝，又不知魏兵胜负，只顾催兵接应，望火光中杀来。忽然一声喊起，鼓角喧天，火炮震地：左有魏延，右有姜维，两路杀出。魏兵大败，十伤八九，四散逃奔。此时秦朗所引一万兵，都被蜀兵围住，箭如飞蝗。秦朗死于乱军之中。司马懿引败兵奔入本寨。

三更以后，天复清朗。孔明在山头上鸣金收军。原来二更时阴云暗黑，乃孔明用遁甲之法；后收兵已了，天复清朗，乃孔明驱六丁六甲扫荡浮云也。

当下孔明得胜回寨，命将郑文斩了，再议取渭南之策。每日令兵搦战，魏军只不出迎。孔明自乘小车，来祁山前、渭水东西，踏看地理。忽到一谷口，见其形如葫芦之状，内中可容千馀人；两山又合一谷，可容四五百人；背后两山环抱，只可通一人一骑。孔明看了，心中大喜，问向导官曰："此处是何地名？"答曰："此名上方谷，又号葫芦谷。"孔明回到帐中，唤裨将杜睿、胡忠二人，附耳授以密计。令唤集随军匠作一千馀人，入葫芦谷中，制造"木牛""流马"应用；又令马岱领五百兵守住谷口。孔明嘱马岱曰："匠作人等，不许放出；外人不许放入。吾还不时自来点视。捉司马懿之计，只在此举。切不可走漏消息。"马岱受命而去。杜睿等二人在谷中监督匠作，依

批注

法制造。孔明每日往来指示。

忽一日，长史杨仪入告曰："即今粮米皆在剑阁，人夫牛马，搬运不便，如之奈何？"孔明笑曰："吾已运谋多时也。前者所积木料，并西川收买下的大木，教人制造'木牛''流马'，搬运粮米，甚是便利。牛马皆不水食，可以昼夜转运不绝也。"众皆惊曰："自古及今，未闻有'木牛''流马'之事。不知丞相有何妙法，造此奇物？"孔明曰："吾已令人依法制造，尚未完备。吾今先将造'木牛''流马'之法，尺寸方圆，长短阔狭，开写明白，汝等视之。"众大喜。孔明即手书一纸，付众观看。众将环绕而视。造木牛之法云：

> 方腹曲头，一脚四足；头入领中，舌着于腹。载多而行少：独行者数十里，群行者二十里。曲者为牛头，双者为牛脚，横者为牛领，转者为牛足，覆者为牛背，方者为牛腹，垂者为牛舌，曲者为牛肋，刻者为牛齿，立者为牛角，细者为牛鞅，摄者为牛鞦轴。牛仰双辕，人行六尺，牛行四步。每牛载十人所食一月之粮，人不大劳，牛不饮食。

造流马之法云：

> 肋长三尺五寸，广三寸，厚二寸二分：左右同。前轴孔分墨去头四寸，径中二寸。前脚孔分墨二寸，去前轴孔四寸五分，广一寸。前杠孔去前脚孔分墨二寸七分，孔长二寸，广一寸。后轴孔去前杠分墨一尺五分，大小与前同。后脚孔分墨去后轴孔三寸五分，大小与前同。后杠孔去后脚孔分墨二寸七分，后载克去后杠孔分墨四寸五分。前杠长一尺八寸，广二寸，厚一寸五分。后杠与等。板方囊二枚，厚八分，长二

批注

尺七寸，高一尺六寸五分，广一尺六寸：每枚受米二斛三斗。从上杠孔去肋下七寸：前后同。上杠孔去下杠孔分墨一尺三寸，孔长一寸五分，广七分：八孔同。前后四脚广二寸，厚一寸五分。形制如象，靬长四寸，径面四寸三分。孔径中三脚杠，长二尺一寸，广一寸五分，厚一寸四分，同杠耳。

众将看了一遍，皆拜伏曰："丞相真神人也！"过了数日，木牛流马皆造完备，宛然如活者一般；上山下岭，各尽其便。众军见之，无不欣喜。孔明令右将军高翔，引一千兵驾着木牛流马，自剑阁直抵祁山大寨，往来搬运粮草，供给蜀兵之用。后人有诗赞曰：

剑关险峻驱流马，斜谷崎岖驾木牛。
后世若能行此法，输将安得使人愁？

却说司马懿正忧闷间，忽哨马报说："蜀兵用木牛流马转运粮草。人不大劳，牛马不食。"懿大惊曰："吾所以坚守不出者，为彼粮草不能接济，欲待其自毙耳。今用此法，必为久远之计，不思退矣。——如之奈何？"急唤张虎、乐綝二人分付曰："汝二人各引五百军，从斜谷小路抄出；待蜀兵驱过木牛流马，任他过尽，一齐杀出；不可多抢，只抢三五匹便回。"二人依令，各引五百军，扮作蜀兵，夜间偷过小路，伏在谷中，果见高翔引兵驱木牛流马而来。将次过尽，两边一齐鼓噪杀出。蜀兵措手不及，弃下数匹，张虎、乐綝欢喜，驱回本寨。司马懿看了，果然进退如活的一般，乃大喜曰："汝会用此法，难道我不会用！"便令巧匠百馀人，当面拆开，分付依其尺寸长短厚薄之法，一样制造木牛流马。不消半月，造成二千馀只，与孔明所造者一般法则，亦能奔走。遂令镇远将军岑威，

批注

引一千军驱驾木牛流马，去陇西搬运粮草，往来不绝。魏营军将，无不欢喜。

却说高翔回见孔明，说魏兵抢夺木牛流马各五六匹去了。孔明笑曰："吾正要他抢去。——我只费了几匹木牛流马，却不久便得军中许多资助也。"诸将问曰："丞相何以知之？"孔明曰："司马懿见了木牛流马，必然仿我法度，一样制造。那时我又有计策。"数日后，人报魏兵也会造木牛流马，往陇西搬运粮草。孔明大喜曰："不出吾之算也。"便唤王平分付曰："汝引一千兵，扮作魏人，星夜偷过北原，只说是巡粮军，径到运粮之所，将护粮之人尽皆杀散；却驱木牛流马而回，径奔过北原来：此处必有魏兵追赶，汝便将木牛流马口内舌头扭转，牛马就不能行动，汝等竟弃之而走，背后魏兵赶到，牵拽不动，打抬不去。吾再有兵到，汝却回身再将牛马舌扭过来，长驱大行。——魏兵必疑为怪也！"王平受计引兵而去。

孔明又唤张嶷分付曰："汝引五百军，都扮作六丁六甲神兵，鬼头兽身，用五彩涂面，妆作种种怪异之状；一手执绣旗，一手仗宝剑；身挂葫芦，内藏烟火之物，伏于山傍。待木牛流马到时，放起烟火，一齐拥出，驱牛马而行。魏人见之，必疑是神鬼，不敢来追赶。"张嶷受计引兵而去。孔明又唤魏延、姜维分付曰："汝二人同引一万兵，去北原寨口接应木牛流马，以防交战。"又唤廖化、张翼分付曰："汝二人引五千兵，去断司马懿来路。"又唤马忠、马岱分付曰："汝二人引二千兵去渭南搦战。"六人各各遵令而去。

且说魏将岑威引军驱木牛流马，装载粮米，正行之间，忽报前面有兵巡粮。岑威令人哨探，果是魏兵，遂放心前进。两军合在一处。忽然喊声大震，蜀兵就本队里杀起，大呼："蜀中大将王平在此！"魏兵措手不及，被蜀兵杀死大半。岑威引败兵抵敌，被王平一刀斩了，馀皆溃散。王平引兵尽驱木牛流马而回。败兵飞奔报入北原寨内。郭淮闻军粮被劫，疾忙引军来救。王平令兵扭转木牛流马舌头，皆弃于道上，且战且走。郭淮教且莫追，只驱回木牛流马。众军一齐驱赶，却那里驱得动？郭淮心中疑惑，正无奈何，忽鼓角喧天，喊声四起，两路兵杀来，乃魏延、姜维也。王平复引兵杀回。三路夹攻，郭淮大败而走。王平令军士将牛马舌头，重复扭转，驱赶而行。郭淮望见，方欲回兵再追，只见山后烟云突起，一队神兵拥出，一个个手执旗剑，怪异之状，驱驾木牛流马如风拥而去。郭淮大惊曰："此必神助也！"众军见了，无不惊畏，不敢追赶。

却说司马懿闻北原兵败，急自引军来救。方到半路，忽一声炮响，两路兵自险峻处杀出，喊声震地。旗上大书："汉将张翼、廖化"。司马懿见了大惊。魏军着慌，各自逃窜。正是：路逢神将粮遭劫，身遇奇兵命又危。未知司马懿怎地抵敌，且看下文分解。

批注

本回我评论：

三国复活赛

1．你一定觉得很有意思吧：“木牛流马”到底是什么呢？莫非是古代的机器人、机关兽？关于“木牛流马”是什么，其实说法很多，请搜集这些说法，找出你认为最可能的答案，并据此画出图样来。

2．假设你就是一台有灵性的“木牛”或者“流马”，你会如何向人们介绍你的身世呢？来，今天我们尝试一下“独角戏”！

文史一锅烩

1．为什么诸葛亮发兵，谯周要用天象来阻止呢？天象和政治军事有何相干？

2．为什么诸葛亮发兵攻打魏国要请孙权帮忙呢？你还能找到中外历史上哪些事例吗？

3．诸葛亮造“木牛流马”固然可以看作他精通机关制作，但是否也体现出蜀国的一些不足呢？那又是什么呢？

4.《三国演义》到了后期，出现了很多从原来阵营叛逃到别国的人，比如由蜀叛魏的孟达、黄权，由吴归蜀的张裔，由魏降蜀的姜维，由魏奔吴又复归的文鸯。今天这位也许是其中出身最高的：曹操连襟夏侯渊的次子夏侯霸。《三国志》中他的记载附于他父亲夏侯渊的传记之后：

霸，正始中为讨蜀护军右将军，进封博昌亭侯，素为曹爽所厚。闻爽诛，自疑，亡入蜀。以渊旧勋赦霸子，徙乐浪郡。

好在裴松之在为《三国志》做注解时引用了《魏略》的记载：

霸字仲权。渊为蜀所害，故霸常切齿，欲有报蜀意。黄初中为偏将军。子午之役，霸召为前锋，进至兴势围，安营在曲谷中。蜀人望知其是霸也，指下兵攻之。霸手战鹿角间，赖救至，然后解。后为右将军，屯陇西，其养士和戎，并得其欢心。至正始中，代夏侯儒为征蜀护军，统属征西。时征西将军夏侯玄，于霸为从子，而玄于曹爽为外弟。及司马宣王诛曹爽，遂召玄，玄来东。霸闻曹爽被诛而玄又征，以为祸必转相及，心既内恐；又霸先与雍州刺史郭淮不和，而淮代玄为征西，霸尤不安。故遂奔蜀。南趋阴平而失道，入穷谷中，粮尽，杀马步行，足破，卧岩石下，使人求道，未知何之。蜀闻之，乃使人迎霸。初，建安五年，时霸从妹年十三四，在本郡，出行樵采，为张飞所得。飞知其良家女，遂以为妻，产息女，为刘禅皇后。故渊之初亡，飞妻请而葬之。及霸入蜀，禅与相见，释之曰："卿父自遇害于行间耳，非我先人之手刃也。"指其儿子以示之曰："此夏侯氏之甥也。"厚加爵宠。

5. 请继续在上文空格处留下你对本回的总评，在选文右侧留下你的批注。在这一回里，其实要你点评的地方还真不多！毕竟木牛流马这玩意儿我们也没有亲眼见过。但是让人回味的是诸葛亮伐魏请远在东边的孙权出兵策应，还有孙权招待费祎时特别提到了魏延，前者能体现诸葛亮深谋远虑吗？后者是在情节上埋伏笔吗？这些地方依然值得你品评哟！

跟着名著写写写

没有常胜将军——即使智慧非凡的诸葛亮也不是。在本回中，诸葛亮在争夺北原的战斗中面对司马懿处于下风。你是不是觉得这有损于诸葛亮的形象呢？恰恰相反，这反而增添了诸葛亮形象的真实性——一个百战百胜的人，是多么无聊啊！读者再喜欢一个人物，也希望看到他在不同场合的反应。就以本回来说，诸葛亮在争夺北原不利后，才想到了向孙权求助，这就印证了蜀吴联盟，也为后文魏延的造反埋好了伏笔——我国古代小说点评艺术称之为“草蛇灰线”，不是没有道理的。

家长可加入阅读能力提升群 陪孩子听名师阅读讲解课 读懂经典提升阅读能力
群分类：阅读提升 • 入群指南详见本书扉页

第一百〇四回

陨大星汉丞相归天　见木像魏都督丧胆

却说姜维见魏延踏灭了灯，心中忿怒，拔剑欲杀之。孔明止之曰："此吾命当绝，非文长之过也。"维乃收剑。孔明吐血数口，卧倒床上，谓魏延曰："此是司马懿料吾有病，故令人来探视虚实。汝可急出迎敌。"魏延领命，出帐上马，引兵杀出寨来。夏侯霸见了魏延，慌忙引军退走。延追赶二十馀里方回。孔明令魏延自回本寨把守。

姜维入帐，直至孔明榻前问安。孔明曰："吾本欲竭忠尽力，恢复中原，重兴汉室；奈天意如此，吾旦夕将死。吾平生所学，已著书二十四篇，计十万四千一百一十二字，内有八务、七戒、六恐、五惧之法。吾遍观诸将，无人可授，独汝可传我书。切勿轻忽！"维哭拜而受。孔明又曰："吾有'连弩'之法，不曾用得。其法矢长八寸，一弩可发十矢，皆画成图本。汝可依法造用。"维亦拜受。孔明又曰："蜀中诸道，皆不必多忧；惟阴平之地，切须仔细。此地虽险峻，久必有失。"又唤马岱入帐，附耳低言，授以密计；嘱曰："我死之后，汝可依计行之。"岱领计而出。少顷，杨仪入。孔明唤至榻前，授与一锦囊，密嘱曰："我死，魏延必反；待其反时，汝与临阵，方开此囊。

批注

批注

那时自有斩魏延之人也。”孔明一一调度已毕，便昏然而倒，至晚方苏，便连夜表奏后主。后主闻奏大惊，急命尚书李福，星夜至军中问安，兼询后事。李福领命，趱程赴五丈原，入见孔明，传后主之命，问安毕。孔明流涕曰：“吾不幸中道丧亡，虚废国家大事，得罪于天下。我死后，公等宜竭忠辅主。国家旧制，不可改易；吾所用之人，亦不可轻废。吾兵法皆授与姜维，他自能继吾之志，为国家出力。吾命已在旦夕，当即有遗表上奏天子也。”李福领了言语，匆匆辞去。

孔明强支病体，令左右扶上小车，出寨遍观各营；自觉秋风吹面，彻骨生寒，乃长叹曰：“再不能临阵讨贼矣！悠悠苍天，曷此其极！”叹息良久。回到帐中，病转沉重，乃唤杨仪分付曰：“王平、廖化、张嶷、张翼、吴懿等，皆忠义之士，久经战阵，多负勤劳，堪可委用。我死之后，凡事俱依旧法而行。缓缓退兵，不可急骤。汝深通谋略，不必多嘱。姜伯约智勇足备，可以断后。”杨仪泣拜受命。孔明令取文房四宝，于卧榻上手书遗表，以达后主。表略曰：

> 伏闻生死有常，难逃定数；死之将至，愿尽愚忠：臣亮赋性愚拙，遭时艰难，分符拥节，专掌钧衡，兴师北伐，未获成功；何期病入膏肓，命垂旦夕，不及终事陛下，饮恨无穷！伏愿陛下：清心寡欲，约己爱民；达孝道于先皇，布仁恩于宇下；提拔幽隐，以进贤良；屏斥奸邪，以厚风俗。
>
> 臣家成都，有桑八百株，薄田十五顷，子弟衣食，自有馀饶。至于臣在外任，别无调度，随身衣食，悉仰于官，不别治生，以长尺寸。臣死之日，不

使内有馀帛，外有赢财，以负陛下也。

孔明写毕，又嘱杨仪曰："吾死之后，不可发丧。可作一大龛，将吾尸坐于龛中；以米七粒，放吾口内；脚下用明灯一盏；军中安静如常，切勿举哀：则将星不坠。吾阴魂更自起镇之。司马懿见将星不坠，必然惊疑。吾军可令后寨先行，然后一营一营缓缓而退。若司马懿来追，汝可布成阵势，回旗返鼓。等他来到，却将我先时所雕木像，安于车上，推出军前，令大小将士，分列左右。懿见之必惊走矣。"杨仪一一领诺。是夜，孔明令人扶出，仰观北斗，遥指一星曰："此吾之将星也。"众视之，见其色昏暗，摇摇欲坠。孔明以剑指之，口中念咒。咒毕急回帐时，不省人事。众将正慌乱间，忽尚书李福又至；见孔明昏绝，口不能言，乃大哭曰："我误国家之大事也！"须臾，孔明复醒，开目遍视，见李福立于榻前。孔明曰："吾已知公复来之意。福谢曰："福奉天子命，问丞相百年后，谁可任大事者。适因匆遽，失于谘请，故复来耳。"孔明曰："吾死之后，可任大事者：蒋公琰其宜也。"福曰："公琰之后，谁可继之？"孔明曰："费文伟可继之。"福又问："文伟之后，谁当继者？"孔明不答。众将近前视之，已薨矣。时建兴十二年秋八月二十三日也，寿五十四岁。后杜工部有诗叹曰：

长星昨夜坠前营，讣报先生此日倾。
虎帐不闻施号令，麟台惟显著勋名。
空馀门下三千客，辜负胸中十万兵。
好看绿阴清昼里，于今无复雅歌声！

白乐天亦有诗曰：

先生晦迹卧山林，三顾那逢圣主寻。

批注

批注

鱼到南阳方得水，龙飞天汉便为霖。

托孤既尽殷勤礼，报国还倾忠义心。

前后出师遗表在，令人一览泪沾襟。

初，蜀长水校尉廖立，自谓才名宜为孔明之副，尝以职位闲散，怏怏不平，怨谤无已。于是孔明废之为庶人，徙之汶山。及闻孔明亡，乃垂泣曰：“吾终为左衽矣！”李严闻之，亦大哭病死。——盖严尝望孔明复收己，得自补前过；度孔明死后，人不能用之故也。后元微之有赞孔明诗曰：

拨乱扶危主，殷勤受托孤。

英才过管乐，妙策胜孙吴。

凛凛《出师表》，堂堂八阵图。

如公全盛德，应叹古今无！

是夜，天愁地惨，月色无光，孔明奄然归天。姜维、杨仪遵孔明遗命，不敢举哀，依法成殓，安置龛中，令心腹将卒三百人守护；随传密令，使魏延断后，各处营寨一一退去。

却说司马懿夜观天文，见一大星，赤色，光芒有角，自东北方流于西南方，坠于蜀营内，三投再起，隐隐有声。懿惊喜曰：“孔明死矣！”即传令起大兵追之。方出寨门，忽又疑虑曰：“孔明善会六丁六甲之法，今见我久不出战，故以此术诈死，诱我出耳。今若追之，必中其计。”遂复勒马回寨不出，只令夏侯霸暗引数十骑，往五丈原山僻哨探消息。

却说魏延在本寨中，夜作一梦，梦见头上忽生二角，醒来甚是疑异。次日，行军司马赵直至，延请入问曰：“久知足下深明《易》理。——吾夜梦头生二角，不知主何吉凶？烦足下为我决之。”赵直想了半晌，答曰：“此大吉之兆：麒麟头上有角，苍龙头上有角，乃变化飞腾之象也。”延大喜曰：“如应公言，当有重谢！”直辞去，行不数里，正遇尚书费祎。祎问何来。直曰：“适至魏文长营中，文长梦头生角，令我决其吉凶。此本非吉兆，但恐直言见怪，因以麒麟苍龙解之。”祎曰：“足下何以知非吉兆？”直曰：“角之字形，乃‘刀’下‘用’也。今头上用刀，其凶甚矣！”祎曰：“君且勿泄漏。”直别去。费祎至魏延寨中，屏退左右，告曰：“昨夜三更，丞相已辞世矣。临终再三嘱付，令将军断后以当司马懿，缓缓而退，不可发丧。今兵符在此，便可起兵。”延曰：“何人代理丞相之大事？”祎曰：“丞相一应大事，尽托与杨仪；用兵密法，皆授与姜伯约。此兵符乃杨仪之令也。”延曰：“丞相虽亡，吾今现在。杨仪不过一长史，安能当此大任？他只宜扶柩入川安葬。我自率大兵攻司马懿，务要成功。岂可因丞相一人而废国家大事耶？”祎曰：“丞相遗令，教且暂退，不可有违。”延怒曰：“丞相当时若依我计，取长安久矣！吾今官任前将军、征西大将军、南郑侯，安肯与长史断后！”祎曰：“将军之言虽是，然不可轻动，令敌人耻笑。待吾往见杨仪，以利害说之，令彼将兵权让与将军，何如？”延依其言。

祎辞延出营，急到大寨见杨仪，具述魏延之语。仪曰：“丞相临终，曾密嘱我曰：‘魏延必有异志。’今我以兵符往，实欲探其心耳。今果应丞相之言。吾自令伯约断后可也。”于是杨仪领兵扶柩先行，令姜维断后；依孔明遗令，徐徐而退。魏延在寨中，不见费祎来回覆，心中疑惑，乃令马岱引十数骑往探消息。回报曰：“后军乃姜

批注

批注

维总督，前军大半退入谷中去了。”延大怒曰：“竖儒安敢欺我！我必杀之！”因顾谓岱曰：“公肯相助否？”岱曰：“某亦素恨杨仪，今愿助将军攻之。”延大喜，即拔寨引本部兵望南而行。

却说夏侯霸引军至五丈原看时，不见一人，急回报司马懿曰：“蜀兵已尽退矣。”懿跌足曰：“孔明真死矣！可速追之！”夏侯霸曰：“都督不可轻追。当令偏将先往。”懿曰：“此番须吾自行。”遂引兵同二子一齐杀奔五丈原来；呐喊摇旗，杀入蜀寨时，果无一人。懿顾二子曰：“汝急催兵赶来，吾先引军前进。”于是司马师、司马昭在后催军；懿自引军当先，追到山脚下，望见蜀兵不远，乃奋力追赶。忽然山后一声炮响，喊声大震，只见蜀兵俱回旗返鼓，树影中飘出中军大旗，上书一行大字曰：“汉丞相武乡侯诸葛亮”。懿大惊失色。定睛看时，只见中军数十员上将，拥出一辆四轮车来；车上端坐孔明：纶巾羽扇，鹤氅皂绦。懿大惊曰：“孔明尚在！吾轻入重地，堕其计矣！”急勒回马便走。背后姜维大叫：“贼将休走！你中了我丞相之计也！”魏兵魂飞魄散，弃甲丢盔，抛戈撇戟，各逃性命，自相践踏，死者无数。司马懿奔走了五十馀里，背后两员魏将赶上，扯住马嚼环叫曰：“都督勿惊。”懿用手摸头曰：“我有头否？”二将曰：“都督休怕，蜀兵去远了。”懿喘息半晌，神色方定；睁目视之，乃夏侯霸、夏侯惠也；乃徐徐按辔，与二将寻小路奔归本寨，使众将引兵四散哨探。

过了两日，乡民奔告曰：“蜀兵退入谷中之时，哀声震地，军中扬起白旗：孔明果然死了，止留姜维引一千兵断后。——前日车上之孔明，乃木人也。”懿叹曰：“吾能料其生，不能料其死也！”因此蜀中人谚曰：“死诸葛能走生仲达。”后人有诗叹曰：

长星半夜落天枢，奔走还疑亮未殂。

关外至今人冷笑，头颅犹问有和无！

司马懿知孔明死信已确，乃复引兵追赶。行到赤岸坡，见蜀兵已去远，乃引还，顾谓众将曰：“孔明已死，我等皆高枕无忧矣！”遂班师回。一路上见孔明安营下寨之处，前后左右，整整有法，懿叹曰：“此天下奇才也！”于是引兵回长安，分调众将，各守隘口，懿自回洛阳面君去了。

却说杨仪、姜维排成阵势，缓缓退入栈阁道口，然后更衣发丧，扬幡举哀。蜀军皆撞跌而哭，至有哭死者。蜀兵前队正回到栈阁道口，忽见前面火光冲天，喊声震地，一彪军拦路。众将大惊，急报杨仪。正是：已见魏营诸将去，不知蜀地甚兵来。未知来者是何处军马，且看下文分解。

批注

本回我评论：

三国复活赛

1. 诸葛亮去世了，着实可惜！根据《三国演义》的记载，蜀汉人口只有区区 28 万户、92 万口，远远不及魏国的 66 万户、443 万口和吴国的 52 万户、230 万口。但在诸葛亮的调度下，居然还能维持三分天下、

三国鼎立的局面，确实不容易。晚唐著名诗人温庭筠有首著名的《经五丈原》：

铁马云雕久绝尘，柳营高压汉营春。
天清杀气屯关右，夜半妖星照渭滨。
下国卧龙空寤主，中原逐鹿不由人。
象床锦帐无言语，从此谯周是老臣。

盛唐大诗人杜甫则有脍炙人口的《蜀相》凭吊位于成都的武侯祠：

丞相祠堂何处寻，锦官城外柏森森。
映阶碧草自春色，隔叶黄鹂空好音。
三顾频烦天下计，两朝开济老臣心。
出师未捷身先死，长使英雄泪满襟。

请结合本回描写，从这两首诗中任选一首，用画笔把其诗意表现出来。

2. 诸葛亮真是兢兢业业，他临终前的托付后事堪称细密，他的老对手司马懿又献上了“死诸葛能走生仲达”的传奇。请将这精彩的一幕表演出来吧！

文史一锅烩

1. 说实话，看到诸葛亮逝世，回顾他初出茅庐、火烧博望、舌战群儒、草船借箭、三气周瑜、智取西川、六出祁山的事迹，你的内心有何想法？和你的朋友们交流一下吧！

2．你觉得诸葛亮对后事的安排如何？他特别关照马岱什么呢？

3．人说诸葛亮谨慎，其实司马懿也很谨慎：“空城计”的时候不肯冒险，在诸葛亮死后又疑神疑鬼。但不能否认的是，正因为有司马懿这样旗鼓相当的对手在，诸葛亮的形象才更光辉。你同意这说法吗？

4．说来有意思，尽管司马懿主要活跃在三国时期，但因为他的后代后来建立了晋朝，而《三国志》正是在晋朝时撰写而成的，因此他的事迹在正史中不见于《三国志》而见于《晋书》——他的亲哥哥司马朗倒在《三国志·魏书》里有传记。就让我们来看看这位堪称诸葛亮一生之敌的人的人生吧：

宣皇帝讳懿，字仲达，河内温县孝敬里人，姓司马氏。其先出自帝高阳之子重黎，为夏官祝融，历唐、虞、夏、商，世序其职。及周，以夏官为司马。其后程柏休父，周宣王时，以世官克平徐方，锡以官族，因而为氏。楚汉间，司马卬为赵将，与诸侯伐秦。秦亡，立为殷王，都河内。汉以其地为郡，子孙遂家焉。自卬八世，生征西将军钧，字叔平。钧生豫章太守量，字公度。量生颍川太守俊，字元异。俊生京兆尹防，字建公。帝即防之第二子也。少有奇节，聪明多大略，博学洽闻，伏膺儒教。汉末大乱，常慨然有忧天下心。南阳太守同郡杨俊名知人，见帝，未弱冠，以为非常之器。尚书清河崔琰与帝兄朗善，亦谓朗曰：“君弟聪亮明允，刚断英特，非子所及也。”

…………

魏国既建，迁太子中庶子。每与大谋，辄有奇策，为太子所信重，与陈群、吴质、朱铄号曰四友。

…………

青龙元年，穿成国渠，筑临晋陂，溉田数千顷，国以充实。

二年，亮又率众十馀万出斜谷，垒于郿之渭水南原。天子忧之，遣征蜀护军秦朗督步骑二万，受帝节度。诸将欲住渭北以待之，帝曰："百姓积聚皆在渭南，此必争之地也。"遂引军而济，背水为垒。因谓诸将曰："亮若勇者，当出武功依山而东，若西上五丈原，则诸军无事矣。"亮果上原，将北渡渭，帝遣将军周当屯阳遂以饵之。数日，亮不动。帝曰："亮欲争原而不向阳遂，此意可知也。"遣将军胡遵、雍州刺史郭淮共备阳遂，与亮会于积石，临原而战，亮不得进，还于五丈原。会有长星坠亮之垒，帝知其必败，遣奇兵掎亮之后，斩五百馀级，获生口千馀，降者六百馀人。时朝廷以亮侨军远寇，利在急战，每命帝持重，以候其变。亮数挑战，帝不出，因遗帝巾帼妇人之饰。帝怒，表请决战，天子不许，乃遣骨鲠臣卫尉辛毗杖节为军师以制之。后亮复来挑战，帝将出兵以应之，毗杖节立军门，帝乃止。初，蜀将姜维闻毗来，谓亮曰："辛毗杖节而至，贼不复出矣。"亮曰："彼本无战心，所以固请者，以示武于其众耳。将在军，君命有所不受，苟能制吾，岂千里而请战邪！"帝弟孚书问军事，帝复书曰："亮志大而不见机，多谋而少决，好兵而无权，虽提卒十万，已堕吾画中，破之必矣。"与之对垒百馀日，会亮病卒，诸将烧营遁走，百姓奔告，帝出兵追之。亮长史杨仪反旗鸣鼓，若将距帝者。帝以穷寇不之逼，于是杨仪结阵而去。经日，乃行其营垒，观其遗事，获其图书、粮谷甚众。帝审其必死，曰："天下奇才也。"辛毗以为尚未可知。帝曰："军家所重，军书密计、兵马粮谷，今皆弃之，岂有人捐其五藏而可以生乎？宜急追之。"关中多蒺藜，帝使军士二千人著软材平底木屐前行，蒺藜悉著屐，然后马步俱进。追到赤岸，乃知亮死。审问，时百姓为之谚曰：“死诸葛走生仲达。”帝闻而笑曰：“吾便料生，不便料死故也。”先是，亮使至，帝问曰：“诸葛公起居何如，食可几米？”对曰：“三四升。”次问政事，曰：“二十罚已上皆自省览。”帝既而告人曰：“诸葛孔明其能久乎！”竟如其言。

5. 请继续在上文空格处留下你对本回的总评，在选文右侧留下你的批注。在这一回里，我们敬爱的蜀汉丞相诸葛亮逝世了，你是不是很伤感？他死前还不忘蜀汉军政大事，你是不是很感动？就连司马懿都对诸葛亮赞不绝口，这样写又是为什么呢？这些都值得你评价啊！

跟着名著写写写

四大名著都为中华民族的文学史提供了著名的形象：《红楼梦》的贾宝玉、林黛玉，《水浒传》的武松、鲁智深，《西游记》的孙悟空、猪八戒，《三国演义》自然以被毛宗岗评为“三绝”的“智绝”诸葛亮、“奸绝”曹操、“义绝”关羽最出名了。而其中，诸葛亮又因为其智慧卓绝、忠诚无二、鞠躬尽瘁而深入人心。但是我们可以发现，《三国演义》也不是只美化诸葛亮的——固然有隆中对、舌战群儒、草船借箭、七擒孟获等正面情节，也有失街亭这样的负面情节。但是奇妙的是，尽管有负面情节的存在，诸葛亮的形象没有丝毫受损，反而更加真实——完人不可信，反倒是有缺陷的人看起来真实。

家长可加入读书心得讨论群 同30位家长一起分享孩子阅读心得
群分类：读书心得 • 入群指南详见本书扉页

第一百〇七回

魏主政归司马氏　姜维兵败牛头山

批注

却说司马懿闻曹爽同弟曹羲、曹训、曹彦并心腹何晏、邓飏、丁谧、毕轨、李胜等及御林军，随魏主曹芳，出城谒明帝墓，就去畋猎。懿大喜，即到省中，令司徒高柔，假以节钺行大将军事，先据曹爽营；又令太仆王观行中领军事，据曹羲营。懿引旧官入后宫奏郭太后，言爽背先帝托孤之恩，奸邪乱国，其罪当废。郭太后大惊曰："天子在外，如之奈何？"懿曰："臣有奏天子之表，诛奸臣之计。太后勿忧。"太后惧怕，只得从之。懿急令太尉蒋济、尚书令司马孚，一同写表，遣黄门赍出城外，径至帝前申奏。懿自引大军据武库。早有人报知曹爽家。其妻刘氏急出厅前，唤守府官问曰："今主公在外，仲达起兵何意？"守门将潘举曰："夫人勿惊，我去问来。"乃引弓弩手数十人，登门楼望之。正见司马懿引兵过府前，举令人乱箭射下，懿不得过。偏将孙谦在后止之曰："太傅为国家大事，休得放箭。"连止三次，举方不射。司马昭护父司马懿而过，引兵出城屯于洛河，守住浮桥。

且说曹爽手下司马鲁芝，见城中事变，来与参军辛敞商议曰："今仲达如此变乱，将如之何？"敞曰："可引本

批注

部兵出城去见天子。”芝然其言。敞急入后堂。其姊辛宪英见之，问曰：“汝有何事，慌速如此？”敞告曰：“天子在外，太傅闭了城门，必将谋逆。”宪英曰：“司马公未必谋逆，特欲杀曹将军耳。”敞惊曰：“此事未知如何？”宪英曰：“曹将军非司马公之对手，必然败矣。”敞曰：“今鲁司马教我同去，未知可去否？”宪英曰：“职守，人之大义也。凡人在难，犹或恤之；执鞭而弃其事，不祥莫大焉。”敞从其言，乃与鲁芝引数十骑，斩关夺门而出。人报知司马懿。懿恐桓范亦走，急令人召之。范与其子商议。其子曰：“车驾在外，不如南出。”范从其言，乃上马至平昌门，城门已闭，把门将乃桓范旧吏司蕃也。范袖中取出一竹版曰：“太后有诏，可即开门。”司蕃曰：“请诏验之。”范叱曰：“汝是吾故吏，何敢如此！”蕃只得开门放出。范出的城外，唤司蕃曰：“太傅造反，汝可速随我去。”蕃大惊，追之不及。人报知司马懿。懿大惊曰：“‘智囊’泄矣！如之奈何？”蒋济曰：“驽马恋栈豆，必不能用也。”懿乃召许允、陈泰曰：“汝去见曹爽，说太傅别无他事，只是削汝兄弟兵权而已。”许、陈二人去了。又召殿中校尉尹大目至；令蒋济作书，与目持去见爽。懿分付曰：“汝与爽厚，可领此任。汝见爽，说吾与蒋济指洛水为誓，只因兵权之事，别无他意。”尹大目依令而去。

却说曹爽正飞鹰走犬之际，忽报城内有变，太傅有表。爽大惊，几乎落马。黄门官捧表跪于天子之前。爽接表拆封，令近臣读之。表略曰：

征西大都督、太傅臣司马懿，诚惶诚恐，顿首谨表：臣昔从辽东还，先帝诏陛下与秦王及臣等，升御床，把臣臂，深以后事为念。今大将军曹爽，背弃顾

批注

命，败乱国典；内则僭拟，外专威权；以黄门张当为都监，专共交关；看察至尊，候伺神器；离间二宫，伤害骨肉；天下汹汹，人怀危惧：此非先帝诏陛下及嘱臣之本意也。

臣虽朽迈，敢忘往言？太尉臣济、尚书令臣孚等，皆以爽为有无君之心，兄弟不宜典兵宿卫，奏永宁宫；皇太后令，敕臣如奏施行。臣辄敕主者及黄门令，罢爽、羲、训吏兵，以侯就第，不得逗留，以稽车驾；敢有稽留，便以军法从事。臣辄力疾将兵，屯于洛水浮桥，伺察非常。谨此上闻，伏于圣听。

魏主曹芳听毕，乃唤曹爽曰："太傅之言若此，卿如何裁处？"爽手足失措，回顾二弟曰："为之奈何？"羲曰："劣弟亦曾谏兄，兄执迷不听，致有今日。司马懿谲诈无比，孔明尚不能胜，况我兄弟乎？不如自缚见之，以免一死。"言未毕，参军辛敞、司马鲁芝到。爽问之。二人告曰："城中把得铁桶相似，太傅引兵屯于洛水浮桥，势将不可复归。宜早定大计。"正言间，司农桓范骤马而至，谓爽曰："太傅已变，将军何不请天子幸许都，调外兵以讨司马懿耶？"爽曰："吾等全家皆在城中，岂可投他处求援？"范曰："匹夫临难，尚欲望活！今主公身随天子，号令天下，谁敢不应？岂可自投死地乎？"爽闻言不决，惟流涕而已。范又曰："此去许都，不过中宿。城中粮草，足支数载。今主公别营兵马，近在阙南，呼之即至。大司马之印，某将在此。主公可急行，迟则休矣！"爽曰："多官勿太催逼，待吾细细思之。"少顷，侍中许允、尚书陈泰至。二人告曰："太傅只为将军权重，不过要削去兵权，别无他意。将军可早归城中。"爽默然不语。又只见殿中校

批注

尉尹大目到。目曰："太傅指洛水为誓，并无他意。有蒋太尉书在此。将军可削去兵权，早归相府。"爽信为良言。桓范又告曰："事急矣，休听外言而就死地！"

是夜，曹爽意不能决，乃拔剑在手，嗟叹寻思；自黄昏直流泪到晓，终是狐疑不定。桓范入帐催之曰："主公思虑一昼夜，何尚不能决？"爽掷剑而叹曰："我不起兵，情愿弃官，但为富家翁足矣！"范大哭，出帐曰："曹子丹以智谋自矜！——今兄弟三人，真豚犊耳！"痛哭不已。许允、陈泰令爽先纳印绶与司马懿。爽令将印送去，主簿杨综扯住印绶而哭曰："主公今日舍兵权自缚去降，不免东市受戮也！"爽曰："太傅必不失信于我。"于是曹爽将印绶与许、陈二人，先赍与司马懿。众军见无将印，尽皆四散。爽手下只有数骑官僚。到浮桥时，懿传令，教曹爽兄弟三人，且回私宅；馀皆发监，听候敕旨。爽等入城时，并无一人侍从。桓范至浮桥边，懿在马上以鞭指之曰："桓大夫何故如此？"范低头不语，入城而去。

于是司马懿请驾拔营入洛阳。曹爽兄弟三人回家之后，懿用大锁锁门，令居民八百人围守其宅。曹爽心中忧闷。羲谓爽曰："今家中乏粮，兄可作书与太傅借粮。如肯以粮借我，必无相害之心。"爽乃作书令人持去。司马懿览毕，遂遣人送粮一百斛，运至曹爽府内。爽大喜曰："司马公本无害我之心也！"遂不以为忧。原来司马懿先将黄门张当捉下狱中问罪。当曰："非我一人，更有何晏、邓飏、李胜、毕轨、丁谧等五人，同谋篡逆。"懿取了张当供词，却捉何晏等勘问明白：皆称三月间欲反。懿用长枷钉了。城门守将司蕃告称："桓范矫诏出城，口称太傅谋反。"懿曰："诬人反情，抵罪反坐。"亦将桓范等皆下狱，

批注

然后押曹爽兄弟三人并一干人犯，皆斩于市曹，灭其三族；其家产财物，尽抄入库。

时有曹爽从弟文叔之妻，乃夏侯令女也：早寡而无子，其父欲改嫁之，女截耳自誓。及爽被诛，其父复将嫁之，女又断去其鼻。其家惊惶，谓之曰："人生世间，如轻尘栖弱草，何至自苦如此？且夫家又被司马氏诛戮已尽，守此欲谁为哉？"女泣曰："吾闻'仁者不以盛衰改节，义者不以存亡易心'。曹氏盛时，尚欲保终；况今灭亡，何忍弃之？——此禽兽之行，吾岂为乎！"懿闻而贤之，听使乞子以养，为曹氏后。后人有诗曰：

弱草微尘尽达观，夏侯有女义如山。
丈夫不及裙钗节，自顾须眉亦汗颜。

却说司马懿斩了曹爽，太尉蒋济曰："尚有鲁芝、辛敞斩关夺门而出，杨综夺印不与，皆不可纵。"懿曰："彼各为其主，乃义人也。"遂复各人旧职。辛敞叹曰："吾若不问于姊，失大义矣！"后人有诗赞辛宪英曰：

为臣食禄当思报，事主临危合尽忠。
辛氏宪英曾劝弟，故令千载颂高风。

司马懿饶了辛敞等，仍出榜晓谕：但有曹爽门下一应人等，尽皆免死；有官者照旧复职。军民各守家业，内外安堵。何、邓二人死于非命，果应管辂之言。后人有诗赞管辂曰：

传得圣贤真妙诀，平原管辂相通神。
"鬼幽""鬼躁"分何邓，未丧先知是死人。

却说魏主曹芳封司马懿为丞相，加九锡。懿固辞不肯受。芳不准，令父子三人同领国事。懿忽然想起："曹爽全家虽诛，尚有夏侯玄守备雍州等处，系爽亲族，倘骤然作

批注

乱，如何提备？——必当处置。”即下诏遣使往雍州，取征西将军夏侯玄赴洛阳议事。玄叔夏侯霸听知大惊，便引本部三千兵造反。有镇守雍州刺史郭淮，听知夏侯霸反，即率本部兵来，与夏侯霸交战。淮出马大骂曰：“汝既是大魏皇族，天子又不曾亏汝，何故背反？”霸亦骂曰：“吾祖父于国家多建勤劳，今司马懿何等匹夫，灭吾兄曹爽宗族，又来取我，早晚必思篡位。吾仗义讨贼，何反之有？”淮大怒，挺枪骤马，直取夏侯霸。霸挥刀纵马来迎。战不十合，淮败走，霸随后赶来。忽听的后军呐喊，霸急回马时，陈泰引兵杀来。郭淮复回，两路夹攻。霸大败而走，折兵大半；寻思无计，遂投汉中来降后主。

有人报与姜维，维心不信，令人体访得实，方教入城。霸拜见毕，哭告前事。维曰：“昔微子去周，成万古之名：公能匡扶汉室，无愧古人也。”遂设宴相待。维就席问曰：“今司马懿父子掌握重权，有窥我国之志否？”霸曰：“老贼方图谋逆，未暇及外。——但魏国新有二人，正在妙龄之际，若使领兵马，实吴、蜀之大患也。”维问：“二人是谁？”霸告曰：“一人现为秘书郎，乃颍川长社人，姓钟，名会，字士季，太傅钟繇之子，幼有胆智。繇尝率二子见文帝，——会时年七岁，其兄毓年八岁——毓见帝惶惧，汗流满面。帝问毓曰：‘卿何以汗？’毓对曰：‘战战惶惶，汗出如浆。’帝问会曰：‘卿何以不汗？’会对曰：‘战战栗栗，汗不敢出。’帝独奇之。及稍长，喜读兵书，深明韬略；司马懿与蒋济皆奇其才。一人现为掾吏，乃义阳人也，姓邓，名艾，字士载，幼年失父，素有大志，但见高山大泽，辄窥度指画，何处可以屯兵，何处可以积粮，何处可以埋伏。人皆笑之，独司马懿奇其才，遂令参

批注

赞军机。艾为人口吃，每奏事必称‘艾……艾……’。懿戏谓曰：‘卿称艾艾，当有几艾？’艾应声曰：‘“凤兮凤兮”，故是一凤。’其资性敏捷，大抵如此。此二人深可畏也。”维笑曰：“量此孺子，何足道哉！”

于是姜维引夏侯霸至成都，入见后主。维奏曰：“司马懿谋杀曹爽，又来赚夏侯霸，霸因此投降。目今司马懿父子专权，曹芳懦弱，魏国将危。臣在汉中有年，兵精粮足；臣愿领王师，即以霸为向导官，克服中原，重兴汉室：以报陛下之恩，以终丞相之志。”尚书令费祎谏曰：“近者，蒋琬、董允皆相继而亡，内治无人。伯约只宜待时，不宜轻动。”维曰：“不然。人生如白驹过隙，似此迁延岁月，何日恢复中原乎？”祎又曰：“孙子云：‘知彼知己，百战百胜。’我等皆不如丞相远甚，丞相尚不能恢复中原，何况我等？”维曰：“吾久居陇上，深知羌人之心；今若结羌人为援，虽未能克复中原，自陇而西，可断而有也。”后主曰：“卿既欲伐魏，可尽忠竭力，勿堕锐气，以负朕命。”于是姜维领敕辞朝，同夏侯霸径到汉中，计议起兵。维曰：“可先遣使去羌人处通盟，然后出西平，近雍州。先筑二城于麴山之下，令兵守之，以为掎角之势。我等尽发粮草于川口，依丞相旧制，次第进兵。”是年秋八月，先差蜀将句安、李歆同引一万五千兵，往麴山前连筑二城：句安守东城，李歆守西城。

早有细作报与雍州刺史郭淮。淮一面申报洛阳，一面遣副将陈泰引兵五万，来与蜀兵交战。句安、李歆各引一军出迎；因兵少不能抵敌，退入城中。泰令兵四面围住攻打，又以兵断其汉中粮道。句安、李歆城中粮缺。郭淮自引兵亦到，看了地势，忻然而喜；回到寨中，乃与陈泰计议曰："此城山势高阜，必然水少，须出城取水；若断其上流，蜀兵皆渴死矣。"遂令军士掘土堰断上流。城中果然无水。李歆引兵出城取水，雍州兵围困甚急。歆死战不能出，只得退入城去。句安城中亦无水，乃会了李歆，引兵出城，并在一处；大战良久，又败入城去。军士枯渴。安与歆曰："姜都督之兵，至今未到，不知何故。"歆曰："我当舍命杀出求救。"遂引数十骑，开了城门，杀将出来。雍州兵四面围合，歆奋死冲突，方才得脱；只落得独自一人，身带重伤，馀皆没于乱军之中。是夜北风大起，阴云布合，天降大雪，因此城内蜀兵分粮化雪而食。

却说李歆撞出重围，从西山小路行了两日，正迎着姜维人马。歆下马伏地告曰："麴山二城，皆被魏兵围困，绝了水道。幸得天降大雪，因此化雪度日。甚是危急。"维曰："吾非来迟；为聚羌兵未到，因此误了。"遂令人送李歆入川养病。维问夏侯霸曰："羌兵未到，魏兵围困麴山甚急，将军有何高见？"霸曰："若等羌兵到，麴山二城皆陷矣。吾料雍州兵，必尽来麴山攻打，雍州城定然空虚。将军可引兵径往牛头山，抄在雍州之后：郭淮、陈泰必回救雍州，则麴山之围自解矣。"维大喜曰："此计最善！"于是姜维引兵望牛头山而去。

却说陈泰见李歆杀出城去了，乃谓郭淮曰："李歆若告急于姜维，姜维料吾大兵皆在麴山，必抄牛头山袭吾之后。将军可引一军去取洮水，断绝蜀兵粮道；吾分兵一半，径往牛头山击之。彼若知粮道已绝，必然自走矣。"郭淮从之，遂引一军暗取洮水。陈泰引一军径往牛头山来。

却说姜维兵至牛头山，忽听的前军发喊，报说魏兵

批注

批注

截住去路。维慌忙自到军前视之。陈泰大喝曰："汝欲袭吾雍州！吾已等候多时了！"维大怒，挺枪纵马，直取陈泰。泰挥刀而迎。战不三合，泰败走，维挥兵掩杀。雍州兵退回，占住山头。维收兵就牛头山下寨。维每日令兵搦战，不分胜负。夏侯霸谓姜维曰："此处不是久停之所。连日交战，不分胜负，乃诱兵之计耳，必有异谋。不如暂退，再作良图。"正言间，忽报郭淮引一军取洮水，断了粮道。维大惊，急令夏侯霸先退，维自断后。陈泰分兵五路赶来。维独拒五路总口，战住魏兵。泰勒兵上山，矢石如雨。维急退到洮水之时，郭淮引兵杀来。维引兵往来冲突。魏兵阻其去路，密如铁桶。维奋死杀出，折兵大半，飞奔上阳平关来。前面又一军杀到；为首一员大将，纵马横刀而出。——那人生得圆面大耳，方口厚唇，左目下生个黑瘤，瘤上生数十根黑毛，乃司马懿长子骠骑将军司马师也。维大怒曰："孺子焉敢阻吾归路！"拍马挺枪，直来刺师。师挥刀相迎。只三合，杀败了司马师，维脱身径奔阳平关来。城上人开门放入姜维。司马师也来抢关，两边伏弩齐发，一弩发十矢，乃武侯临终时所遗"连弩"之法也。正是：难支此日三军败，独赖当年十矢传。未知司马师性命如何，且看下文分解。

本回我评论：

三国复活赛

1. 司马懿虽然很早就在《三国演义》中出现，但直到这一回才最终扬眉吐气，接下来，他和他的子孙将开创一个新的时代。因而铲除曹爽对司马氏而言意义非凡。请为司马懿和曹爽这对冤家画个像吧！

2. 读了这一回，曹爽的目光短浅、司马懿的老谋深算真是对比太明显了。这么好的情节怎么能不改编成剧本表演呢？

文史一锅烩

1. 晋国最后统一了魏蜀吴三国，那么为什么罗贯中一定要安排司马氏夺取曹氏的天下这一幕呢？想想曹氏夺取刘氏的天下，你有什么启发？

2. 曹爽为什么会在“宫斗”中被司马懿击败呢？来，咱们一起复盘，然后交流一下看法。

3. 姜维是三国后期诸葛亮去世后蜀国的股肱之臣，你了解他吗？来说说看吧！

4. 姜维是蜀汉后期肱骨重臣，《三国志》中把他和蒋琬、费祎并列为一卷，可见三人对于蜀汉后期的重要程度。《三国演义》中，姜维被塑造成诸葛亮的接班人，虽然因为魏将邓艾的存在，姜维也不能得志，但不得不说，这是位蜀汉忠勇之士，请看《三国志·蜀书十四·姜维传》的记载：

姜维字伯约，天水冀人也。少孤，与母居。好郑氏学。仕郡上计掾，州辟为从事。以父冏昔为郡功曹，值羌、戎叛乱，身卫郡将，没于战场，赐维官中郎，参本郡军事。建兴六年，丞相诸葛亮军向祁山，时天水太守适出案行。维及功曹梁绪、主簿尹赏、主记梁虔等从行。太守闻蜀军垂至，而诸县响应，疑维等皆有异心，于是夜亡保上邽。维等觉太守去，追迟，至城门，城门已闭，不纳。维等相率还冀，冀亦不入维。维等乃俱诣诸葛亮。会马谡败于街亭，亮拔将西县千馀家及维等还，故维遂与母相失。亮辟维为仓曹掾，加奉义将军，封当阳亭侯，时年二十七。亮与留府长史张裔、参军蒋琬书曰："姜伯约忠勤时事，思虑精密，考其所有，永南、季常诸人不如也。其人，凉州上士也。"又曰："须先教中虎步兵五六千人。姜伯约甚敏于军事，既有胆义，深解兵意。此人心存汉室，而才兼于人，毕教军事，当遣诣宫，觐见主上。"后迁中监军征西将军。

十二年，亮卒，维还成都，为右监军辅汉将军，统诸军，进封平襄侯。延熙元年，随大将军蒋琬住汉中。琬既迁大司马，以维为司马，数率偏军西入。六年，迁镇西大将军，领凉州刺史。十年，迁卫将军，与大将军费祎共录尚书事。是岁，汶山平康夷反，维率众讨定之。又出陇西、南安、金城界，与魏大将军郭淮、夏侯霸等战于洮西。胡王治无戴等举部落降，维将还安处之。十二年，假维节，复出西平，不克而还。维自以练西方风俗，兼负其才武，欲诱诸羌、胡以为羽翼，谓自陇以西可断而有也。每欲兴军大举，费祎常裁制不从，与其兵不过万人。

…………

郤正著论论维曰："姜伯约据上将之重，处群臣之右，宅舍弊

薄，资财无馀，侧室无妾媵之亵，后庭无声乐之娱，衣服取供，舆马取备，饮食节制，不奢不约，官给费用，随手消尽；察其所以然者，非以激贪厉浊，抑情自割也，直谓如是为足，不在多求。凡人之谈，常誉成毁败，扶高抑下，咸以姜维投厝无所，身死宗灭，以是贬削，不复料擿，异乎春秋褒贬之义矣。如姜维之乐学不倦，清素节约，自一时之仪表也。”

5. 请继续在上文空格处留下你对本回的总评，在选文右侧留下你的批注。在这一回里，曹魏发生了巨大变化，司马家开始凌驾曹家之上。你知道这一回在全书中的分量吗？结合“三家归晋”，你可以点评一二；曹爽是如何断送了曹操好不容易辛辛苦苦打下来的基业的？他的所作所为让你有什么感慨？夏侯霸无奈投向原来是死敌的蜀汉，这是不是给你一种凄凉感？从这回起，姜维开始独当一面。可是他的开场为什么就这么不顺利呢？围绕这些留下你的思考痕迹吧！

跟着名著写写写

肖像描写是非常管用的人物描写方法之一，它专门描绘人物的面貌特征，包括人物的身材、容貌、服饰、打扮，以及表情、仪态、风度、习惯性特点等。肖像描写的目的是通过“形”来传“神”，即通过对人物性格特征的刻画，把人物的内心世界反映出来。本回对司马师的描写“那人生得圆面大耳，方口厚唇，左目下生个黑瘤，瘤上生数十根黑毛，乃司马懿长子骠骑将军司马师也”就是。

家长可加入阅读能力提升群 陪孩子听名师阅读讲解课 读懂经典提升阅读能力
群分类：阅读提升 • 入群指南详见本书扉页

第五部分

天下归晋

第一百二十回

荐杜预老将献新谋　降孙皓三分归一统

却说吴主孙休，闻司马炎已篡魏，知其必将伐吴，忧虑成疾，卧床不起，乃召丞相濮阳兴入宫中，令太子孙䨨出拜。吴主把兴臂、手指䨨而卒。兴出，与群臣商议，欲立太子孙䨨为君。左典军万彧曰："䨨幼不能专政，不若取乌程侯孙皓立之。"左将军张布亦曰："皓才识明断，堪为帝王。"丞相濮阳兴不能决，入奏朱太后。太后曰："吾寡妇人耳，安知社稷之事？卿等斟酌立之可也。"兴遂迎皓为君。

皓字元宗，大帝孙权太子孙和之子也。当年七月，即皇帝位，改元为元兴元年，封太子孙䨨为豫章王，追谥父和为文皇帝，尊母何氏为太后，加丁奉为右大司马。次年改为甘露元年。皓凶暴日甚，酷溺酒色，宠幸中常侍岑昏。濮阳兴、张布谏之，皓怒，斩二人，灭其三族。由是廷臣缄口，不敢再谏。又改宝鼎元年，以陆凯、万彧为左右丞相。时皓居武昌，扬州百姓泝流供给，甚苦之；又奢侈无度，公私匮乏。陆凯上疏谏曰：

> 今无灾而民命尽，无为而国财空，臣窃痛之。昔汉室既衰，三家鼎立；今曹、刘失道，皆为晋有：此

批注

批注

目前之明验也。臣愚但为陛下惜国家耳。武昌土地险瘠，非王者之都。且童谣云：“宁饮建业水，不食武昌鱼；宁还建业死，不止武昌居！”此足明民心与天意也。今国无一年之蓄，有露根之渐；官吏为苛扰，莫之或恤。大帝时，后宫女不满百；景帝以来，乃有千数：此耗财之甚者也。又左右皆非其人，群党相挟，害忠隐贤，此皆蠹政病民者也。愿陛下省百役，罢苛扰，简出宫女，清选百官，则天悦民附而国安矣。

疏奏，皓不悦。又大兴土木，作昭明宫，令文武各官入山采木；又召术士尚广，令筮蓍问取天下之事。尚对曰：“陛下筮得吉兆：庚子岁，青盖当入洛阳。”皓大喜，谓中书丞华覈曰：“先帝纳卿之言，分头命将，沿江一带，屯数百营，命老将丁奉总之。朕欲兼并汉土，以为蜀主复仇，当取何地为先？”覈谏曰：“今成都不守，社稷倾崩，司马炎必有吞吴之心。陛下宜修德以安吴民，乃为上计。若强动兵甲，正犹披麻救火，必致自焚也。愿陛下察之。”皓大怒曰：“朕欲乘时恢复旧业，汝出此不利之言！若不看汝旧臣之面，斩首号令！”叱武士推出殿门。华覈出朝叹曰：“可惜锦绣江山，不久属于他人矣！”遂隐居不出。于是皓令镇东将军陆抗部兵屯江口，以图襄阳。

早有消息报入洛阳，近臣奏知晋主司马炎。晋主闻陆抗寇襄阳，与众官商议。贾充出班奏曰：“臣闻吴国孙皓，不修德政，专行无道。陛下可诏都督羊祜率兵拒之，俟其国中有变，乘势攻取，东吴反掌可得也。”炎大喜，即降诏遣使到襄阳，宣谕羊祜。祜奉诏，整点军马，预备迎敌。自是羊祜镇守襄阳，甚得军民之心。吴人有降而欲去者，皆听之。减戍逻之卒，用以垦田八百馀顷。其初到时，军无百日之粮；及至末年，军中有十年之积。祜在军，尝着轻裘，系宽带，不披铠甲，帐前侍卫者不过十馀人。一日，部将入帐禀祜曰："哨马来报：吴兵皆懈怠。可乘其无备而袭之，必获大胜。"祜笑曰："汝众人小觑陆抗耶？此人足智多谋，日前吴主命之攻拔西陵，斩了步阐及其将士数十人，吾救之无及。此人为将，我等只可自守；候其内有变，方可图取。若不审时势而轻进，此取败之道也。"众将服其论，只自守疆界而已。

一日，羊祜引诸将打猎，正值陆抗亦出猎。羊祜下令："我军不许过界。"众将得令，止于晋地打围，不犯吴境。陆抗望见，叹曰："羊将军有纪律，不可犯也。"日晚各退。祜归至军中，察问所得禽兽，被吴人先射伤者皆送还。吴人皆悦，来报陆抗。抗召来人入，问曰："汝主帅能饮酒否？"来人答曰："必得佳酿，则饮之。"抗笑曰："吾有斗酒，藏之久矣。今付与汝持去，拜上都督：此酒陆某亲酿自饮者，特奉一勺，以表昨日出猎之情。"来人领诺，携酒而去。左右问抗曰："将军以酒与彼，有何主意？"抗曰："彼既施德于我，我岂得无以酬之？"众皆愕然。

却说来人回见羊祜，以抗所问并奉酒事，一一陈告。祜笑曰："彼亦知吾能饮乎！"遂命开壶取饮。部将陈元曰："其中恐有奸诈，都督且宜慢饮。"祜笑曰："抗非毒人者也，不必疑虑。"竟倾壶饮之。自是使人通问，常相往来。一日，抗遣人候祜。祜问曰："陆将军安否？"来人曰："主帅卧病数日未出。"祜曰："料彼之病，与我相同。吾已合成熟药在此，可送与服之。"来人持药回见抗。众将曰："羊祜乃是吾敌也，此药必非良药。"抗曰："岂有酖人羊叔子哉！汝众人勿疑。"遂服之。次日病愈，众将皆

批注

批注

拜贺。抗曰："彼专以德，我专以暴，是彼将不战而服我也。今宜各保疆界而已，无求细利。"众将领命。

忽报吴主遣使来到，抗接入问之。使曰："天子传谕将军：作急进兵，勿使晋人先入。"抗曰："汝先回，吾随有疏章上奏。"使人辞去，抗即草疏遣人赍到建业。近臣呈上，皓拆观其疏，疏中备言晋未可伐之状，且劝吴主修德慎罚，以安内为念，不当以黩武为事。吴主览毕，大怒曰："朕闻抗在边境与敌人相通，今果然矣！"遂遣使罢其兵权，降为司马，却令左将军孙冀代领其军。群臣皆不敢谏。吴主皓自改元建衡，至凤凰元年，恣意妄为，穷兵屯戍，上下无不嗟怨。丞相万彧、将军留平、大司农楼玄三人见皓无道，直言苦谏，皆被所杀。前后十馀年，杀忠臣四十馀人。皓出入常带铁骑五万。群臣恐怖，莫敢奈何。

却说羊祜闻陆抗罢兵，孙皓失德，见吴有可乘之机，乃作表遣人往洛阳请伐吴。其略曰：

> 夫期运虽天所授，而功业必因人而成。今江淮之险，不如剑阁；孙皓之暴，过于刘禅；吴人之困，甚于巴蜀，而大晋兵力，盛于往时：不于此际平一四海，而更阻兵相守，使天下困于征戍，经历盛衰，不可长久也。

司马炎观表，大喜，便令兴师。——贾充、荀勗、冯紞三人，力言不可，炎因此不行。祜闻上不允其请，叹曰："天下不如意事，十常八九。今天与不取，岂不大可惜哉！"至咸宁四年，羊祜入朝，奏辞归乡养病。炎问曰："卿有何安邦之策，以教寡人？"祜曰："孙皓暴虐已甚，于今可不战而克。若皓不幸而殁，更立贤君，则吴非陛下所能得也。”炎大悟曰：“卿今便提兵往伐，若何？”祜曰：“臣年老多病，不堪当此任。陛下另选智勇之士可也。”遂辞炎而归。是年十一月，羊祜病危，司马炎车驾亲临其家问安。炎至卧榻前，祜下泪曰：“臣万死不能报陛下也！”炎亦泣曰：“朕深恨不能用卿伐吴之策。——今日谁可继卿之志？”祜含泪而言曰：“臣死矣，不敢不尽愚诚：右将军杜预可任；若伐吴，须当用之。”炎曰：“举善荐贤，乃美事也；卿何荐人于朝，即自焚奏稿，不令人知耶？”祜曰：“拜官公朝，谢恩私门，臣所不取也。”言讫而亡。炎大哭回宫，敕赠太傅、巨平侯。南州百姓闻羊祜死，罢市而哭。江南守边将士，亦皆哭泣。襄阳人思祜存日，常游于岘山，遂建庙立碑，四时祭之。往来人见其碑文者，无不流涕，故名为“堕泪碑”。后人有诗叹曰：

晓日登临感晋臣，古碑零落岘山春。

松间残露频频滴，疑是当年堕泪人。

晋主以羊祜之言，拜杜预为镇南大将军都督荆州事。杜预为人，老成练达，好学不倦，最喜读左丘明《春秋传》，坐卧常自携，每出入必使人持《左传》于马前，时人谓之“左传癖”。及奉晋主之命，在襄阳抚民养兵，准备伐吴。

此时吴国丁奉、陆抗皆死，吴主皓每宴群臣，皆令沉醉；又置黄门郎十人为纠弹官。宴罢之后，各奏过失，有犯者或剥其面，或凿其眼。由是国人大惧。晋益州刺史王濬上疏请伐吴。其疏曰：

孙皓荒淫凶逆，宜速征伐。若一旦皓死，更立贤主，则强敌也；臣造船七年，日有朽败；臣年七十，死亡无日：三者一乖，则难图矣。愿陛下无失事机。

批注

批注

晋主览疏，遂与群臣议曰："王公之论，与羊都督暗合。朕意决矣。"侍中王浑奏曰："臣闻孙皓欲北上，军伍已皆整备，声势正盛，难与争锋。更迟一年以待其疲，方可成功。"晋主依其奏，乃降诏止兵莫动，退入后宫，与秘书丞张华围棋消遣。近臣奏边庭有表到。晋主开视之，乃杜预表也。表略云：

往者，羊祜不博谋于朝臣，而密与陛下计，故令朝臣多异同之议。凡事当以利害相校。度此举之利，十有八九，而其害止于无功耳。自秋以来，讨贼之形颇露；今若中止，孙皓恐怖，徙都武昌，完修江南诸城，迁其居民，城不可攻，野无所掠，则明年之计亦无及矣。

晋主览表才罢，张华突然而起，推却棋枰，敛手奏曰："陛下圣武，国富民强；吴主淫虐，民忧国敝。今若讨之，可不劳而定。愿勿以为疑。"晋主曰："卿言洞见利害，朕复何疑。"即出升殿，命镇南大将军杜预为大都督，引兵十万出江陵；镇东大将军琅琊王司马伷出涂中；安东大将军王浑出横江；建威将军王戎出武昌；平南将军胡奋出夏口：各引兵五万，皆听预调用。又遣龙骧将军王濬、广武将军唐彬，浮江东下：水陆兵二十馀万，战船数万艘。又令冠军将军杨济出屯襄阳，节制诸路人马。

早有消息报入东吴。吴主皓大慌，急召丞相张悌、司徒何植、司空滕循，计议退兵之策。悌奏曰："可令车骑将军伍延为都督，进兵江陵，迎敌杜预；骠骑将军孙歆进兵拒夏口等处军马。臣敢为军师，领左将军沈莹、右将军诸葛靓，引兵十万，出兵牛渚，接应诸路军马。"皓从之，遂令张悌引兵去了。皓退入后宫，不安忧色。幸臣中常侍岑昏问其故。皓曰："晋兵大至，诸路已有兵迎之；争奈王濬率兵数万，战船齐备，顺流而下，其锋甚锐：朕因此忧也。"昏曰："臣有一计，令王濬之舟，皆为齑粉矣。"皓大喜，遂问其计。岑昏奏曰："江南多铁，可打连环索百馀条，长数百丈，每环重二三十斤，于沿江紧要去处横截之。再造铁锥数万，长丈馀，置于水中。若晋船乘风而来，逢锥则破，岂能渡江也？"皓大喜，传令拨匠工于江边连夜造成铁索、铁锥，设立停当。

却说晋都督杜预，兵出江陵，令牙将周旨：引水手八百人，乘小舟暗渡长江，夜袭乐乡，多立旌旗于山林之处，日则放炮擂鼓，夜则各处举火。旨领命，引众渡江，伏于巴山。次日，杜预领大军水陆并进。前哨报道："吴主遣伍延出陆路，陆景出水路，孙歆为先锋：三路来迎。"杜预引兵前进，孙歆船早到。两兵初交，杜预便退。歆引兵上岸，迤逦追时，不到二十里，一声炮响，四面晋兵大至。吴兵急回，杜预乘势掩杀，吴兵死者不计其数。孙歆奔到城边，周旨八百军混杂于中，就城上举火。歆大惊曰："北来诸军乃飞渡江也？"急欲退时，被周旨大喝一声，斩于马下。陆景在船上，望见江南岸上一片火起，巴山上风飘出一面大旗，上书："晋镇南大将军杜预"。陆景大惊，欲上岸逃命，被晋将张尚马到斩之。伍延见各军皆败，乃弃城走，被伏兵捉住，缚见杜预。预曰："留之无用！"叱令武士斩之。——遂得江陵。于是沅、湘一带，直抵广州诸郡，守令皆望风赍印而降。预令人持节安抚，秋毫无犯。遂进兵攻武昌，武昌亦降。杜预军威大振，遂大会诸将，共议取建业之策。胡奋曰："百年之寇，未可

批注

批注

尽服。方今春水泛涨，难以久住。可俟来春，更为大举。”预曰：“昔乐毅济西一战而并强齐；今兵威大振，如破竹之势，数节之后，皆迎刃而解，无复有着手处也。”遂驰檄约会诸将，一齐进兵，攻取建业。

时龙骧将军王濬率水兵顺流而下。前哨报说：“吴人造铁索，沿江横截；又以铁锥置于水中为准备。”濬大笑，遂造大筏数十方，上缚草为人，披甲执杖，立于周围，顺水放下。吴兵见之，以为活人，望风先走。暗锥着筏，尽提而去。又于筏上作大炬，长十馀丈，大十馀围，以麻油灌之，但遇铁索，燃炬烧之，须臾皆断。两路从大江而来。所到之处，无不克胜。

却说东吴丞相张悌，令左将军沈莹、右将军诸葛靓，来迎晋兵。莹谓靓曰：“上流诸军不作提防，吾料晋军必至此，宜尽力以敌之。若幸得胜，江南自安。今渡江与战，不幸而败，则大事去矣。”靓曰：“公言是也。”言未毕，人报晋兵顺流而下，势不可当。二人大惊，慌来见张悌商议。靓谓悌曰：“东吴危矣，何不遁去？”悌垂泣曰：“吴之将亡，贤愚共知；今若君臣皆降，无一人死于国难，不亦辱乎！”诸葛靓亦垂泣而去。张悌与沈莹挥兵抵敌，晋兵一齐围之。周旨首先杀入吴营。张悌独奋力搏战，死于乱军之中。沈莹被周旨所杀。吴兵四散败走。后人有诗赞张悌曰：

“杜预”巴山见大旗，江东张悌死忠时。

已拚王气南中尽，不忍偷生负所知。

却说晋兵克了牛渚，深入吴境。王濬遣人驰报捷音，晋主炎闻知大喜。贾充奏曰：“吾兵久劳于外，不服水土，必生疾病。宜召军还，再作后图。”张华曰：“今大兵已入其巢，吴人胆落，不出一月，孙皓必擒矣。若轻召还，前功尽废，诚可惜也。”晋主未及应，贾充叱华曰：“汝不省天时地利，欲妄邀功绩，困弊士卒，虽斩汝不足以谢天下！”炎曰：“此是朕意，华但与朕同耳，何必争辩！”忽报杜预驰表到。晋主视表，亦言宜急进兵之意。晋主遂不复疑，竟下征进之命。王濬等奉了晋主之命，水陆并进，风雷鼓动，吴人望旗而降。吴主皓闻之，大惊失色。诸臣告曰：“北兵日近，江南军民不战而降，将如之何？”皓曰：“何故不战？”众对曰：“今日之祸，皆岑昏之罪，请陛下诛之。臣等出城决一死战。”皓曰：“量一中贵，何能误国？”众大叫曰：“陛下岂不见蜀之黄皓乎！”遂不待吴主之命，一齐拥入宫中，碎割岑昏，生啖其肉。陶濬奏曰：“臣领战船皆小，愿得二万兵乘大船以战，自足破之。”皓从其言，遂拨御林诸军与陶濬上流迎敌。前将军张象，率水兵下江迎敌。二人部兵正行，不想西北风大起，吴兵旗帜，皆不能立，尽倒竖于舟中；兵卒不肯下船，四散奔走，只有张象数十军待敌。

却说晋将王濬，扬帆而行，过三山，舟师曰：“风波甚急，船不能行；且待风势少息行之。”濬大怒，拔剑叱之曰：“吾目下欲取石头城，何言住耶！”遂擂鼓大进。吴将张象引从军请降。濬曰：“若是真降，便为前部立功。”象回本船，直至石头城下，叫开城门，接入晋兵。孙皓闻晋兵已入城，欲自刎。中书令胡冲、光禄勋薛莹奏曰：“陛下何不效安乐公刘禅乎？”皓从之，亦舆榇自缚，率诸文武，诣王濬军前归降。濬释其缚，焚其榇，以王礼待之。唐人有诗叹曰：

西晋楼船下益州，金陵王气黯然收。

批注

批注

千寻铁锁沉江底，一片降旗出石头。

人世几回伤往事，山形依旧枕寒流。

今逢四海为家日，故垒萧萧芦荻秋。

于是东吴四州，四十三郡，三百一十三县，户口五十二万三千，官吏三万二千，兵二十三万，男女老幼二百三十万，米谷二百八十万斛，舟船五千馀艘，后宫五千馀人，皆归大晋。大事已定，出榜安民，尽封府库仓廪。次日，陶濬兵不战自溃。琅琊王司马伷并王戎大兵皆至，见王濬成了大功，心中忻喜。次日，杜预亦至，大犒三军，开仓赈济吴民。于是吴民安堵。惟有建平太守吾彦，拒城不下；——闻吴亡，乃降。王濬上表报捷。朝廷闻吴已平，君臣皆贺，上寿。晋主执杯流涕曰："此羊太傅之功也，惜其不亲见之耳！"骠骑将军孙秀退朝，向南而哭曰："昔讨逆壮年，以一校尉创立基业；今孙皓举江南而弃之！'悠悠苍天，此何人哉！'"

却说王濬班师，迁吴主皓赴洛阳面君。皓登殿稽首以见晋帝。帝赐坐曰："朕设此座以待卿久矣。"皓对曰："臣于南方，亦设此座以待陛下。"帝大笑。贾充问皓曰："闻君在南方，每凿人眼目，剥人面皮：此何等刑耶？"皓曰："人臣弑君及奸回不忠者，则加此刑耳。"充默然甚愧。帝封皓为归命侯，子孙封中郎，随降宰辅皆封列侯。丞相张悌阵亡，封其子孙。封王濬为辅国大将军。其馀各加封赏。

自此三国归于晋帝司马炎，为一统之基矣。此所谓"天下大势，合久必分，分久必合"者也。后来后汉皇帝刘禅亡于晋泰始七年，魏主曹奂亡于太安元年，吴主孙皓亡于太康四年，皆善终。后人有古风一篇，以叙其事曰：

高祖提剑入咸阳，炎炎红日升扶桑；
光武龙兴成大统，金乌飞上天中央；
哀哉献帝绍海宇，红轮西坠咸池傍！
何进无谋中贵乱，凉州董卓居朝堂；
王允定计诛逆党，李傕郭汜兴刀枪；
四方盗贼如蚁聚，六合奸雄皆鹰扬；
孙坚孙策起江左，袁绍袁术兴河梁；
刘焉父子据巴蜀，刘表军旅屯荆襄；
张燕张鲁霸南郑，马腾韩遂守西凉；
陶谦张绣公孙瓒，各逞雄才占一方。
曹操专权居相府，牢笼英俊用文武；
威挟天子令诸侯，总领貔貅镇中土。
楼桑玄德本皇孙，义结关张愿扶主；
东西奔走恨无家，将寡兵微作羁旅；
南阳三顾情何深，卧龙一见分寰宇；
先取荆州后取川，霸业图王在天府；
呜呼三载逝升遐，白帝托孤堪痛楚！
孔明六出祁山前，愿以只手将天补；
何期历数到此终，长星半夜落山坞！
姜维独凭气力高，九伐中原空劬劳；
钟会邓艾分兵进，汉室江山尽属曹。
丕睿芳髦才及奂，司马又将天下交；
受禅台前云雾起，石头城下无波涛；
陈留归命与安乐，王侯公爵从根苗。
纷纷世事无穷尽，天数茫茫不可逃。
鼎足三分已成梦，后人凭吊空牢骚。

批注

本回我评论：

三国复活赛

1．陆抗和羊祜真可谓是三国乱世里的两股清流了：出身敌对阵营却能惺惺相惜，你也许看过好莱坞电影或音乐剧《战马》，其中就有一战中的德军士兵和英军士兵暂时放下仇恨对立来拯救战马的故事。别嫉妒，我们民族也有这样的佳话。请根据本回的描写把这一幕画下来或演出来吧！

2．你怎么看待孙皓对司马炎说的话？是不是很戏剧化？这么好的题材不画下来或演出来着实可惜了——动手吧！

文史一锅烩

1．纵观整本《三国演义》，你觉得最后是晋而不是蜀、吴两国统一天下的原因可能有哪些？蜀、吴两国有没有翻盘的机会？大家尽情发挥，辩论一下吧！

2．读完本回，你觉得吴国被灭有哪些原因？哪一个又是最重要的原因呢？

3. 结束了三国纷争的晋朝会怎样呢？说说你的期望，然后查询一下晋朝的资料，看看最终如何了。

4. 本回出现的羊祜可是鼎鼎大名，他既是战略家、政治家，又是文学家；博学能文，清廉正直。司马炎有吞吴之意，遂命羊祜坐镇襄阳都督军事。羊祜在之后的十年里坚持屯田兴学，以德怀柔，深得军民之心，留下了和吴将陆抗礼尚往来的佳话；又缮甲训卒，广为戎备，做好了伐吴的军事和物质准备。羊祜因病回洛阳后，临终前举荐杜预接替自己，并最终由杜预和王濬完成了统一大业。羊祜在正史中的事迹，《三国志》里没有，要在《晋书》里看了：

羊祜传，字叔子，泰山南城人也。世吏二千石，至祜九世，并以清德闻。祖续，仕汉南阳太守。父衜，上党太守。祜，蔡邕外孙，景献皇后同产弟。祜年十二丧父，孝思过礼，事叔父耽甚谨。尝游汶水之滨，遇父老谓之曰："孺子有好相，年未六十，必建大功于天下。"既而去，莫知所在。及长，博学能属文，身长七尺三寸，美须眉，善谈论。郡将夏侯威异之，以兄霸之子妻之。举上计吏，州四辟从事、秀才，五府交命，皆不就。太原郭奕见之曰："此今日之颜子也。"与王沈俱被曹爽辟。沈劝就征，祜曰："委质事人，复何容易。"及爽败，沈以故吏免，因谓祜曰："常识卿前语。"祜曰："此非始虑所及。"其先识不伐如此。

夏侯霸之降蜀也，姻亲多告绝，祜独安其室，恩礼有加焉。寻遭母忧，长兄发又卒，毁慕寝顿十馀年，以道素自居，恂恂若儒者。

…………

武帝受禅，以佐命之勋，进号中军将军，加散骑常侍，改封郡公，邑三千户。固让封不受，乃进本爵为侯，置郎中令，备九官之

职，加夫人印绶。泰始初，诏曰：“夫总齐机衡，允厘六职，朝政之本也。祜执德清劭，忠亮纯茂，经纬文武，謇謇正直，虽处腹心之任，而不总枢机之重，非垂拱无为委任责成之意也。其以祜为尚书右仆射、卫将军，给本营兵。”时王佑、贾充、裴秀皆前朝名望，祜每让，不处其右。

帝将有灭吴之志，以祜为都督荆州诸军事、假节，散骑常侍、卫将军如故。祜率营兵出镇南夏，开设庠序，绥怀远近，甚得江汉之心。与吴人开布大信，降者欲去皆听之。时长吏丧官，后人恶之，多毁坏旧府，祜以死生有命，非由居室，书下征镇，普加禁断。吴石城守去襄阳七百馀里，每为边害，祜患之，竟以诡计令吴罢守。于是戍逻减半，分以垦田八百馀顷，大获其利。祜之始至也，军无百日之粮，及至季年，有十年之积。诏罢江北都督，置南中郎将，以所统诸军在汉东江夏者皆以益祜。在军常轻裘缓带，身不被甲，铃阁之下，侍卫者不过十数人，而颇以畋渔废政。尝欲夜出，军司徐胤执棨当营门曰：“将军都督万里，安可轻脱！将军之安危，亦国家之安危也。胤今日若死，此门乃开耳。”祜改容谢之，此后稀出矣。

…………

祜以孟献营武牢而郑人惧，晏弱城东阳而莱子服，乃进据险要，开建五城，收膏腴之地，夺吴人之资，石城以西，尽为晋有。自是前后降者不绝，乃增修德信，以怀柔初附，慨然有吞并之心。每与吴人交兵，克日方战，不为掩袭之计。将帅有欲进谲诈之策者，辄饮以醇酒，使不得言。人有略吴二儿为俘者，祜遣送还其家。后吴将夏详、邵顗等来降，二儿之父亦率其属与俱。吴将陈尚、潘景来寇，祜追斩之，美其死节而厚加殡敛。景、尚子弟迎丧，祜以礼遣还。吴将邓香掠夏口，祜募生缚香，既至，宥之。香感其恩甚，率部曲而降。祜出军行吴境，刈谷为粮，皆计所侵，送绢偿之。每会众江沔游猎，常止晋地。若禽兽先为吴人所伤而为晋兵所得者，皆封还之。于是吴人翕然悦服，称为羊公，不之名也。

祜与陆抗相对，使命交通，抗称祜之德量，虽乐毅、诸葛孔明不能过也。抗尝病，祜馈之药，抗服之无疑心。人多谏抗，抗曰："羊祜岂鸩人者！"时谈以为华元、子反复见于今日。抗每告其戍曰："彼专为德，我专为暴，是不战而自服也。各保分界而已，无求细利。"孙皓闻二境交和，以诘抗。抗曰："一邑一乡，不可以无信义，况大国乎！臣不如此，正是彰其德，于祜无伤也。"

5. 请继续在上文空格处留下你对本回的总评，在选文右侧留下你的批注。这可是《三国演义》的最后一回了！读罢这波澜壮阔的历史，你难道没有感慨吗？一定有的吧，那就写下来吧！在三国的末期，出现了几位很有意思的人物，比如羊祜、孙皓，他们的个性都可圈可点，罗贯中也进行了刻画，别错过哟！

跟着名著写写写

以中国传统小说而言，记叙的有始有终是很重要的：所以《三国演义》以黄巾起义开始而以三家归晋结束;《西游记》以石猴出世开始而以胜利取经结束。也因此，当《红楼梦》的后三十回遗失后，立刻出现了很多把它续完的作品，最后高鹗的续作脱颖而出。当然也有不追求有始有终的小说，有时还颇为别致——比如原来有始有终的《水浒传》就被金圣叹"腰斩"到第七十回就结束，这倒是和部分外国小说追求戛然而止并留下回味的追求一致。其实从审美而言，两者都是可取的。但对于《三国演义》这样的历史小说而言，的确，有始有终更能让人有种回肠荡气的感觉吧！

群分类：读书心得

图书在版编目（CIP）数据

王老师的三国课 / 王健瑶编著 . — 南京 : 南京大学出版社 , 2019.6

（领读经典 / 王召强主编）

ISBN 978-7-305-21860-6

Ⅰ . ①王… Ⅱ . ①王… Ⅲ . ①阅读课—中学—教学参考资料 Ⅳ . ① G634.333

中国版本图书馆 CIP 数据核字（2019）第 062962 号

出版发行　南京大学出版社
社　　址　南京市汉口路 22 号　　邮　编 210093
出 版 人　金鑫荣

丛 书 名　领读经典
丛书主编　王召强
书　　名　王老师的三国课
编　　著　王健瑶
策　　划　夏德元
责任编辑　黄　睿　纪玉媛　　编辑热线 025-83592409
封面设计　叶　茂
插图绘制　史建期

印　　刷　南京玉河印刷厂
开　　本　718 × 1000　1/16　　印张 24.25　　字数 336 千
版　　次　2019 年 6 月第 1 版　2019 年 6 月第 1 次印刷
ISBN 978-7-305-21860-6
定　　价　58.00 元

网　　址　http://www.njupco.com
官方微博　http://weibo.com/njupco
官方微信　njupress
销售热线　025-83594756

---

* 版权所有 , 侵权必究

* 凡购买南大版图书 , 如有印装质量问题 , 请与所购图书销售部门联系调换